甘肃省"十四五"普通高等教育规划教材

新考古及博物馆学系列教材

樊锦诗 杜斗城 总主编

敦煌艺术概论

赵声良 著

兰州大学出版社
LANZHOU UNIVERSITY PRESS

图书在版编目（CIP）数据

敦煌艺术概论 / 赵声良著. -- 兰州 ： 兰州大学出版社，2025.5. -- （新考古及博物馆学系列教材 / 樊锦诗，杜斗城总主编）. -- ISBN 978-7-311-06667-3

Ⅰ. K870.6

中国国家版本馆 CIP 数据核字第 2024AS9150 号

项目负责　宋　婷
书名题签　秋　子
责任编辑　宋　婷
封面设计　张友乾

新考古及博物馆学系列教材

总 主 编　樊锦诗　杜斗城
书　　名　敦煌艺术概论
　　　　　DUNHUANG YISHU GAILUN
作　　者　赵声良 著
出版发行　兰州大学出版社　（地址：兰州市天水南路222号　730000）
电　　话　0931-8912613(总编办公室)　0931-8617156(营销中心)
网　　址　http://press.lzu.edu.cn
电子信箱　press@lzu.edu.cn
印　　刷　兰州人民印刷厂
开　　本　710 mm×1020 mm　1/16
成品尺寸　170 mm×240 mm
印　　张　22
字　　数　345千
版　　次　2025年5月第1版
印　　次　2025年5月第1次印刷
书　　号　ISBN 978-7-311-06667-3
定　　价　99.00元

总 序

西北沃土育学脉 斯文传薪谱新章

樊锦诗 杜斗城

陇原大地，河岳炳灵。这里是中华文明的重要发祥地，丝绸之路上的璀璨明珠，也是考古学与文化遗产研究的天然课堂。作为长期深耕西北历史文化领域的学人，我们始终坚信：教材建设不仅是学科大厦的基石，还是连接历史与未来、学术与传承的精神桥梁。值此"新考古及博物馆学系列教材"付梓之际，谨以赤诚之心，述其缘起、明其宗旨、寄其厚望。

培根铸魂——响应时代召唤的教材建设使命

党的二十大报告明确提出"推进文化自信自强，铸就社会主义文化新辉煌"的战略部署，教育部《关于加强和改进高校教材建设的意见》亦强调，教材要"体现国家意志、传承红色基因、弘扬中华优秀传统文化"。本套教材的修订与扩容，正是对这一时代命题的积极回应。

原"考古及博物馆学系列教材"自入选普通高等教育"十一五"国家级规划教材以来，《考古学通论》《博物馆学概论》《文物鉴定基础》《中国书法史略》等教材已伴随数代学人流转课堂，成为考古学与博物馆学专业的基础读物。此次新增《敦煌艺术概论》《中国彩陶通论》《文化遗产学概论》《佛教石窟考古》四种，将学科建设与国家战略紧密结合：从考古学对中华文明

起源的实证到博物馆学对文化资源的创造性转化，从文物鉴定对文化遗产的守护到文化遗产学对文明传承的探索，每一部教材都力求在知识传授中融入价值引领，让学生在触摸历史脉搏的过程中，筑牢"为国治学"的学术信仰，培育"守护文明根脉"的使命担当。

扎根陇原——地域文化资源的学术转化与教材创新

甘肃，是一本打开的"历史教科书"。这里有8000年彩陶文明的滥觞，也有丝绸之路千年驼铃的回响，还有1600余年历史的敦煌莫高窟，更有麦积山、炳灵寺等佛教石窟艺术的巅峰之作。独特的地域文化资源，为教材建设提供了得天独厚的"活教材"。

新增教材中，《敦煌艺术概论》依托敦煌研究院数十年研究积淀，首次系统梳理敦煌艺术的图像学体系与精神内涵；《中国彩陶通论》以甘肃彩陶为核心，串联起黄河流域史前文明的交流网络；《佛教石窟考古》聚焦陇右石窟群，揭示佛教艺术中国化的历史轨迹；《文化遗产学概论》则立足西北多民族文化遗产的保护实践，探讨文化遗产与现代社会的共生之道。这些内容不仅填补了以往教材中"西北视角"的不足，而且将地域特色转化为学科建设优势——让学生在学习中既能掌握考古学、博物馆学的普遍理论，又能深谙中国特别是西北文化遗产的独特规律，真正实现"从田野到课堂，从实证到理论"的学术跨越。

守正创新——构建中国特色的学科教材体系

教材建设，贵在"守正"与"创新"的统一。

所谓"守正"，是坚守学术根基：《考古学通论》延续严整的学科框架，从地层学、类型学到科技考古，夯实学生的方法论基础；《博物馆学概论》更新展陈理念，融入数字技术与公众教育的前沿实践；《文物鉴定基础》结合各类文物的材质特性，强化实践引领与教学导向。

所谓"创新",是回应时代之问:面对文化遗产保护的数字化转型、博物馆教育的社会化需求、考古成果的大众化传播等新课题,教材力求让知识体系与行业发展同频共振。

尤为值得一提的是,教材编写团队汇聚了兰州大学、西北民族大学、敦煌研究院、甘肃省博物馆等单位的资深学者,他们既是田野工作的"实践者",也是学术研究的"深耕者"。这种"产学研"一体的编写模式,让教材不仅有理论高度,还具备实践温度,书中内容均来自编者数十年的一线工作积累,堪称"带着泥土气息"的学术结晶。

面向未来——寄望新时代的文化传承者

习近平总书记强调:"让收藏在博物馆里的文物、陈列在广阔大地上的遗产、书写在古籍里的文字都'活'起来。"这套教材,正是为"让文化遗产'活'起来"而培养专业人才的铺路石。我们期待:

对于高校师生,它是一扇窗——既能眺望考古学、博物馆学的国际前沿,又能深植中国文化的本土根系;对于文化遗产工作者,它是一座桥——连接学术研究与保护实践,为文物活化利用提供理论支撑;对于所有热爱中国历史文化的读者,它是一把钥匙——解开西北文化遗产的神秘面纱,感受中华文明的多元一体与兼容并蓄。

陇山苍苍,河水泱泱。从大地湾的陶纹到莫高窟的壁画,从丝绸之路的烽燧到麦积山的龛像,甘肃的每一处文化遗产,都是中华文明的基因密码。愿这套教材成为传承者手中的火炬,在新时代的学术征程中,照亮更多人追寻文明根脉的脚步,让历史的智慧与精神,在代代相传中生生不息。

是为序。

二〇二五年春

前　言

　　敦煌石窟是保存至今数量众多、规模宏大、延续时代久远而自成体系的文化遗产，在世界上绝无仅有。此外，敦煌藏经洞出土文物中有一千多件绘画作品，包括纸本、绢本、布本及印刷品的绘画，这些作品从不同的方面补充了敦煌石窟艺术。从艺术史方面看，敦煌艺术反映了一千多年间佛教艺术的发展及其演变规律。众所周知，是唐代和唐代以前的佛教艺术遗存十分稀少，而敦煌石窟却保存了系统丰富的建筑、雕塑、壁画，成为我们认识和研究这一阶段艺术史不可多得的资料。

　　敦煌石窟是一处内涵博大的宗教文化遗迹。对于这一文化遗产的研究可以从考古学、图像学、历史学等等方面来进行。长期以来，由于敦煌石窟牵涉的问题广泛，很多学者着眼于石窟中的内容考证、时代分析以及相关宗教、历史问题等方面的研究；这些当然是研究石窟的重要内容，但相对来说，对艺术本身的研究非常不足，甚至有人误以为壁画图像的考证、时代内容的分析便是艺术研究。一件艺术作品的主题内容当然是艺术家首先要考虑的，但同一主题对不同的艺术家或者不同的时代而言，却可以创作出形式和风格完全不同的作品。正如敦煌石窟中各时期都有释迦牟尼佛像，却表现出千差万别的风格；同一个维摩诘的形象在唐代不同洞窟的壁画中呈现着不同的精神风貌。这些艺术品的风格与表现技法的差异并非画家所依据的佛经有所差别，而是与大众的审美意识、画家想表现的个性和时代精神有密切关系，而这些就是艺术史研究必须解决的问题。

　　佛教从印度向中亚、东亚、东南亚传播，佛教艺术也伴随着宗教的发展传播到各地，在中亚已形成了区别于印度本土的艺术风格。当佛教艺术进一步传入中国时，在西部的新疆地区、甘肃地区以及华北地区和江南等地，都形成了具有地域特点的佛教艺术。而综合全国各地的风格特点，我们大致可以看出佛教艺术中所反映出的有别于印度和中亚等地的中国风格。从佛教艺术在中国的发展来看，也可以感受到中华文明千百年来以海纳百川的精神不断地吸收外来文化，又在不断地进行创新，逐渐形成了中国式的佛教艺术。这种因交流、互鉴而推陈出新的精神，在敦煌石窟艺术中体现得尤为突出。因此，对敦煌艺术的研究不仅仅可以搞清楚敦煌石窟本身的艺术特点和发展脉络，而且对于正确认识和理解中国传统艺术的特质和精神，具有十分重要的意义。

作为对敦煌艺术概述性的教材，本教材试图构建一个认识和研究敦煌艺术的基本框架或思路，并从两条线索来认识和分析敦煌石窟艺术：一条是沿时代发展进行纵向的认识，大致理出一条艺术发展史的线索，从而凸显敦煌艺术在中国艺术史中的作用和意义；另一条就是从横向来看敦煌艺术在建筑、雕塑、绘画等方面的成就。

佛教艺术源于印度，经中亚传入中国，因此，包括敦煌石窟在内的中国各地石窟必然会带有印度、中亚等地艺术的痕迹，这是认识敦煌艺术的前提之一。此外，对敦煌石窟的基本营造和制作、壁画的变色与褪色诸问题，也是正确认识敦煌艺术的基本前提。对敦煌石窟艺术发展史的叙述，过去的研究往往喜欢用"草创期""兴盛期""衰落期"来概括。笔者认为早期与后来的不同，仅仅是风格问题，不是成熟与不成熟的问题。在莫高窟营建的初期（4世纪），虽然需要因地制宜，但佛教艺术由印度经中亚传入中国已有相当长的时期，当时已有一套成熟的塑像和壁画制作技术，因而很难用"草创"来概括早期的艺术。而五代以后，石窟艺术的发展虽然比不上唐代繁荣，但仍有不少新的内容与艺术表现，不应该看作是敦煌艺术的衰落。总之，在莫高窟一千多年的石窟营建过程中，艺术成就虽然有高有低，但每个时期都有不少创新之处，表现出时代风格的演变。

横向来看敦煌艺术的各个方面，石窟艺术是建筑、雕塑、壁画三者结合的产物。因此，本书分别从建筑、雕塑、绘画三个方面的艺术成就进行分析。

本教材除了系统分析壁画，对藏经洞出土的大量绘画品也设专章叙述。这些纸本、绢本绘画主要是佛教绘画，与莫高窟壁画从内容到形式都有着密切的关系，与石窟壁画共同构成了敦煌艺术的体系。

敦煌书法也是敦煌艺术体系中的一项重要内容。藏经洞出土的大量写本最初并不是为了书法而作，是比较实用的书写文字，内容主要为佛经，或其他文献。但其中体现出书写者的书法修养以及当时的书法审美趣味，各时期大量的书写文字自然也就形成了颇为壮观的书法史；况且仍有一部分作品或为临摹一些名家之作，或为碑刻拓本，对于书法研究具有重要价值。

以上是本教材的总体编写思路。敦煌艺术博大精深，这一本教材仅仅是粗线条地理出一些思路，希望读者能通过这些线索进入敦煌艺术的殿堂。敦煌艺术包含着更为广泛而宏大的内容，仍需要进行长期的研究和探讨。书中的不足之处，敬请读者批评指正。

目　录

绪 论

敦煌石窟保存了4—14世纪一千多年间没有断绝的佛教艺术，是古代文化艺术的重要瑰宝。尤其是各时代的彩塑与壁画艺术，对于认识中国4—14世纪的美术史具有重要的参考价值。而敦煌作为中国西部地区的一个小城市，能够产生这样宏伟的艺术，绝不是一件孤立的事情。汉代以来儒家文化在敦煌的积淀，丝绸之路繁荣带来的东西方文化交流，佛教信仰在中国的兴盛，以长安为中心的中国文化的辐射等因素造就了敦煌石窟艺术的千年历史，并使敦煌石窟艺术持续取得了一系列重大成就。因此，今天我们要认识和探讨敦煌艺术，就应该了解佛教艺术由印度传来的历史，了解敦煌石窟营建的历史及相关问题。

一、敦煌石窟概况及相关问题

（一）敦煌石窟概况

石窟这一独特的艺术形式是随着佛教从印度传入中国的。佛教注重修行，古代印度的佛教徒在远离城市的山中凿建石窟，用来修行和礼拜。建于城市中的寺院与远离城市的石窟，是佛教进行宗教活动的两个场所，二者相辅相成。于是，石窟这种独特的文化载体也作为佛教理念的一个重要部分传入中国，并在各地兴建起来。尽管中国的地理环境、气候条件与印度有很大的差异，但在佛教传入中国之后，石窟便开始营建，并持续了一千多年，留下了大量的石窟文化遗迹，成为中国传统文化艺术的重要遗产。

敦煌石窟主要包括敦煌境内的莫高窟、西千佛洞，瓜州县的榆林窟、东千佛洞和肃北县的五个庙石窟。今天的敦煌市及周边的瓜州县、肃北县，在古代同属于敦煌文化圈，在佛教石窟营建的历史文化背景，以及洞窟构造、彩塑与壁画的艺术风格等方面有很多共同点。

1. 莫高窟

莫高窟位于敦煌市东南25公里处的宕泉河畔，据唐代的文献和莫高窟唐代碑文记载，莫高窟最早开凿于前秦建元二年（366年），此后，历经北凉、北魏、西魏、北周、隋、唐、五代、宋、西夏、元，历经一千多年的持续营建。

莫高窟大部分洞窟集中在南区。1907年，斯坦因（Marc Aurel Stein）在莫高窟对他认为有价值的洞窟进行了编号，共编18号。1908年，伯希和（Paul Pelliot）对石窟进行了较为详细的调查，并对洞窟做了编号，共有183号，其中又有一些洞窟编为另一些窟的附号，把附属部分合起来，他共对400多个洞窟编了号。1941年，张大千在敦煌进行重新编号，共编309号，其中又包括一些附属耳洞，合起来他也对400多个洞窟编了号。

敦煌艺术研究所成立后，开始对洞窟进行更为科学和细致的编号，于1951年公布了新的编号，共有469个。此后，学术界主要采用敦煌研究所的新编号。20世纪60年代，相关工作人员在对南区洞窟进行大规模加固工程的同时，对窟前遗址进行了考古清理，又发现了一些洞窟，到1982年出版《敦煌莫高窟内容总录》时，共记录洞窟492个。北区洞窟大部分都没有壁画和彩塑，长期以来不被人重视，直到20世纪90年代，扩建后的敦煌研究院对北区洞窟进行了有计划的清理，才搞清了北区洞窟的总体数目、洞窟的功用等问题。据彭金章先生的调查，北区共存洞窟248个（包含原已编号的5个窟，即461至465号，以及新编号的243个窟）。至此，莫高窟全部洞窟总数为735个，其内容、功用也基本清楚了。1961年，莫高窟（含西千佛洞）被列为中国第一批"全国重点文物保护单位"；1987年，被联合国教科文组织列入"世界文化遗产名录"。

石窟从功用上来看，主要有礼拜窟、禅窟（用于坐禅修行）、僧房窟（用于僧人生活）、瘗窟（用于埋葬死者）、廪窟（用于贮存物品）等。南区除了少数的禅窟外，大部分都属于礼拜窟，供人们观瞻拜佛，因此，窟内造出佛像、绘制壁画。另外，这几类洞窟都集中在北区，大多没有塑像或壁画。

塑像是石窟的主体，莫高窟现存各时期彩塑二千余身，在佛教艺术史上具有重要的意义。由于莫高窟开凿在砂砾岩上，不能雕刻，壁画就成为表现佛教内容和装饰洞窟的主要手段。莫高窟现存壁画约45000平方米，内容十分丰富，主要有佛像画、佛教故事画、经变画、中国传统神话题材画、佛教史迹画、供养人画像及装饰图案画等。

2. 榆林窟

榆林窟，又名"榆林寺""万佛峡"，位于瓜州县（曾名"安西县"）西南的榆林河（又名"踏实河"）两岸，现存洞窟42个，其中，东崖上层20个窟、下层11个窟，西崖仅有1层，共11个窟，现存壁画约5200平方米，彩塑二百五十余身。窟前有塔、化纸楼等土建筑20座，东崖北端有僧房及禅窟的遗迹。榆林窟最早的洞窟建于唐代，五代至北宋曹氏家族统治期间有较多的营建，其后，西夏、元代和清代各有少量洞窟营建，或对前代洞窟进行修缮。由于榆林河两岸崖壁陡峭，洞窟从崖壁凿进，往往开凿很深，每个洞窟都有长长的甬道，大部分洞窟保存完整的前室与主室，且窟内壁画基本不受阳光直接照射，壁画相对保存较好，这是榆林窟与莫高窟的不同之处。榆林窟壁画中有少量的唐代壁画精品（如第25窟）可与莫高窟同期壁画相媲美，而榆林窟第2窟、3窟、29窟西夏壁画和第4窟元代壁画，艺术精湛，风格独特，是敦煌石窟中晚期壁画的代表作。1961年，榆林窟被列入国务院公布的第一批全国重点文物保护单位。

3. 东千佛洞

东千佛洞，又名"接引寺"，位于瓜州县城东南90余公里处，开凿在峡谷河床两岸的断崖上。东千佛洞大约开凿于西夏时期，是一个以表现密宗内容为主的佛教石窟群。该处现有洞窟23个（包括未编号的残窟14个）。西崖14个洞窟，其中有5个洞窟尚存塑像、壁画，编号为1、2、3、4、5；东崖9个洞窟，有4个洞窟尚存塑像、壁画，编号为6、7、8、9。东千佛洞现存塑像和壁画主要为西夏、元代、清代和民国时期作品，其中塑像多为清代、民国改妆。东千佛洞艺术以西夏壁画最有特色，与榆林窟同时期风格相似而有其独特性，同为敦煌石窟晚期壁画的代表作。1996年，东千佛洞被列入第四批全国重点文物保护单位（归入榆林窟）。

4. 西千佛洞

西千佛洞，位于敦煌城西约35公里党河北岸的断崖上，因位于古敦煌城西，故名"西千佛洞"。现存洞窟共22个，北魏窟有3个，西魏窟有1个，北周窟有4个，隋窟有3个，初唐-盛唐窟有3个，中唐-晚唐窟有4个，五代窟有2个，沙州回鹘窟有1个，元窟有1个。其中，第1窟至第19窟位于今党河水库东侧约1公里处，其余3个窟位于南湖店之北。西千佛洞现存彩塑三十四身，壁画800余平方米，其石窟艺术风格大体与同时期的莫高窟相一致。

5.五个庙石窟

五个庙石窟，位于肃北县西北约20公里处的党河北岸。因主要有5个洞窟，俗称"五个庙"（庙即指石窟）。实际上至少曾有过十多个洞窟，现存有壁画的洞窟，西区有4个，东区有2个。五个庙石窟最早开凿于北朝晚期。大约在归义军曹氏晚期（北宋）到西夏期间，进行过较大规模的重修、重绘，现存壁画大多是这一时期重绘的。五个庙石窟的题材内容和艺术风格与莫高窟同期大体一致，是敦煌石窟的组成部分。

综上所述，莫高窟等五处石窟共同构成了敦煌石窟，其中，莫高窟的洞窟数量和内容最多，体系最完备。因此，我们讲敦煌石窟基本上是以莫高窟为主体来讲。

（二）敦煌艺术的基本内涵

敦煌石窟包括以下三个方面的艺术。

1.建筑艺术

石窟本身是一种建筑，石窟采用什么样的形制，与传统文化和时代风格有关，因而从石窟的形制上，我们可以看到中国传统建筑艺术对佛教石窟的影响。如北朝的中心柱窟中的人字披顶，北朝到唐代流行的覆斗顶窟等，就是吸取了中国传统建筑中的人字形屋顶、中国的斗帐形式等而在石窟中的反映。而佛教石窟本身作为一种建筑形式，其设计、制作与装饰等方面也丰富了中国建筑史的内容。

2.雕塑艺术

自魏晋南北朝以来，佛教在中国逐渐流行，经隋、唐、宋、元乃至近代，佛教寺院、石窟的营建不断，其中大量的佛教雕塑艺术已成为中国雕塑史的重要组成部分。而敦煌石窟的雕塑多为北朝至唐代的雕塑，各时期不同风格的彩塑艺术反映了中国雕塑吸收外来文化、创造具有中国风格艺术的重要历程。从材质上看，敦煌彩塑为泥塑加彩绘制成，有别于石雕和木雕艺术，在雕塑史上可谓独树一帜。

3.壁画艺术

在佛教石窟中，壁画与彩塑配合，共同构成一个完整的佛教世界。敦煌壁画按主题内容可分为七类：一是佛像画；二是佛经故事画；三是经变画；四是中国传统神仙画；五是佛教史迹画；六是供养人画像；七是装饰图案画。从艺术方面则涵盖了人物画、山水画、建筑画、装饰画等。敦煌壁画系统地反映了

4—14世纪佛教绘画在中国的发展演变历程，特别是唐代和唐代以前的绘画作品，传世本绘画几乎没有，而内地的寺院及石窟壁画遗存也罕见，敦煌壁画便是研究这一阶段中国绘画史的重要依据。

（三）敦煌石窟的制作

1.石窟的营建工序

敦煌石窟群内各处石窟的质地结构大体相同，都是开凿于酒泉系砾岩上的。石窟的营建分以下几道工序。

第一，按设计的意图挖凿出石窟的雏形。

第二，用拌有草或其他纤维物质的黏土将壁面抹平，并打磨光滑。这道工序中，通常又分为两个层次：紧贴岩壁底层的土可以粗糙一些，为了增强紧靠岩壁的泥层的附着力，往往要在泥中拌上一些草或纤维质；然后在表层敷上较细的土质，并加以磨光以便绘画。

第三，在龛内制作彩塑，并在墙壁上设计、绘制壁画。

2.彩塑的制作工序

石窟所在的砂岩无法进行雕刻，敦煌一带少有能够雕刻的石材，因此，洞窟内的佛像均以泥塑加以彩绘，形成了彩塑。彩塑的制作工序有以下几步。

第一，先以木条作为骨架，后在木架上绑上草绳、布条之类便于附着泥土之物。

第二，在缠有草绳的木架上敷泥，做成雏形。

第三，对形象进行仔细雕琢，完成各个细部造型。

第四，在泥塑表面加以彩绘，最后完成彩塑。大型的塑像采用石胎泥塑的办法，即在开凿石窟时，在崖面上凿成雏形，后以黏土敷于表面，加工成形，最后上彩完成。

3.壁画的制作工序

在石窟开凿完毕之后，用泥土把墙壁抹平，做成适宜绘画的墙壁，对于壁画的制作来说，称为"地仗层"。地仗层完成后，壁画分以下几道工序进行。

第一，在洞窟的墙壁上设计安排全窟的内容。

第二，起稿，按设计的内容在墙壁上绘出草图。

第三，敷色，起稿完成后，就要敷色，包括绘制底色和对人物形象进行晕染。北朝时期的壁画人物肤色的晕染采用了特殊的叠染技法，即西域式晕染法，古代画论中称为"天竺遗法"，或称"凹凸法"。这样的方法源于印度，但在中亚和新疆西部的壁画中，与印度的画法已有一定的区别。

第四，定型线，在敷色完成之后，还要通过线描把人体各部分明确地表现出来，这一道线称为"定型线"。

由于时代风格的不同，绘制的工序也会有所不同，如早期壁画多以土红色绘制底色，但隋唐时期，有一些洞窟并没有绘制底色，似乎省略了这一道工序。早期壁画多采用西域式晕染法，晕染的层次比较丰富，用色也很厚重，晕染完了，往往把起稿的线条遮盖了。因此，必须在最后再勾一次线，以突出人物形象，这道线前面已提到，称为"定型线"，也称"提神线"。隋唐以后，中国的画家们逐渐找到了适合自己的画法，就是以线描造型为主，按线描的结构来进行适当晕染，既表现出人体明暗关系，又最大限度地体现了中国传统"笔法"的精神，这样就要求在起稿时把线描画得很好，晕染的颜色较淡，不会压住线条，因而也就不再需要最后一道"定型线"。

（四）敦煌壁画变色与褪色的问题

据敦煌研究院保护研究所专家的调查分析，敦煌壁画所用颜料中，红色有土红、朱砂、铅丹、密陀僧，绿色有氯铜矿、石绿，白色主要为滑石、硬石膏、石膏、白垩、高岭石、云母。现在我们看到的黑色，大部分可能是含铅的颜料变色的结果。当然，古代壁画中也同样应用黑色颜料，所以现存的壁画颜色存在较复杂的情况，这些都有待于进一步研究。由于一部分颜料中包含了容易变色的成分，在一定湿度变化的条件下就变了色，如某些红色和白色颜料，经过千百年的时间，现在已变成黑色或黑褐色。

敦煌壁画大部分都有一千年以上的历史，一般来说，时代越早，变色的情况越严重。但从用色的情况看，凡是用色较丰富、层次较多的壁画，变色就比较严重。北朝时期的壁画多采用西域式晕染法，用色厚重，因此，变色较严重。隋代壁画有两种风格：一种是用色重的，变色也较严重；一种是用色淡的，相对来说，变色就轻。唐代壁画也有不少是变色很厉害的，但由于唐代保存洞窟较多，可以找到一些变色轻或变色不明显的洞窟进行对比研究，也可大致了解当时壁画的原貌。

敦煌石窟有不少是前代营建之后，后代又进行了重修、重绘的。重修时，往往在原壁上再敷泥进行重绘，这样的壁画称为"重层壁画"。有的洞窟重层达三层，也就是说，有三个时代的壁画存在。而后代重修的表层壁画一定程度上保护了底层壁画，使之变色速度减慢。因此，当表层的壁画脱落之后，露出的底层壁画往往还保持着较新的状态。最典型的是初唐贞观十六年（642年）营建的莫高窟第220窟，此窟于宋代重修，重绘壁画覆盖了全窟。但在20世纪40年代，表层壁画被剥开，露出了底层的初唐壁画，使我们得见初唐绘画的真实面貌。第263窟原建于北魏，也是在宋代重修。在20世纪初，部分表层壁画被剥开，露出了北魏壁画的原貌，由于表层壁画的覆盖，使早期壁画受到一定的保护，变色氧化的程度较轻。为此，这些底层的壁画就成了我们今天认识初期壁画的标本。

长期在敦煌从事临摹研究工作的专家曾对一些壁画进行过复原临摹，他们往往参考那些重层壁画露出的底层原作，根据长期的调查和研究，进行审慎的复原。因此，他们的临摹品对我们认识古代壁画的原貌很有帮助。如段文杰先生对莫高窟第263窟北壁伎乐菩萨（北魏）的复原临摹（图0-1、图0-2），这部分壁画本来是被宋代重绘壁画覆盖了的，后来表层壁画被揭开，露出了底层的北魏壁画。最初揭开表层壁画时，原作的色彩变色程度较轻（可能还较为清楚），但是现在的壁画也有相当一部分变黑了，然而比起其他北魏洞窟的壁画（如莫高窟第272窟壁画），则又能看清其绘画的笔法及晕染的特点。另外，如莫高窟第148窟药师经变中乐舞（盛唐）（图0-3），此窟的壁画由于当时所用颜料的问题，大部分都已变黑。万庚育先生一辈子在敦煌石窟从事临摹工作，并对壁画晕染问题做过专门研究，她参考了大量唐代未变色的壁画，通过比较研究进行复原（图0-4），应该是可信的，从中我们可以了解唐代壁画本来的风采。

还有的洞窟是由于人为因素造成变色的，如莫高窟第156窟壁画是由于曾有人在窟中生火，烟熏造成了变色。

光线的照射，也是颜料变色的重要因素，洞窟中经常受到光线照射的位置，壁画往往变色严重，而洞窟后部相对受光较少的位置，壁画保存得相对较好，或者虽有变色，但不太严重。因此，在不少洞窟中，位置不同，壁画的颜色就不同。

褪色的问题，过去很少有人研究，因为我们无法知道褪掉的颜色到底是什么样的，但是这种状况在敦煌壁画中是很普遍的。由于莫高窟地处沙漠戈壁，受到风沙的影响，风化会使壁画颜料脱落、变淡。光线照射也是壁画褪色的最主要原因，同一个洞窟，我们发现光照较强的位置，壁画的颜色往往就变淡，而在光线很难照射到的位置，壁画相对来说保存的状况要好一些。凡是露在洞窟外长期受阳光直接照射的壁画，颜色就变得很淡，甚至消失了。通过现代科技的测定，也可知光线对壁画颜料的变色会产生重要的影响。当然，颜料本身也存在衰变的问题，在画家所用的颜料中，也可能存在某些易于挥发的颜料，画在墙壁上一段时间后会逐渐变淡乃至消失。

图0-1　莫高窟第263窟　伎乐菩萨（北魏）

图0-2　莫高窟第263窟　伎乐菩萨（北魏）　段文杰复原临摹

图0-3　莫高窟第148窟　药师经变中乐舞（盛唐）

图0-4　莫高窟第148窟　药师经变中乐舞（盛唐）　万庚育复原临摹

如莫高窟第130窟是一个大像窟，洞窟的甬道两旁有晋昌郡都督乐庭瓌一家的供养像。这两壁的壁画绘于唐开元天宝年间，但后来被宋代重绘壁画覆盖了。20世纪40年代，表层壁画被揭开，露出了原作，使人们看到非常艳丽的盛唐壁画。但是，这两铺壁画因为在洞口两侧，长期受到阳光的直射，现在已经变得十分模糊了（图0-5）。幸好段文杰先生在当时曾经做过复原临摹，才使我们得知其原貌（图0-6）。第130窟甬道的壁画才经过了六七十年，褪色就这么严重，很多洞窟经过了千年以上的时光，其褪色的情况也就可想而知。

壁画的变化除了以上两个方面的原因外，还有很多因素，今天在文物保护中称为壁画"病害"的，包括：壁画颜料层起甲，壁画地仗层酥碱、盐化，地仗层空鼓、脱落，颜料层霉变、污染，以及过去的香火和洞窟居住人造成的对壁画的烟熏等等。各种各样的"病害"都在改变着壁画的面貌，使我们今天所见的壁画已不是最初建造时代的原貌。因此，当我们面对古代壁画时，如果不考虑它千百年来的变化情况，就会产生错误的认识，得出错误的结论。

了解敦煌壁画的变色、褪色等问题，让我们在面对敦煌壁画时，要分析现存壁画在多大程度上保留了古代绘画的原貌，通过表象来探索其最初的面貌，从而避免艺术研究中出现错误。

以上几个方面是认识和研究敦煌艺术需要了解的知识。如果从研究敦煌艺术来说，应具备中国美术史的专业知识以及中国历史、中外文化交流史等方面的知识。此外，对艺术品的分析鉴赏能力也是十分重要的。

二、前人对敦煌艺术的研究

（一）20世纪前半叶的敦煌石窟研究

1. 外国学者早年的调查研究

伯希和于1908年2月来到莫高窟，对所有洞窟进行编号、测量、拍照并抄录各种文字题记，对大部分洞窟均做了详细的文字记录，同时拍摄了大量的照片，其后，伯希和将所摄敦煌壁画照片编为《敦煌石窟图录》（六卷），于1920—1924年出版。这是第一部具有一定规模的敦煌艺术图录，对敦煌石窟的研究产生过重要影响。

在英国，斯坦因于1921年出版了《千佛洞：中国西部边境敦煌石窟寺所获之古代佛教绘画》，主要选取了斯坦因从敦煌藏经洞所获绢画48幅精印而成。

图0-5 莫高窟第130窟甬
道南壁 都督夫人
礼佛图（盛唐）

图0-6 莫高窟第130窟甬
道南壁 都督夫人
礼佛图（盛唐）
段文杰复原临摹

斯坦因从敦煌掠走的绘画品主要由魏礼（Arthur Waley）进行编目整理，于1931年出版了《斯坦因敦煌所获绘画品目录》，这是对斯坦因所获绢画等艺术品的完整目录。1952年，时任大英博物馆东方部主任的巴兹尔·格雷（Basil Gray）参观了敦煌石窟，并于1959年出版了大型画册《敦煌的佛教壁画》（*Buddhist Cave Paintings at Tunhuang*），其中还有魏礼对图片的详尽解说。

在美国，1938年，由哈佛大学出版了华尔纳（Landon Warner）所著《佛教壁画：对万佛峡九世纪石窟的研究》一书。在此前后，美国人波林（B.Bohlin）曾发表过关于敦煌西千佛洞的调查报告。20世纪80年代以后，英国的韦驼（Roderick Whithield）、美国的巫鸿（Wu Hung）及胡素馨（Sarah E. Fraser）等学者对敦煌艺术的图像研究引起学界的关注。

日本在1937年就出版了松本荣一博士根据伯希和的《敦煌石窟图录》（六卷）以及英法等地所藏的敦煌绢本、纸本绘画而撰写的《敦煌画的研究 图像篇》[①]，该书内容包括对敦煌各种经变（十余种）的考证研究，此外，还涉及佛传图、本生图、卢舍那佛、灵山说法图、炽盛光佛并诸星图、水月观音图、引路菩萨图、罗汉及高僧像、密教图像各种曼荼罗以及景教等非佛教图像等。这部著作也是第一部把敦煌藏经洞出土绘画与敦煌石窟壁画紧密结合进行图像研究的著作，对后来的敦煌图像研究产生了重要的影响。此后，日本学者水野清一、长广敏雄、日比野丈夫、樋口隆康、秋山光和等学者都陆续发表过有关敦煌石窟的研究论文。

2.中国学者早年的调查研究

1941年，张大千率家眷及学生到敦煌开始了为期近2年的临摹和调查。在到达敦煌的初期，他为洞窟做了编号，并大致分出了洞窟的时代。在敦煌文物研究所的编号没有公布之前，张大千的敦煌石窟编号被学术界普遍采用。1942年，画家谢稚柳也到敦煌与张大千一道进行临摹，同时，他对石窟内容还进行了详细的考察，后来写成了《敦煌艺术叙录》。

1940年6月，教育部成立西北艺术文物考察团，由画家王子云任团长。1942年5月—1943年5月，考察团分两个阶段在敦煌进行了近1年时间的考察，参加者有王子云、雷震、邹道龙、卢善群。他们在敦煌临摹了部分壁画，并对洞窟进行记录，拍摄了120张壁画照片，王子云还绘成了高24厘米、长达550厘米的敦煌千佛洞全景写生图。考察的成果主要有《敦煌莫高窟现存佛窟概况

① 松本荣一：《敦煌画の研究 图像篇》，东方文化学院东京研究所，1937。中文译本见林保尧、赵声良、李梅译《敦煌画研究》，浙江大学出版社，2019。

之调查》①，以及从各地考察收集的资料、照片、临摹品等，并先后举办过7次展览。

1941年，当时的中央研究院历史语言研究所组织了西北史地考察团，开始对包括敦煌石窟在内的西北文化遗迹进行考察。该团由辛树炽（时为西北农学院院长）任团长，成员主要有向达、李承三、吴静禅、劳幹、石璋如、周廷儒等。他们先后到达敦煌、河西走廊及西安等地考察，特别是在敦煌虽然时间不长，却做了大量的调查工作，如向达对敦煌石窟及周边的阳关、玉门关遗址做了考古调查。这些调查的成果陆续发表在当时的报刊上，引起了社会的强烈关注，如向达的《论敦煌千佛洞的管理研究以及其他连带的几个问题》等文章，对敦煌石窟的管理提出了更为具体的设想。向达虽然没有专门做中国美术史研究，但他从考古学的角度分析研究敦煌石窟艺术，对中国美术史的研究极富有启发性，包括常书鸿在内的早期研究者和临摹敦煌壁画的人都深受向达的影响。石璋如对洞窟做了全面的测绘和记录，并拍摄了大量照片，后来出版了《莫高窟形》（三卷）。20世纪40年代，先后有画家关山月、赵望云、韩乐然等到敦煌临摹壁画，他们的画展引起了各界人士对敦煌艺术的高度重视。

1944年，国立敦煌艺术研究所成立，常书鸿任所长。从此，敦煌石窟不仅得到了有效保护，而且开始了有计划的调查研究。在研究所成立初期，研究工作较突出的是史岩和李浴的调查研究。史岩编成《敦煌千佛洞概述》《敦煌石窟画像题识》两部书，李浴则完成了《敦煌千佛洞石窟内容》一书。

（二）20世纪后半叶的敦煌石窟研究

20世纪50年代以后，敦煌艺术研究所改名为敦煌文物研究所，在壁画彩塑的临摹、复制方面进一步走向正规化。20世纪60年代初，由国务院拨专款对濒危状态的莫高窟崖壁进行了全面的保护加固工程，使莫高窟全部洞窟得到有效的保护；同时，南区400余个洞窟都修通了栈道，极大地方便了调查研究和游览参观。研究所还增加了考古研究人才，积极开展石窟考古研究工作，但随之而来的"文化大革命"，使刚刚发展起来的研究工作中断了。

然而，在20世纪50年代到60年代初，仍然有不少关于敦煌石窟艺术的文章和出版物，包括常书鸿、向达等学者仍在不遗余力地介绍敦煌石窟艺术。这一阶段，如周一良的《敦煌壁画与佛经》、金维诺的《敦煌壁画祇园记图考》《祇园记图与变文》、梁思成的《敦煌壁画中所见的中国古代建筑》、宿白的

---

① 何正璜：《敦煌莫高窟现存佛窟概况之调查》，《说文月刊》第三卷第六期，1943年5月，第43-72页。

《敦煌莫高窟中的"五台山图"》等，他们运用佛经、变文、敦煌文献，对壁画与佛经、佛教和变文的关系做了深入探讨。梁思成和宿白都注意到了敦煌壁画中的建筑问题，并做了深入的考证分析。王逊的论文则从一个开阔的美术史视野来看敦煌艺术的特点。

从20世纪60年代后期到70年代，对石窟的调查研究几乎处于停滞状态。直到改革开放以后，特别是1984年，敦煌文物研究所扩建为敦煌研究院，极大地加强了研究力量，对敦煌石窟的保护和研究工作也突飞猛进地发展了起来。20世纪80年代，是敦煌石窟艺术研究快速发展的时代，出版了大量的图书，并涌现了一大批论文成果。这期间，首先是由敦煌文物研究所编的《中国石窟 敦煌莫高窟》（1—5卷）①出版，与此同时，史苇湘主持编纂的《敦煌莫高窟内容总录》②和贺世哲主持编纂的《敦煌莫高窟供养人题记》③出版。这些重要著作都凝结着众多学者在敦煌几十年艰苦努力的心血，成为学术界研究敦煌石窟的基本参考资料。五卷本《中国石窟 敦煌莫高窟》中的很多文章，实际上是在"文化大革命"中未能发表的，都集中在这个时代发表了，凝聚了老一辈学人数十年辛勤研究的心血。20世纪90年代，《中国石窟 安西榆林窟》正式出版。

20世纪80年代以后，敦煌石窟研究的成果主要体现在三个方面：其一，壁画图像的考证研究，史苇湘、贺世哲、施萍亭、李永宁、孙修身、王惠民、殷光明等先生对敦煌壁画中的经变画、故事画、佛教史迹画等方面的考证取得了不少重要成果。其二，石窟考古和分期研究，以樊锦诗、马世长、关友惠、刘玉权为代表的学者们对敦煌石窟做了严谨细致的分期排年研究，分别发表了关于敦煌北朝石窟、隋代石窟、西夏石窟的分期研究成果。这些成果不仅对敦煌石窟做出了科学分期，而且把考古学应用于佛教石窟，也为中国石窟的考古研究提供了方法论的参考。此外，潘玉闪等先生在莫高窟窟前遗址的发掘研究，彭金章先生对莫高窟北区石窟的清理调查，都取得了十分显著的成果。与石窟营建历史相关的成果，主要有马德的《敦煌莫高窟史研究》④。其三，石窟艺术研究，以段文杰、史苇湘等专家为代表的学者从敦煌石窟美术发展历史、敦煌艺术的美学特征、敦煌壁画彩塑的艺术特点以及敦煌艺术与古代历史

---

① 敦煌文物研究所编《中国石窟 敦煌莫高窟》，文物出版社、平凡社，1981—1987。

② 敦煌文物研究所编《敦煌莫高窟内容总录》，文物出版社，1982。本书于1996年修订再版，更为敦煌研究院编，更名为《敦煌石窟内容总录》。

③ 敦煌文物研究所编《敦煌莫高窟供养人题记》，文物出版社，1987。

④ 马德：《敦煌莫高窟史研究》，甘肃教育出版社，1996。

文化的关系等方面做了深入的研究。段文杰、史苇湘等先生发表了很多富有启发性的论文，后来分别集成了《敦煌石窟艺术论集》①、《敦煌历史与莫高窟艺术研究》②等著作。此外，关友惠对隋代图案的研究，刘玉权对西夏及回鹘时期艺术的研究，万庚育、李其琼对敦煌壁画绘制技法的研究，王伯敏、赵声良对壁画中山水画的研究都取得了重要成果。

20世纪90年代，敦煌研究院推出了大型图录丛书《敦煌石窟艺术》③（共22册），选取有代表性的石窟30多个，较全面地公布了石窟的照片，每册还配有专文，进行全面的内容解说和艺术分析。作为中国美术分类全集中的《中国敦煌壁画全集》④（全11册），按时代顺序全面介绍各个时代的壁画艺术内容，并深入分析其艺术特点，是敦煌艺术研究的重要成果。从1997年开始出版的《敦煌石窟全集》⑤则是敦煌研究院在石窟考古和艺术文化诸领域研究的集成性著作。本丛书共有26卷，除第1卷《再现敦煌》为总述性质外，其余均为专题研究著作，包括佛教类、艺术类和社会类三个方面的专题研究。艺术类包括：《塑像卷》、《图案画卷》（上、下）、《飞天画卷》、《音乐画卷》、《舞蹈画卷》、《山水画卷》、《动物画卷》、《藏经洞珍品卷》、《建筑画卷》、《石窟建筑卷》。每一卷都是对该专题的最新研究成果，其中如《图案画卷》是首次对敦煌壁画的装饰图案按时代顺序做了系统的整理研究，辨明了各时期装饰图案及纹样的风格特征，并分析了部分图案的源流。《石窟建筑卷》则对石窟建筑形制以及各建筑类型的演变做了完整的分析研究。当然，这套丛书限于当时的人力，在很多研究领域尚未完全展开，为今后的艺术研究留下了较大的空间。

进入21世纪以来，敦煌石窟艺术方面的研究有了新的成果。赵声良的《敦煌壁画风景研究》⑥分析了各时期敦煌壁画中表现出的诸多风景因素，以探索其时代的特征及其所反映的当时中国山水画的阶段性特征。赵声良等著《敦煌石窟美术史》（十六国北朝）⑦作为敦煌石窟美术史研究的第一部成果，试图建

① 段文杰主编《敦煌石窟艺术论集》，甘肃人民出版社，1988。本书于1994年修订再版，更名为《段文杰敦煌艺术论文集》；2007年修订再版，更名为《敦煌石窟艺术研究》。

② 史苇湘：《敦煌历史与莫高窟艺术研究》，甘肃教育出版社，2002。

③ 段文杰主编《敦煌石窟艺术》（共22册），江苏美术出版社，1991—1997。

④ 段文杰、樊锦诗主编《中国敦煌壁画全集》（全11册），辽宁美术出版社、天津人民美术出版社，1989—2006。

⑤ 刘永增主编《敦煌石窟全集》（全26卷），商务印书馆，1997—2005。

⑥ 赵声良：《敦煌壁画风景研究》，中华书局，2005。

⑦ 赵声良：《敦煌石窟美术史》（十六国北朝），高等教育出版社，2014。

立敦煌石窟美术史的体系，通过对早期敦煌石窟的建筑、彩塑、壁画及装饰等的全面分析，呈现出敦煌佛教美术在十六国北朝期间的发展历程及各阶段的风格特色。赵声良的《敦煌石窟艺术简史》①按时代顺序全面阐述了敦煌艺术发展脉络以及各时代风格特色和艺术成就。

在20世纪后半叶，我国台湾、香港地区的敦煌学也有很大的发展，特别是台湾地区以潘重规先生为中心，在敦煌文献研究上取得了重大的成果；但在敦煌石窟艺术的研究上，则一直到20世纪80年代以后，随着两岸关系的改善，台湾地区学者可以自由地到敦煌进行实地考察之后才逐步展开。台湾地区学者林保尧、李玉珉、陈清香等分别在敦煌石窟的图像学和美术史研究方面取得了一系列成果。

20世纪后半叶，欧美学者对敦煌石窟艺术的研究总的来说比较零散。在伯希和研究的基础上，法国在敦煌文献方面取得很多令人瞩目的成果，但在敦煌艺术方面，只有少数学者在研究，也只涉及敦煌壁画题记和敦煌壁画的瑞像图等。伯希和去世后，法国学者陆续整理伯希和带回的敦煌和中亚资料，其中包括《伯希和敦煌石窟笔记》（共6册），于1980—1992年出版②，此书是1908年伯希和在敦煌莫高窟时所做的笔记，包括他对洞窟进行编号和记录壁画主要内容与题记的调查记录，这些客观记录为后来的研究提供了十分珍贵的资料。此外，由韦驮主编的《西域美术——大英博物馆藏斯坦因收集品》（共3册）③，刊布了斯坦因所收集的中亚和敦煌艺术品的大部分图录，其中还包括韦驮的论文和图片说明。由法国吉美博物馆雅克·吉耶斯与日本学者秋山光和主编的《西域美术——吉美博物馆藏伯希和收集品》（共2册）④，对法国敦煌绢画等艺术品进行了深入研究。这两种《西域美术》作品集中体现了英、法、日三国学者在敦煌艺术方面的研究成果。美国方面，则是在20世纪80年代以后，有部分学者开始参与敦煌艺术的研究，如巫鸿的有关变文与变相的研究。美术史专家冉云华、李铸晋等也写过有关敦煌壁画的论文。阿部贤次则对莫高窟第254窟做过专门研究。

① 赵声良：《敦煌石窟艺术简史》，中国青年出版社，2015。

② 伯希和：《伯希和敦煌石窟笔记》，中文版由耿昇、唐健宾译，甘肃人民出版社，1993。

③ 韦驮主编《西域美术——大英博物馆藏斯坦因收集品》（共3册），东京讲谈社，1982—1984。

④ 雅克·吉耶斯、秋山光和主编《西域美术——吉美博物馆藏伯希和收集品》（共2册），东京讲谈社，1994—1995。

　　相比之下，20世纪后半叶，国外对敦煌石窟的研究，日本学者取得的成果较大。20世纪50年代，日本的《佛教艺术》杂志就做过"敦煌佛教美术特辑"，其中水野清一的《敦煌石窟笔记》、樋口隆康的《敦煌石窟的系谱》分别对敦煌艺术及发展历程做了宏观的探讨。此外，冈崎敬和日比野丈夫也分别对敦煌塑像和壁画做了深入研究。20世纪70年代以后，日本从普林斯顿大学购得了罗寄梅于1943年在敦煌拍摄的两千多张照片资料，这是继伯希和公布敦煌石窟图片之后最为丰富的石窟资料。在还不能自由地到敦煌实地考察的时代，这成为研究敦煌石窟的基本资料，促成了一些学者的重要研究，如秋山光和发表的《敦煌壁画研究的新资料——James Lo摄影图片和福格、艾尔米塔什两美术馆所藏断片的研究》[1]、《敦煌绘画的编年资料》[2]两篇文章。20世纪80年代，日本平凡社与中国文物出版社合作出版《中国石窟 敦煌莫高窟》，发表了中日双方学者的论文。这一时期，长广敏雄、秋山光和、日比野丈夫、东山健吾、百桥明穗、田中公明等学者都分别从图像学和艺术史的角度对敦煌石窟艺术进行过深入的研究。东山健吾的《敦煌三大石窟》（东京讲谈社，1996）是继其出版的《敦煌之路》（1995）以后，较为翔实地介绍敦煌艺术的著作，把莫高窟、榆林窟和西千佛洞联系起来进行综合性的论述，从美术史的角度叙述了敦煌艺术发展的脉络，具有敦煌石窟美术史研究的性质。此外，如宫治昭从印度与敦煌美术比较的角度做了探讨，八木春生、胜木言一郎、久野美树等学者在敦煌艺术及相关专题的研究都是富有启发意义的。

三、敦煌艺术研究的价值和意义

（一）敦煌艺术对中国艺术史的认识价值

　　敦煌石窟艺术融汇了中国和外国、汉族和其他民族艺术，形成了具有中国特色的佛教艺术体系，代表了4—14世纪中国佛教艺术的重要成就，形成了一千年间系统的艺术史，特别是由于魏晋至隋唐时期中国的古代艺术遗存极少，敦煌艺术为全面认识中国艺术史提供了丰富而珍贵的资料。

　　敦煌石窟是建筑、彩塑和壁画三者结合的佛教艺术。从建筑形制来看，分为禅窟、中心塔柱窟、覆斗顶窟、中心佛坛窟（殿堂窟）等。禅窟主要受印度

---

[1] 秋山光和：《敦煌壁画研究的新资料——James Lo摄影图片和福格、艾尔米塔什两美术馆所藏断片的研究》，《佛教艺术》1975年第100期，第77-93页。

[2] 秋山光和：《敦煌绘画的编年资料》，《东京大学文学部 文化交流研究设施研究纪要》第1号，1976，第9-30页。

毗诃罗窟的影响，中心塔柱窟形制则来源于印度支提窟，覆斗顶窟形制受到中国传统殿堂建筑的影响，中心佛坛窟则是仿中国风格寺院殿堂的形制。各种类型的石窟建筑，对于全面认识中国建筑史具有重要意义。中国传统建筑以木构建筑为主，与建筑相关的梁、柱、椽、檐乃至斗拱、勾栏等部件都是在木构建筑的前提下形成的。而敦煌石窟则是在岩体中凿出的洞窟，这种建筑形式源自印度，又经过中国工匠的改造，形成了既不同于传统木构建筑的形式，又有别于印度样式的中国式佛教石窟，可以说是中外建筑艺术融合的产物。作为佛教建筑的重要组成部分，石窟建筑无疑是中国建筑史中不可或缺的一环。今天我们能看到唐宋时代或更早时代的建筑物已寥寥无几，而敦煌4—14世纪的壁画中保存了当时画家们描绘的各类建筑形象，真实地再现了一千年间建筑的发展演变，成为我们认识中国古代建筑史的重要依据。

敦煌石窟的主体是雕塑，现存古代彩塑二千多身，包括佛、菩萨、佛弟子、天王、力士、高僧等形象。魏晋南北朝时期，佛教雕塑在接受了来自中亚和印度的影响之后，不断改革创新，到隋唐时期形成了具有中国风格的佛教雕塑艺术，反映了这个时代中国雕塑发展演变的历程。从魏晋南北朝到唐宋时期，佛教在中国持续兴盛，各地寺院石窟林立，在信仰的力量驱动下，当时一流的雕塑家都会把毕生的精力用于雕塑佛像。因此，石窟中的佛像、菩萨像等代表了那个时代最优秀的雕塑艺术。敦煌彩塑是4—14世纪中国雕塑史上的重要成果。

六朝到唐代是中国绘画艺术从发展走向辉煌的重要阶段，敦煌壁画为我们保存了这个时期大量的绘画真迹，可以印证各时期画家的风格。如六朝时期顾恺之、陆探微等一批画家在南方十分活跃，当时贵族阶层崇尚清谈和神仙思想，对身体清瘦、飘飘欲仙的人体形象有特别的爱好，绘画中也流行"秀骨清像""褒衣博带"的风格。由于北魏孝文帝的改革，南方的艺术以及南方的审美精神影响到了北方，敦煌在北魏晚期至西魏的洞窟中出现了人体比例修长、身材苗条、眉目清秀、嫣然含笑、动作飘举、衣裙飞扬如神仙般的形象，反映了顾陆一派绘画风格的影响。

《画史》载隋代画家展子虔等画过法华经变、弥勒经变等，敦煌壁画中也是在隋代出现了经变画。所谓经变画就是概括地表现一部佛经的主要内容，情节较多、规模较大的画。经变画反映了中国人对风景审美的需要，形成了中国画空间处理的技法特色，也形成了有别于印度的中国式佛教绘画艺术风格。隋唐画家均擅长经变画，并在长安、洛阳的大量寺观壁画中留下了他们的作品。

可惜由于时代变迁，隋唐长安、洛阳的寺院早已灰飞烟灭；而《画史》记载长安、洛阳寺院中那些不同名目的经变画，在敦煌壁画中均可以看到，从敦煌壁画中我们可以了解隋唐时期中原经变画的盛况。

初唐画家阎立德、阎立本兄弟以人物画见长，阎立本的传世作品如《历代帝王图》与敦煌初唐莫高窟第220窟的帝王图在人物形象风格、服装规范等方面非常一致，反映了阎氏一派人物画风格在敦煌的影响。

盛唐时期的李思训、李昭道父子开创了青绿山水画。以青绿重色表现出富丽堂皇的景象，深受时人喜爱。在敦煌壁画中就有不少青绿山水的画面，盛唐莫高窟第103窟、148窟、172窟、217窟等窟的青绿山水，为我们了解李思训一派山水画的原貌提供了真实的依据。

盛唐时期，吴道子在当时长安和洛阳一带的寺院中画了大量的壁画，其中如地狱变等绘画"笔力劲怒，变状阴怪，睹之不觉毛戴"[1]，他创造了兰叶描的技法，"其势圆转而衣服飘举"，即所谓"吴带当风"[2]，可惜吴道子的真迹我们已无从得见。而在敦煌壁画中，如莫高窟第103窟维摩诘形象，以充沛有力而又富于变化的线描表现出人物雄辩滔滔的精神风貌；莫高窟第199窟的菩萨形象，第158窟南、北壁表现涅槃经变中的弟子及各国王子，人物神态生动，线描流畅而遒劲，色彩相对简单，反映了吴道子一派的人物画风格。

莫高窟第130窟都督夫人礼佛图等壁画，表现唐代贵族妇女华丽的着装、雍容的气质，与唐代张萱、周昉等画家的仕女画风格一致。

总之，在唐代以前的绘画作品极为罕见的今天，敦煌艺术成为我们认识中国古代绘画艺术的重要依据。壁画中为数众多栩栩如生的形象，依然感动着千百年后的我们。

敦煌人张芝、索靖是中国古代著名书法家，对王羲之等书法家都产生过重大影响，敦煌汉简体现出的隶书、草书风格反映了中国书法从篆、隶发展到楷书的过渡特征，具有很高的艺术价值。敦煌藏经洞出土的写本中，真、草、隶、篆诸体完备，完整展示了4—11世纪中国书法的发展演变过程。敦煌文献中所藏唐代欧阳询、柳公权书法拓本，表明敦煌书法始终与中原书法发展同步。

自北朝以来，外来的音乐、舞蹈强烈地冲击了中国传统音乐、舞蹈，并极大地丰富了中国音乐舞蹈艺术的内涵。敦煌壁画中绘有大量音乐舞蹈的形象。

---

① 段成式撰《酉阳杂俎》续集卷五《寺塔记》，人民美术出版社，1964。
② 郭若虚撰《图画见闻志》，人民美术出版社，1963。

乐器中的海螺、腰鼓、箜篌、琵琶、胡琴等均为从西域传入的乐器。箜篌的起源可以追溯到古埃及时期。舞蹈中的胡旋舞、胡腾舞等也是从中亚传入。可以说，敦煌壁画较为系统地展现了4—14世纪中国音乐舞蹈发展的历程，藏经洞出土文献中也有不少珍贵的乐谱、舞谱资料，为我们了解古代音乐舞蹈提供了翔实的资料。

综上所述，敦煌艺术对我们认识和研究中国建筑史、雕塑史、绘画史、书法史乃至音乐舞蹈史等方面都具有重要价值，而且对于我们当今的中国传统文化教育、审美教育、爱国主义教育等具有启迪作用，人们可以通过欣赏敦煌艺术来了解祖国的传统文化和艺术精髓，从而体现出敦煌艺术的社会教育价值。

（二）敦煌艺术是当今艺术创新的不竭源泉

艺术创新应该以深厚的传统为基础。没有对传统的继承，所谓"创新"只能是无本之木、无源之水，没有生命力。从这个意义上看，当今的艺术工作者对敦煌艺术的传承与开发还远远不够。20世纪以来，由于敦煌藏经洞的发现和敦煌学的兴起，很多艺术家开始关注敦煌，人们认识到了像敦煌艺术这样由古代无名艺术家创造的艺术富有极强的生命力，在当今仍然有着取之不尽、用之不竭的源泉。张大千、常书鸿等富有远见的画家看到了这一点，并身体力行，到敦煌进行临摹、研究，不仅自己学习，还把敦煌艺术介绍给世界。

1941—1943年间，张大千率其弟子们在莫高窟、榆林窟临摹壁画200多幅。其后在四川等地举办大规模展览，产生了广泛的社会影响。临摹敦煌壁画是张大千绘画艺术发展的重要阶段，经过敦煌艺术的熏陶，他在人物画方面有了新的风格，由于对色彩的领悟，他在山水画、花鸟画上采用极为大胆的泼墨泼彩法，尤其在他晚年的作品中已经把敦煌壁画中那种恢宏的气度和绚烂的色彩自由地运用于山水画、花鸟画之中。

常书鸿本来是留学法国学油画的，他从西方绘画的角度发现了敦煌艺术的特殊价值，深刻地认识到敦煌艺术与明清以来的传统艺术不同，是传统艺术中十分重要的部分。于是，他义无反顾地回到中国并来到敦煌。1944年，敦煌艺术研究所成立，常书鸿就任所长，开始了在敦煌的艰苦创业。常书鸿的理想是以敦煌石窟为基地，让学习中国绘画的教师和学生到敦煌来学习，从这里了解到中国古代最纯正的艺术，从而创作真正富有中国特色的艺术。

最初跟随常书鸿到敦煌工作的潘絜兹、董希文等，在绘画创作中取得了突出成果。潘絜兹潜心于工笔人物画创作，不论是笔法上还是色彩上，都充分体现了他在敦煌临摹壁画的感悟，如他创作的《石窟艺术的创造者》，便是直接以他在敦煌石窟临摹的切身感受而画出的。董希文在油画中往往体现出东方式的平面感，他的油画巨制《开国大典》，不论近景中的人物布局，远景中的空间安排，还是色彩明暗的对比等等，都可以让人感受到敦煌艺术对画家的深刻影响。此外，从小就受到敦煌艺术熏陶的常沙娜在设计人民大会堂、民族文化宫等建筑的装饰时，充分利用敦煌壁画中的元素来创作，形成了富有民族精神的工艺装饰风格。长期在敦煌工作的雕塑家孙纪元、何鄂等，也在后来的创作中表现出极大的优势，如孙纪元的雕塑《瑞雪》、何鄂的雕塑《黄河母亲》等，正是既具有深厚传统精神又富有时代感的作品。

20世纪80年代，甘肃省歌舞团的创作人员潜心到敦煌石窟学习、研究，最终创作出《丝路花雨》，该剧一搬上舞台，即获得巨大成功。这部以丝绸之路重镇敦煌为历史背景的舞剧，再现了大唐盛世丝绸之路上中外文化交流中的历史故事；同时，该舞剧以敦煌壁画艺术中的舞蹈形象为特色，尽情展示了其中飞天伎乐、反弹琵琶舞等极富民族文化特色的舞蹈艺术形象。《丝路花雨》的成功，不仅展示了敦煌艺术的无穷魅力，而且在音乐、舞蹈领域掀起了一个继承和发扬祖国传统艺术的高潮。

随着敦煌艺术不断深入人心，不论是绘画、雕塑，还是音乐、舞蹈乃至服装时尚等行业，都开始把目光投向敦煌，把敦煌文化艺术的元素广泛运用到城市建筑、品牌标志、工艺品设计、服装设计、数字出版、动漫、影视、纪录片等现代文化艺术的创作当中，无数的中外艺术创作者都从敦煌艺术中获得了灵感。敦煌既是数千年华夏文明宝贵的资源库，也是新时期建设新文化的动力源泉。敦煌的艺术宝藏是一部永远读不完的艺术巨著，也是一种精神启迪，可以不断地从中汲取创造灵感、创作元素和文化智慧，创造出新时代的文化艺术。

总之，敦煌艺术是中华优秀传统文化的重要组成部分，对我们今天的文化建设具有重要的价值；而对于传统文化的传承创新，我们要坚持创造性转化和创新性发展的方针，把敦煌艺术真正搞懂，把它研究透，把它转化成普通的艺术史知识。艺术研究者在"创造性转化"中起着至关重要的作用。敦煌艺术的研究成果，不仅可用作学校教育的教材，还可通过各类读物或媒体，让更多的读者了解和欣赏敦煌艺术，从而使敦煌艺术在新的时代发扬光大。传统艺术的创新性发展，需要广大文艺工作者以传统艺术为基础，创造出既具有时代精神，又具有中国特色、中国气派的新艺术。

第一章 | 敦煌石窟艺术发展史概说

从石窟艺术发展史的角度来看，我们把敦煌石窟大体分为三个发展阶段。

一、中外艺术融汇交流时期

这一时期在政治上经历较多的变化，经历了北凉、北魏、西魏、北周，也就是通常所说的北朝时期。朝代的更替、地方统治者的变化，常常会影响到艺术的发展。如北魏末至西魏初，北魏宗室东阳王元荣出任瓜州刺史，很快就为敦煌石窟带来了新的艺术风格；而北周时代新的理念，又使敦煌石窟重新恢复来自西域的风格；而西域风格、中原风格就在时代的变迁中逐步融合，从而形成了既不完全是西域式的，也与中原式有别的特色。

二、与中原艺术同步繁荣发展时期

隋唐时期，中国有较长时期的统一，隋唐帝国空前繁荣以及丝绸之路的畅通，使敦煌与中原的交流非常便利，敦煌作为丝绸之路上的重镇，迎来了经济和文化艺术方面兴旺发达的时代。敦煌石窟不论是彩塑还是壁画都取得了辉煌的成就，留下了大量的经典名作。隋唐时代以长安、洛阳为中心的中原地区涌现出许多著名画家，如展子虔、阎立本、李思训、吴道子、张萱、周昉等，他们的绘画风格都可以在敦煌壁画中找到，表明敦煌艺术与中原艺术的关系十分密切。尽管在安史之乱后，敦煌一度被吐蕃人统治，但在佛教和艺术方面的交流并未断绝。由于长安、洛阳一带隋唐时期营建的大大小小的寺院今天大多不存，阎立本、李思训、吴道子等画家的重要作品无一流传下来，仅有极少数临摹本传世，因此，这一时期敦煌的艺术成为隋唐美术史的重要依据。敦煌壁画包含了精美的人物画、建筑画、山水画以及装饰图案画，反映了隋唐时代中国艺术的高度成就。这一时期的石窟是现存洞窟数量最多的，占现存全部石窟总数的一半以上，而且内容丰富、风格多样，因而本章对第二阶段再分出三个时段来叙述：一是隋代；二是唐代前期；三是唐代后期。

三、样式主义和新时代因素并存时期

唐代覆灭以后，中国又形成了分裂的局面。五代到北宋，敦煌的统治者曹氏家族始终在努力与中原王朝取得联系，以维系敦煌的安定，在周边有强大的少数民族政权的情况下，敦煌及瓜州竟奇迹般地保持了约一百年的稳定局面，从而使敦煌石窟得以不断地营建。敦煌曹氏也仿照中原成立了画院以保证石窟艺术的发展，但画家们能做的就是努力使自己的作品与唐代艺术保持一致。正如欧洲文艺复兴之后长期出现"样式主义"一样，五代、北宋的敦煌艺术大部分也可看作是一种"样式主义"，当然其中也出现了不少具有特色的创新。

西夏推翻了曹氏家族的统治，带来了新的艺术风格，在榆林窟第2窟、3窟、29窟都出现了前所未有的新气象。元代灭了西夏后，在敦煌也新建了一些石窟，如莫高窟第3窟、465窟都可以看到风格新颖而技艺精湛的作品，只是洞窟数量较少，不能与唐代数百窟的情况相比。

第一节　十六国北朝石窟艺术

十六国北朝时期是莫高窟营建的第一个阶段，现存石窟主要包括四个时期：一是十六国的北凉（401—439年）；二是北魏，从太平真君六年平定西域到永熙三年期间（445—534年）；三是西魏，为北魏皇室东阳王元荣家族统治敦煌时期（535—556年前后）；四是北周（557—581年）。

莫高窟现存北凉时期的洞窟有第268窟、272窟、275窟等7个窟，是敦煌石窟中现存开凿最早的洞窟。这些洞窟形制包括多室禅窟、方形佛殿窟、纵长方形佛殿窟，兼有禅行、观像、礼拜功能。此时彩塑均为单身造像，题材内容有交脚坐佛、倚坐佛、交脚菩萨、思维菩萨等。壁画内容主要有四类：一是本

生、佛传故事画；二是尊像画；三是供养人像；四是图案纹样。北凉壁画人物造型采用西域式晕染法（即凹凸法）辅以铁线描，表现人物面部和肢体的立体感，现在人物面部轮廓及眼眶晕染部分均已变为黑褐色。

北魏洞窟现存 10 个，包括第 251 窟、254 窟、257 窟、259 窟、260 窟、263 窟、265 窟、273 窟、441 窟、487 窟。这些窟多为有人字披顶的中心柱窟，中心柱正面开一大龛，塑交脚佛或倚坐佛像，其余三面分上下两层开龛。南北壁上层开阙形龛，内塑弥勒菩萨；下层龛内塑结跏趺坐佛像，佛像两侧或在龛外两侧塑出胁侍菩萨形象。北魏洞窟的壁画布局为：顶部画出人字披图案和平棋图案，四壁上部为绕窟一周的天宫伎乐，中部是"千佛""本生""因缘"故事画，下部是金刚力士（或称"药叉"）。

西魏洞窟现存 11 个，包括第 246 窟、247 窟、248 窟、249 窟、285 窟、286 窟、288 窟、431 窟、432 窟、435 窟、437 窟。窟形主要有中心塔柱窟、禅窟和覆斗顶殿堂窟。中心塔柱窟出现了四面各开一龛的形式。彩塑主要有倚坐佛、禅定佛、苦修佛、交脚菩萨、胁侍菩萨等，主尊多为倚坐佛。佛像的两侧皆有胁侍菩萨。壁画题材分为五类：一是尊像画；二是佛经故事画；三是传统神话题材，是西魏新出现的主题，包括东王公、西王母、伏羲、女娲、风神、雨师、雷公、霹电、飞廉、羽人、开明、禺强等；四是供养人画像；五是装饰图案画。壁画人物造型上出现两种风格：一是北魏西域风格的继续；二是新出现的中原风格，人物身材修长，相貌清瘦，眉目疏朗，即所谓"秀骨清像"特征。

北周洞窟现存 16 个，包括第 250 窟、290 窟、291 窟、294 窟、296 窟、297 窟、298 窟、299 窟、301 窟、428 窟、430 窟、438 窟、439 窟、440 窟、442 窟、461 窟。北周时，敦煌大姓令狐氏、京兆望族韦积、贵戚陇西李贤、建平公于义先后执政敦煌，政治清明，社会安定，丝绸之路畅通无阻。在这样的政治形势下，莫高窟开窟较多，并且出现了个别规模较大的洞窟，如第 428 窟平面面积达 178.38 平方米。北周的洞窟主要有中心柱窟和覆斗顶殿堂窟，塑像出现了一佛二弟子二菩萨的组合形式。彩塑造像头部方圆，五官清秀而较集中，上身较大，下身较短小，对佛弟子及菩萨的不同表情与性格特征表现得较细腻。北周石窟壁画题材与西魏一致，故事画出现了很多新内容，如须达拿太子本生、微妙比丘尼因缘、善事太子本生、福田经变、须阇提本生、睒子本生等，还出现了涅槃图，是隋唐以后涅槃变的早期形式。人物画法既有西域式晕染法，又有中原式晕染法。

十六国北朝的敦煌石窟艺术，要考虑三个因素：其一，敦煌艺术产生的基础是因敦煌本地有着深厚的文化基础，而敦煌文化又是在两汉以来数百年间儒家文化熏陶下发展起来的。因此，任何外来的影响都不可能完全改变本土文化的传统。其二，由于敦煌地接西域，比起内地来，敦煌更容易接受西域艺术风格的影响，因此，在敦煌早期石窟中，西域艺术风格因素要远比内地（如云冈石窟、麦积山石窟等）多。其三，西魏以后，敦煌受到来自中原的强烈影响，并没有全面接受中原风格，而是在中原风格的影响下，艺术家们更大胆地采用了中国式的审美精神和艺术手法来表现佛教艺术，而敦煌本来就有着深厚的汉文化传统。因此，敦煌艺术中的某些汉文化因素并不完全是孝文帝改革以后由中原新传入的，而是本土已有的。

第二节　隋代石窟艺术

隋代在莫高窟营建历史上是一个极为重要的时代，具有承前启后的意义。隋代统治集团佞佛，由于丝路贸易的兴盛，在短短的37年间，莫高窟兴建了近百个洞窟，再加上重修前代洞窟，总数逾百个，这在莫高窟1600多年的营建史上是极为罕见的。这些洞窟在艺术风格和内容上呈现出一些阶段性特点，一般分为三期，以后二期建造数量最多。隋代洞窟形制主要以覆斗顶形窟为主，其次为前部人字披顶、后部为平顶或前部平棋、后部为人字披顶的洞窟，也有少数洞窟沿袭了早期的人字披中心柱窟，其中个别洞窟还将中心柱改为须弥山形式。

隋窟大部分只是在西壁开一龛，但有的洞窟内开始出现南、西、北壁三壁开龛的布局，即三壁三龛窟，而且还出现了内外双重龛形式。龛内增设佛床，塑像流行一佛二弟子或二菩萨组合。一些立佛像高达三四米，造型上具有体态魁梧、躯体较直、头大腿短的特点，特别是"三佛"组合成为隋窟塑像的一大特点。壁画内容除了继续沿用早期的佛传、佛本生、因缘故事画外，还新出现了画面内容和布局较为简单的净土经变、维摩经变、法华经变、弥勒经变等经变画。在情景安排上，也由早期的注重叙事性转而向表现场景、表现人物为主发展，使画面的表现更趋丰富。在用色上，在保留早期笔力刚劲、较为疏朗的风格的同时，吸取中原敷金彩、重青绿、间朱赭的用色特点，形成了华丽细腻的画风。在装饰纹样和图案上，传统的花鸟、忍冬纹与新传入的西亚波斯风格的纹样如狮凤纹、联珠纹、狩猎纹、兽禽纹等并用；而且由于丝路贸易的兴盛，隋代壁画中开始出现大量反映丝路贸易和中外交通的画面，出现了大量的圆环联珠纹图案。

总之，隋窟壁画在南北朝石窟艺术的基础上，通过对不同时期、不同地域、不同风格艺术的大胆吸收和创新，其艺术开始在形式、技法和风格上进行新的探索和创新，呈现出别具一格、承前启后的艺术风貌。

第三节　唐代前期石窟艺术

唐代历史近300年，莫高窟开窟造像数量极大，为莫高窟各时期之最。唐代莫高窟大体分为初唐、盛唐、中唐和晚唐四个时期。

初唐指唐代建立到长安四年期间（618—704年）；盛唐指唐神龙元年至建中二年期间（705—781年）；中唐指安史之乱后吐蕃占领敦煌期间（781—848年）；晚唐则是指张议潮率众起义，推翻吐蕃在敦煌的统治，敦煌重新归复唐代，直到唐代灭亡期间（848—907年）。吐蕃占领敦煌，是敦煌石窟艺术的一个转折点。如果把唐代分为前后两个时期，吐蕃占领敦煌就是一条分界线。唐前期包括初唐、盛唐，唐后期包括中唐、晚唐。

莫高窟初唐时期新建洞窟46个，代表窟有第57窟、96窟、123窟、203窟、209窟、220窟、332窟、334窟、335窟、321窟、328窟、329窟、322窟。初唐石窟可分为武德时期（618—626）、贞观时期（627—649）、高宗及武则天时期（武周时期）（650—704）三期。

武德时期，东西交通尚未畅通，石窟形制与绘塑制作仍沿袭隋末风格，以覆斗形窟顶双层龛为主。佛、菩萨额颅方圆，表情庄重，衣褶简练流畅，装饰纹样除沿用忍冬纹外，还出现大量的莲花葡萄纹。反映净土思想的阿弥陀净土变、维摩诘经变增多，弥勒上生与下生经相结合，出现了弥勒上生下生经变。

贞观时期以后，高昌初定，中原文化频繁西传，莫高窟艺术进入一个快速发展时期，贞观十六年（642年）建造的第220窟是其代表。此窟曾被宋末、西夏初期壁画所覆盖，1943年，表层壁画被剥离后始见其原貌。窟南壁的阿弥陀净土变、北壁的药师经变和东壁的维摩诘经变正是净土思想风行的反映。维摩诘经变中维摩诘画像神思飞扬、凭几雄辩、机智无碍，毫无羸弱病容。帝王听法图中仪态威严的汉族皇帝和表情各异的王公大臣，以及各国王子听法图中的螺发黧肤的南亚王子，隆鼻深目、肤色皙白的海西商人，个个惟妙惟肖、性格鲜明。特别是帝王形象与阎立本的《历代帝王图》画风基本相同。南壁无量寿经变和北壁药师经变均近20平方米，各有人物百余，场面宏大，色彩绚丽，楼台水榭、灯楼、灯轮明亮辉煌，上有飞天散花，中有佛祖说法，下有舞乐献艺，池中有化生童子嬉戏。巨大的舞乐场面中，有疾旋如风的健舞，也有姿柔轻曼的软舞。北壁下部两侧有由28人组成的大型乐队，箫、瑟、鼓、琴等乐器10余种，伴唱者举臂高歌，气氛热烈欢快。此窟线描、色彩、晕染方法均属中原一脉。整窟壁画出自高手之手，是敦煌壁画中的上乘精品。

武周时期，由于武则天佞佛，故洞窟建造颇多，且题材丰富、水平较高。彩塑出现了如第205窟、328窟这类艺术性很高的佛、弟子和菩萨像。第328窟彩塑像身体修长，合乎人体比例和骨骼结构，佛像慈和，阿难虔敬，菩萨高雅圣洁，神态逼真。又如证圣元年（695年）所造35.5米高的弥勒大佛（第96窟），虽经后代重修，但从其身材比例、神态坐姿仍可窥见原作的水平。武周时期，壁画色彩鲜艳，装饰效果强，尤其是窟顶藻井，图案复杂且变化多样，红、绿、青、赭等颜色对比强烈，具有富丽堂皇的热烈气氛（如第329窟、334等窟）。经变多为通壁的大幅西方净土变、维摩诘经变、涅槃经变和弥勒上生下生经变。净土世界构图宏伟的宫殿楼阁、雕栏水榭，尽显人间帝王的华贵气派。人物刻画细腻，菩萨、飞天、舞乐、化生、供养人，在姿容形貌和衣着饰物上都力求表现形体美和净土世界的欢乐、华贵。第321窟北壁阿弥陀经变以青绿为主，画中只绘了简单的雕栏水榭、宝池莲荷，仿佛极目远眺，飞天漫游高空，蓝天绿水相接，另有一派宁静、祥和的田园景象，有别于其他净土变的热烈豪华气氛。另外，如第329窟龛顶的乘象入胎图、夜半逾城图等，也都是初唐时期的佳作。

莫高窟盛唐时期，新建洞窟97个。代表窟有第31窟、45窟、46窟、66窟、79窟、103窟、130窟、148窟、171窟、172窟、194窟、205窟、217窟、320窟、444窟、445窟、446窟等。这一期窟形大多承袭初唐形制，以覆斗形窟顶西壁开龛的殿堂式为主，龛内塑像，东壁正中开门，四壁均绘壁画。也有少量的异形窟，如开元九年（721年）开凿的南大像，从地面到窟顶雕塑一尊弥勒坐像；又如第46窟北壁塑七佛龛，南壁塑涅槃龛与西龛说法佛陀、弟子、菩萨、天王诸像组成一窟三龛的形式。这时还出现了长方形帐龛，如第79窟将佛陀、弟子诸像安置于佛床上，上为盝形顶帐盖，塑像身后绘"屏风"。此期特别重要的是开凿了第148窟涅槃大窟，南北两壁各开一帐形龛，这种窟形尚属首见。盛唐石窟的装饰图案是敦煌图案中最精美者，凡佛光、藻井、边饰、服饰图案等，均色彩绚丽、纹样细致、变化多样。以图案为主的藻井，形式都不雷同，色调、纹样组合皆各具特色。盛唐彩塑与壁画形成绘塑结合的典范，是唐代泥塑艺术保存至今的极为珍贵的实物。龛内以释迦佛或弥勒佛为中心，两侧各塑二弟子、二菩萨、二天王、二力士，在像后的龛壁上绘八弟子、六菩萨、二天王，形成龛内环侍释迦佛或弥勒佛的十大弟子、八大菩萨、四大天王。这种绘塑结合，使佛龛内产生一种层次分明、济济一堂的艺术效果，与以前各时期在塑像方面追求沉思静穆的神性相反，盛唐已逐步在佛、菩萨像上追求生动的性格特征。例如，有深谋远虑、老成练达的迦叶，有谨淳忠厚、彬彬有礼的阿难，有亲切温和、慈善近人的菩萨，有睥睨风云、叱咤四方的天王。

　　盛唐时期的经变画成为壁画的主要内容。出现较多的经变题材有观无量寿经变、法华经变、维摩诘经变、弥勒经变、药师净土经变、涅槃经变、报恩经变等，还出现了较多的密教经变，如千手千眼观音经变等，显示了壁画题材在不断扩展，其中净土思想仍是敦煌地区的主要信仰。经变画中所表现的山水、人物、城郭、宫殿、居室、寺塔、田野，实际上是当时现实社会的写照。它以现实生活情景来表现佛理，已远远超出了经典喻义的要求，如弥勒下生经图中表现出当时的春耕、夏耘、秋收等场面，以及婚嫁等生活场景。另外，如壁画上的飞天，飘带长曳、翱翔自在，确有"天衣飞扬、满壁风动"之感。对自然环境的描绘，这一时期的青山绿水、朝夕黄昏，随情设景、情景交融，呈现出令人回味无穷的逸韵。其他如鞍马人物、房舍器具等，在故事画中随情节需要都有写实的描绘。

第四节　唐代后期石窟艺术

　　唐代后期的莫高窟，从唐德宗建中二年（781年）河西为吐蕃所占领，至唐代灭亡，共126年。其间又分为中唐（吐蕃时期，共67年）和晚唐（张氏归义军时期，共59年）两个阶段。中唐时期新开洞窟48个，又重修了28个洞窟并完成盛唐未完工的9个洞窟。大中二年（848年），沙洲张议潮率众起义，逐走吐蕃统治者并收复河西州郡，归复唐代，建立了归义军政权。此时，敦煌为张议潮家族统治时期（习称"晚唐"，848—907 年）。晚唐莫高窟共开凿了 71 个新窟，续建和重修了前代的 11 个洞窟。

中唐时期的洞窟形制仍以覆斗顶窟为主，正壁佛龛多为盝顶形方龛。代表性洞窟有第 112 窟、159 窟、231 窟、237 窟、361 窟、369 窟等。也有一些洞窟中央设佛坛，形成殿堂式洞窟，如榆林窟第 25 窟还保存了较完整的前室和甬道。此外，中唐时期有一些特别的洞窟，如第 158 窟是一个大型涅槃窟，第 365 窟则是一个大型横券顶窟，其间并列塑造坐佛七身，为七佛堂。

晚唐时期的洞窟形制一部分沿袭中唐时期的有盝顶形方龛的覆斗顶窟，如第 12 窟、14 窟、156 窟等；也出现了一些大型的殿堂窟，如第 16 窟、85 窟、196 窟等；还出现了一些特别的洞窟，如第 9 窟、14 窟均为中心柱窟，但中心柱窟与北朝以来的都不同，洞窟平面为长方形，后部设中心柱，前部窟顶为覆斗顶，后部为平顶，中心方柱仅在正面开龛。此外，如第 17 窟是为纪念洪辩和尚而建的影堂，洞窟坐北朝南，入口在第 16 窟的甬道。

吐蕃时期的彩塑，承袭盛唐的主题和艺术风格，在正面大龛里，有释迦像、三世佛、七佛等，有以佛为中心并与两侧的弟子、菩萨、天王、力士等组成的群像。如第 159 窟的彩塑颇得盛唐风韵；第 158 窟释迦涅槃像长约 16 米，体形巨大而塑造细腻、优美；第 365 窟佛坛上塑七身结跏趺坐禅定佛像（清修头部），整体气势宏伟。

晚唐时期的彩塑，大体沿袭中唐时期的题材和风格，仍然保持了一铺七身或九身塑像的布局。龛内多为小型塑像，而中心佛坛上塑像的规模往往超过了吐蕃时期。如第 196 窟的塑像，菩萨、天王等形象生动而富有力量感。第 17 窟塑出的高僧洪辩像是莫高窟少有的历史人物塑像，造型写实、神态真实、简练完整。

唐代后期的壁画题材与唐代前期略同，主要有尊像画、经变画、佛教史迹画、供养人画像、装饰图案等五类。但在洞窟中的布局和画法上稍有不同，唐代前期那种占满整壁的巨幅经变画减少，往往在一壁之内并列二至五铺经变，在经变画的下部出现了并列的长方形条幅结构的画面，通称为"屏风画"。屏风画中往往配合上部的经变而表现具体的情节，佛龛内也常常以屏风画的形式表现一些经变内容。

大量的经变画保持着盛唐以来的格局，但也有少数经变画富有创新，如第 158 窟的涅槃经变，南壁表现众弟子举哀，不同人物的悲痛有不同表现，而在北壁则表现世俗人物的不同表情，有汉族帝王，有不同装束、不同肤色的各民族人物，这些人物表情与动作具有强烈的感染力。晚唐流行的劳度叉斗圣变，第9窟、196窟等窟中都以通壁绘制舍利弗与外道劳度叉斗法的内容，人物众多、动态各异、气势宏大。

第156窟的南北壁及东壁分别画出河西节度使张议潮与夫人宋氏的出行图（图1-1），首创出行图之例，画面不仅真实地再现了唐代"卤簿"制度的具体规范，而且人物表情生动、内容丰富、壮丽无比。

图1-1　莫高窟第156窟南壁　张议潮出行图（晚唐）

第五节　五代宋西夏元石窟艺术

天祐三年（906年），张议潮之孙、归义军节度使张承奉自称"白衣天子"，建国号"西汉金山国"。不久，西汉金山国覆灭，后梁乾化四年（914年），曹议金重建归义军政权，争取中原王朝的授封，曹议金及其子元德、元深、元忠先后任节度使。此时归义军政权的辖区缩小为瓜、沙二州六镇。曹氏归义军政权的统治时期为914—1036年，大体处于五代、北宋时期。曹氏面对周围强大的少数民族政权，采取了和亲等灵活的外交政策，使敦煌、瓜州地区保持了百余年安定局面。曹氏家族崇尚佛教，开凿了一批规模巨大的洞窟，并且还仿照中原朝廷建置了画院、伎术院等，形成了院派特色，聚集了一批能工巧匠，使敦煌成为河西地区的佛教中心。

天圣八年（1030年），瓜州王曹贤顺投降了西夏。西夏大庆元年（北宋景祐三年，1036年），景宗李元昊率兵，取瓜、沙、肃三州，此后西夏遂尽得河西之地。西夏立国近200年（1038—1227年），西夏党项族仍崇信佛教，在莫高窟、榆林窟营建了一些洞窟。

1227年，蒙古成吉思汗灭西夏，同年3月破沙州，元代占据沙州至明洪武五年（1372年）为止。元代在莫高窟和榆林窟分别营建了一些洞窟。

明代在肃州以西修筑了嘉峪关。嘉靖三年（1524年），明代关闭了嘉峪关，放弃了敦煌。直到清代建立后，于雍正三年（1725年）重新设置敦煌县，从关内移民屯田，敦煌经济才开始复苏。这样，从明初到清初，有200年的时间，敦煌处于无人管理状态。因此，敦煌石窟艺术的历史到元代为止，此后不再有艺术上的创造。

一、曹氏归义军时期的石窟艺术

在曹氏归义军时期，莫高窟开凿了41个洞窟，其中有明确造窟纪年题记的有第5窟、25窟、53窟、55窟、61窟、98窟、100窟、256窟、449窟、454窟、469窟等和天王堂，另外，还重修了248个前代的洞窟。在榆林窟，曹氏归义军时期是重要的营建阶段，此期新建洞窟有11个，重修前代洞窟15个。新建和重修洞窟占榆林窟的一半左右。

曹氏归义军时期的洞窟形制大多沿袭晚唐的中心佛坛覆斗顶殿堂窟格局，莫高窟出现了较多的大型洞窟，多为曹氏家族营建的家窟。如第55窟、61窟（图1-2）、98窟、100窟等，洞窟规模均超过了前代，均为覆斗顶窟，中心设佛坛。窟顶的四角还各开了一个浅龛，分别在其中绘制天王的形象，合起来为四大天王。

曹氏归义军时期，莫高窟的崖壁基本上开满了洞窟，曹氏家族开的大型洞窟都在下层，而且在开凿新窟时，往往打破了不少旧的洞窟，如第61窟外仍可看到对隋代第62窟、63窟的破坏。曹氏家族又大量修复前代的洞窟，这一时期的窟檐有4座保存了下来，分别为第427窟、431窟（图1-3）、437窟、444窟的窟檐，是珍贵的宋代木结构建筑遗迹，具有重要的建筑史价值。曹氏归义军时期，洞窟中所存的彩塑寥寥无几，仅第55窟保存较多塑像，成为宋代彩塑珍贵遗存。

图1-2　莫高窟第61窟内景（五代）

图1-3　莫高窟第431窟窟檐（宋）

曹氏政权把营建洞窟作为一件十分重要的活动，还专门成立了画院，进行有组织的营建洞窟和绘制壁画工作。这一时期的壁画在内容上仍以经变画为主要题材，表现手法基本承袭了晚唐风格。由于与中原的文化交流极少，完全靠本地画院的画家延续着彩绘壁画的传统，形成了相对保守的院体画风。但也出现了一些富有创意的宏伟之作，如第61窟的五台山图，高3米多，长度超过13米，全面描绘了五台山的地理形势及其中重要的寺院，是一幅规模宏大的山水人物图，反映了这个时代敦煌画家们的艺术创作水平。这一时期的供养人画像不仅描绘精致，而且往往反映出当政者错综复杂的政治外交关系，如第98窟不仅出现了曹议金及曹氏家族人物，张议潮、索勋等与敦煌政治相关的人物，还出现了于阗国王李圣天、回鹘夫人等形象，从中可以看出曹氏家族的历史关联以及当时与周边的姻亲关系。

二、西夏时期的石窟艺术

在曹氏政权晚期或西夏统治敦煌的早期，有一些洞窟出现了明显的回鹘风格。虽然有人认为存在一个"沙州回鹘时期"，但就现存历史和考古资料来看，回鹘是否曾在敦煌一带有过政权，并没有确凿的证据。当然，在敦煌石窟中确实有一些明显的回鹘风格的壁画。据有关专家研究，莫高窟有1个洞窟为回鹘新开洞窟（第330窟），其余有15个洞窟存在回鹘风格的重绘壁画。榆林窟则有2个洞窟可见回鹘风格壁画，西千佛洞有5个洞窟可见回鹘风格壁画。目前，这类回鹘风格的壁画尚无确切的时代依据，但推测为曹氏政权晚期至西夏前期，大致没有争议。由于曹氏政权与甘州回鹘、西州回鹘有着密切的政治交往，来自回鹘地区的画家带来回鹘风格的壁画是完全可能的。

大部分回鹘壁画是对前代洞窟进行重绘的，有的仅在甬道或部分壁画处进行重绘，有少数洞窟则是全窟进行改绘。莫高窟第409窟出现了回鹘王与王后的供养像（图1-4），其画风也与吐鲁番地区回鹘壁画一致。榆林窟第39窟本是唐代所开凿的洞窟，但壁画完全被回鹘人重绘，甬道有大量回鹘人供养像，主室东壁门两侧绘有佛传中"儒童布发"的内容，洞窟中南、西、北壁绘有大型罗汉像。

回鹘壁画在题材上新出现了十六罗汉图、行脚僧图、儒童布发故事和回鹘族男女供养人画像等，这些题材在此前壁画中极为少见，而多见于吐鲁番地区的回鹘风格洞窟，显然是受回鹘风格的影响而传入的。装饰纹样中的编织纹、波状云头纹卷草边饰等，也可以看出吐鲁番高昌回鹘艺术的影响。

图1-4　莫高窟第409窟东壁门南　回鹘王供养像

西夏统治敦煌近200年，敦煌莫高窟与榆林窟都营建过洞窟。莫高窟推测的西夏重修洞窟60个，新开凿洞窟1个。榆林窟能确认的西夏洞窟有第2窟、3窟、10窟、29窟。榆林窟的西夏洞窟均为覆斗顶窟，中心设曼荼罗式佛坛，如第29窟中心为圆形佛坛，佛坛上塑像已失，被称为"秘密堂"，说明是密教的洞窟。

　　西夏时期的壁画主要有经变画、说法图、供养菩萨像和装饰图案等。此时的经变画均以殿堂楼阁为背景，但建筑画改变了唐代以来的画法，出现了新的风格（图1-5），可能是受到内地宋代的影响。榆林窟第3窟文殊变和普贤变以大型水墨山水为背景，是前所未有的风格，从山水画风格上看，融合了北宋和南宋的绘画技法，显示出中原山水画在佛教石窟中的成功运用。榆林窟第29窟的文殊变、普贤变，以及第2窟的水月观音、第3窟的千手千眼观音等画面，反映了西夏绘画在尊像画方面的新成就；而第29窟的供养人像，表现了西夏武官等形象，不仅具有极高的历史价值，而且在人物肖像画方面也堪称这个时代的典范。

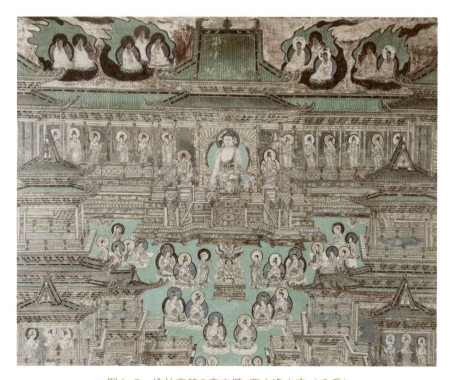

图1-5　榆林窟第3窟南壁　西方净土变（西夏）

西夏时期的装饰图案画也丰富多彩，莫高窟西夏壁画中流行在藻井中心以沥粉堆金的手法表现龙或凤的图案，显得金碧辉煌，以莫高窟第16窟、130窟、234窟，榆林窟第2窟、3窟、10窟为代表。

三、元代的石窟艺术

元代的莫高窟新开凿洞窟8个，重修洞窟19个。榆林窟有元代洞窟1个，重绘壁画有不少。元代洞窟的窟形主要为覆斗顶形窟，往往在窟中心设密教式佛坛，如第465窟等；也有的采用在洞窟正面开龛造像的传统形式，如第3窟。元代洞窟中现存的塑像都是清代重修的，很难找到元代的彩塑。

元代壁画明显分为两个类型：一个类型是汉风绘画，以莫高窟第3窟、97窟等为代表；一个是藏密绘画，以莫高窟第465窟、榆林窟第4窟为代表。其中，莫高窟第3窟千手千眼观音经变以线描造型，用色简淡，在线描方面体现出画家高超的技法，从人物躯体到衣纹装饰，分别可以看出铁线描、折芦描、游丝描、丁头鼠尾描等画法。第465窟壁画采用藏传佛教手法，人物比例准确，线描劲健，色彩对比强烈而富有神秘感。榆林窟第4窟风格也与之相似，论者认为是受到印度波罗王朝艺术的影响，又加入了经西藏传来的密教艺术手法。元代还在不少洞窟留下了身着蒙古族服饰的供养人像，为我们认识元代蒙古族人物提供了重要资料。元代的装饰图案大体延续西夏以来的卷草纹、联珠纹等样式，没有新的样式。

第二章｜ **敦煌石窟的形制**

　　石窟建筑是佛教信仰的活动场所，石窟本来与寺院有着同等的用途，所以也称"石窟寺"。但在寺院已经存在的情况下，仍然建立石窟，说明石窟还有一些与寺院不同的功能。一方面，印度有开凿石窟的传统，石窟远离城市，更适合僧人修行；另一方面，在佛教传入中国后，印度石窟开凿的习惯必然会影响到不少僧人，按印度传来的规范凿建石窟，与城市里改造旧有房屋为寺院的形式截然不同，可以增强信众对佛教的崇敬感。在龟兹地区，可能在西汉时期已经出现了石窟；从甘肃西部的河西走廊到华北一带，也可能在十六国到北朝期间广泛地开凿了石窟。

　　石窟的形制，虽说是传自印度，但从敦煌早期的石窟看，主要还是受龟兹一带石窟的影响。同时，也在逐步改造外来的形式，不断地增加中国传统建筑的元素。最后形成了中国式的石窟艺术。

　　考古学家阎文儒先生可能是最早对石窟形制做系统研究的人。他在《莫高窟的石窟构造及其塑像》一文中按时代顺序对莫高窟的石窟构造形式和彩塑的风格特征做了全面分析[1]，并以印度的支提窟和毗诃罗窟来比拟莫高窟早期洞窟的两种类型，也指出莫高窟的洞窟形式与印度有所区别，其中包含了中国传统建筑的因素。阎文儒先生的研究无疑具有开创意义。几年以后，日本学者樋

---

[1] 阎文儒：《莫高窟的石窟构造及其塑像》，《文物参考资料》第2卷第4期，第140–196页。

口隆康发表《敦煌石窟的系谱》①一文，基本上就是沿着阎文儒先生的思路。樋口隆康把敦煌石窟大体归于两个类型，一个是中心方柱窟，一个是覆斗天井窟，并分析了从印度到中亚，一直到中国的石窟演变，也指出了中原文化的反向影响。此后，"中心柱窟""覆斗顶窟"这样的名称被普遍接受。20世纪90年代以后，莫高窟北区石窟的考古发掘成果的发表②，拓展了人们的视野，就敦煌石窟的形制方面来看，增加了不少新的内容。《敦煌学大辞典》将石窟分为9类，分别为：中心柱窟、覆斗顶形窟、殿堂窟、大像窟、涅槃窟、禅窟、僧房窟、影窟、瘗窟③。其中的僧房窟、瘗窟主要是在北区发现的。另外，北区考古还发现了廪窟。这样，敦煌石窟的种类共有10类。

从石窟的功用来看，敦煌石窟可分为两大类：一类是礼拜窟，一类是实用窟。礼拜窟包括中心柱窟、覆斗顶形窟（包括正面开龛的、三壁三龛的、有中心佛坛的、中心佛坛兼背屏的）、大像窟、涅槃窟。实用窟是指非礼拜性质而用于生活各方面的洞窟，包括：禅窟，用于僧人坐禅修行；僧房窟，用于日常生活；影窟，是指绘、塑高僧像，具有纪念堂性质的洞窟；瘗窟，用于埋葬死者；廪窟，用于储藏物资。

从莫高窟的情况看，礼拜窟都集中在南区，而其他实用窟大多集中在北区。其中禅窟比较特别，分单室禅窟和多室禅窟。单室禅窟仅北区有遗存，多室禅窟则在南区和北区都有发现。按理来说，禅窟用于修行，可以不用塑像和绘壁，但从禅修的需要出发（如"观像"等），也需要壁画和彩塑。因而，禅窟中有的有壁画与塑像，有的却没有。北区的禅窟基本上没有保存壁画，可能最初就没有彩绘。南区3个多室禅窟，2个都绘制了壁画，包括第268窟和285窟，这2个窟已同时兼有礼拜窟的功能，尤其是第285窟，恐怕礼拜的功用要大于禅修的功用。

第一节　中心柱窟

中心柱窟（也称"中心塔柱窟""塔庙窟"）是中国北朝时期流行的石窟

---

① 樋口隆康：《敦煌石窟の系谱》，《佛教艺术》第34期，第63–74页。

② 彭金章、王建军、敦煌研究院编《敦煌莫高窟北区石窟》（第1卷至第3卷），文物出版社，2000、2004。

③ 季羡林主编《敦煌学大辞典》，上海辞书出版社，1998，第22页。

形制，也是学术界的热门话题，前人对敦煌及各地的中心柱窟做过不少研究。如马世长先生对克孜尔石窟中心柱窟做过系统而严密的研究①，张宝玺、董玉祥对河西地区中心柱窟也做过深入的研究与介绍②，萧默从建筑结构的角度对敦煌中心柱窟做过深入的分析研究③，赵青兰对敦煌中心柱窟做过分期研究④，李崇峰对中国和印度中心柱窟做过比较研究⑤等。

在莫高窟，中心柱窟也是北朝时期最流行的洞窟形制，北朝40个洞窟中，中心柱窟就有16个，特别是北魏时期的洞窟基本上都是中心塔柱窟⑥，但北朝以后中心柱窟就逐渐减少了。除敦煌以外，河西地区的石窟中，北朝时期也大多为中心柱窟。

以北魏莫高窟中心塔柱窟第254窟为例（图2-1），具有如下特点：主室平面呈纵长方形，洞窟的中央靠后部有一座象征着佛塔的方柱，上部与窟顶相连。方柱的四面开龛造像，一般在正面开一大龛，其余三面分上下层各开一龛。西魏以后，逐渐形成中心柱四面均开一龛且不分层的形式。中心柱占据了洞窟后部的主要空间，环绕中心柱形成一个走廊，以供人们环绕塔柱右旋观瞻和礼拜。洞窟前半部较为开阔，顶部为中国式的人字披顶⑦，后部为平顶，比前半部略低。中心柱窟往往在门上部有明窗，有的学者认为莫高窟大部分洞窟在营建之初就没有前室⑧，那么，在门上的明窗用以采光就成为可能。第254窟还在南北两壁上部开凿列龛各五龛。

---

① 马世长：《克孜尔石窟中心柱窟研究》，载《中国佛教学术论典》第85册，佛光山文教基金会，2003。

② 张宝玺：《河西北朝中心柱窟》，载段文杰主编《敦煌石窟研究国际讨论会文集 石窟考古编》，辽宁美术出版社，1987；董玉祥：《河西走廊马蹄寺、文殊山、昌马诸石窟群》，载甘肃省文物考古研究所编《河西石窟》，文物出版社，1987；董玉祥：《梵宫艺苑》，甘肃教育出版社，1999。

③ 萧默：《敦煌建筑研究》，文物出版社，1989。

④ 赵青兰：《莫高窟中心塔柱窟的分期研究》，载敦煌研究院编《敦煌研究文集 敦煌石窟考古篇》，甘肃民族出版社，2000。

⑤ 李崇峰：《中印佛教石窟寺比较研究——以塔庙窟为中心》，北京大学出版社，2003。

⑥ 统计数字依据敦煌研究院编《敦煌石窟内容总录》，文物出版社，1996。有学者把莫高窟第259窟作为中心柱窟，笔者以为第259窟虽然有中心柱的因素，但毕竟没有出现柱，不能算中心柱窟。

⑦ 敦煌石窟人字披或覆斗顶的四个斜向坡面称为"披"。古建筑中，一般把屋顶的斜面称为"坡"，但在敦煌石窟的研究中，把窟顶形成的斜坡统称为"披"。"坡"与"披"的区别在于："坡"字，意味着从建筑物上部或外部所见的坡面；而"披"字，则表示从建筑物内部向上所见的坡面。因此，人字披不称"人字坡"。

⑧ 萧默：《敦煌建筑研究》，文物出版社，1989，第32-35页。

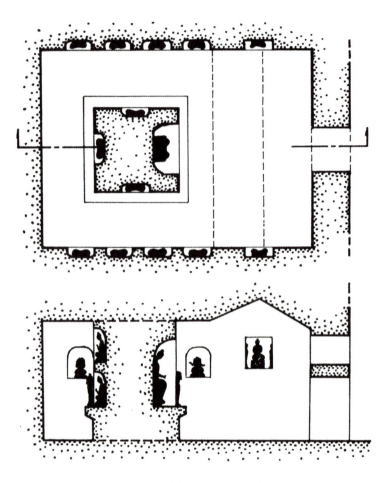

图2-1　北魏莫高窟第254窟平剖面图

　　中心塔柱的结构：下部为塔基，通常高约1米，较高者如第431窟，高约1.7米。塔基与上部塔身之间有一段略向外凸出的平台，高10～20厘米。上部除正面外，其余三面再分为两层，也有略为凸出的横向台以分隔。下层佛龛均为圆拱龛。上层佛龛，北魏时期多为阙形龛，后来也多为圆拱龛。圆拱龛中还有一种双树龛，就是在龛外以绘或塑的形式做出双树，大多数双树龛中塑有苦修的佛像，表明龛内为树下修行的释迦。

　　北魏晚期到西魏、北周时期的中心柱窟，大体上沿袭北魏以来的形制，但出现了一些变化。首先是中心柱背面及两侧面的佛龛不再是上下两龛，而均改为单龛。其次对于人字披顶的建造也逐步简化，木质斗拱不再出现，椽子形式也不再以浮塑的形式做出，而改用绘画的形式表现。有的洞窟则完全不表现椽子，而在人字披顶画出长卷式连环画。从洞窟结构来看，中心柱前部人字披下的空间变小。

中心柱窟到了隋唐时代，出现了很多变化。隋代莫高窟第302、303窟，中心柱的下部为方形塔，四面各开一佛龛。上部则是一个倒锥形，分为七层，每一层边沿本来贴有影塑千佛，已失。最下一层有四龙环绕，这是表现佛教的须弥山形式。须弥山的形象在龟兹石窟的壁画中可以看到，云冈石窟第10窟也有须弥山形的浮雕，大体是上部大、中部束腰，有龙缠绕的形式。而敦煌石窟中，出现以中心柱表现须弥山的则较为独特。

莫高窟第427窟是隋代改造中心柱窟的另一种形式，洞窟规模较大，中心柱的正面不开龛，而是造出一佛二菩萨的三尊立像，与洞窟南北壁的佛像形成三佛结构。中心柱的另外三面分别开龛造像。这样的大型中心柱窟形式，在莫高窟第292窟、332窟均有出现。按贺世哲先生的研究，三佛表现的可能是三世佛。这一主题在隋代很多洞窟中都出现过，如莫高窟第244窟、420窟及唐代第332窟等。唐代的中心柱窟还有莫高窟第9窟、14窟、44窟等，均在中心柱的正面开龛造像，而在其余三面不开龛，仅绘壁画。

榆林窟在唐代有3个洞窟为中心柱窟，分别为第17窟、28窟、39窟。榆林窟第17窟与第39窟的形制结构保存完整，二者主室的结构完全一致：平面为方形，中心柱有近1米高的台座，台座以上四面开龛，正面及两侧面龛内为趺坐佛，背面龛内为立佛，窟顶为由中心柱向四壁倾斜的斜坡形。这些都是莫高窟中心柱窟所未见的特征，表明榆林窟中心柱窟有自身的独特性。但是榆林窟中心柱窟也仅有此3例。

总的来说，唐代以后随着覆斗顶窟形的流行，中心柱窟就大大减少了。

中心柱窟形制的源流可以追溯到印度的支提窟。支提（Caitya）在印度最初是表示佛塔，支提窟就是塔庙窟，或译作"塔堂窟"，就是在洞窟的后部有一座塔，人们在窟内绕塔礼拜。早期的支提窟往往有着朴素的佛塔，洞窟中也较少装饰，代表作有早期的贡塔帕里支提窟、巴雅石窟（公元前2世纪）、纳西克石窟、阿旃陀石窟第10窟（图2-2）等。佛像产生之后，支提窟形成了重大变化，就是在塔的正面也雕刻出佛、菩萨、飞天以及供养人的形象。塔本身的形式也不再是塔座加一个半球形覆钵的简素形式，而是从塔柱到塔身，以至于塔刹都加以装饰，在造型上加以变化，显得精致无比，如阿旃陀石窟第19窟、26窟及埃洛拉石窟第10窟等。

图2-2　阿旃陀石窟第10窟

从印度支提窟的一般形式来看，它包含着几个要素：其一，平面，后部为半圆形连接前部的纵长方形。其二，布局，后部中心为佛塔，塔下部为圆柱形，上部为半球状覆钵形，沿洞窟四周有列柱。其三，窟顶，一般为拱券形，顶上往往有仿木结构的架梁。其四，外观，门上有明窗，窗门形成尖拱形门楣装饰。

龟兹地区流行的洞窟形式也称作"中心柱窟"，平面为纵长方形或者方形，在主室后壁左右两侧的下部，向后凿出与主室侧壁方向一致的通道，左右甬道在后部相连，形成与主室后壁平行的后甬道。甬道顶多作为券顶，左、右、后甬道形成可供绕行的通道，有的洞窟将后甬道加高，形成了后室。

克孜尔石窟的中心柱窟一般在正壁开有佛龛，最初是有佛像的，现在大多不存。佛龛的两侧开有较低的通道，通到后壁，通道的环绕，使洞窟的平面看起来是围绕着一个方形柱（图2-3）。然而，从这个"柱"的形象，我们已看不出有"塔"的特点了，与印度的支提窟的思想有着较大差距。

不过研究者认为，在满足信徒右绕礼拜方面，与印度传来的支提窟或中国内地的中心柱窟并没有什么不同，所以把克孜尔石窟中的这类洞窟称为"中心柱窟"是合理的①。龟兹的中心柱窟可能在洞窟的券形顶这一点上还保持着印度支提窟的特点，包括在券顶两侧下部的挑梁形式等特征，仍可看出印度建筑形式的影响。

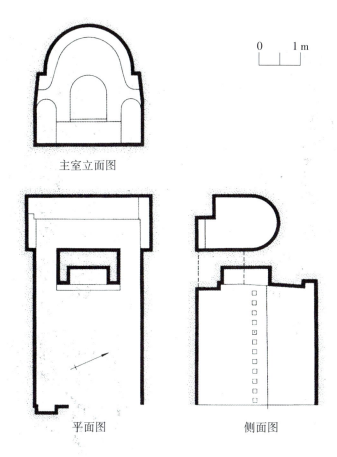

图2-3　克孜尔石窟第8窟平剖面图

天梯山石窟的中心柱窟被认为是时代较早的洞窟，宿白先生认为是凉州石窟第一期②。对于河西地区中心柱窟的开凿时代，学术界存在着不同的看法。但是天梯山第1窟、4窟和金塔寺石窟东窟、西窟，是其中最早的，对这一观点的认同似乎比较一致。综观河西地区的中心柱窟，与龟兹式的中心柱窟有着较大的差异，支提窟更可能是直接按照印度式支提窟的理念，采用中国式的方

---

① 马世长：《克孜尔石窟中心柱窟研究》，载《中国佛教学术论典》第85册，佛光山文教基金会，2003。

② 宿白：《凉州石窟遗迹与"凉州模式"》，《考古学报》1986年第4期，第435页。

塔形式来重新营建的。云冈石窟第1窟、2窟、3窟、4窟、6窟、11窟、39窟均为中心柱窟（图2-4）。从结构上看，显然继承了河西石窟中心柱窟的形式，但制作更为精致，尤其是模仿楼阁式塔的形式，如第1窟、2窟都表现得较为真实。第39窟中心柱为五层佛塔，几乎是照搬了一座完整的楼阁式佛塔。

图2-4　云冈石窟第2窟中心柱（北魏）

　　敦煌石窟北朝的中心柱形式，从塔基的结构及塔身分层的形式来看，显然是从河西中心柱窟发展而来的，并使之更加规范化了；而且在敦煌的中心柱窟中出现了人字披这一汉式建筑的形式，成为敦煌中心柱窟特有的形式。云冈石窟、巩县石窟、响堂山石窟等都出现过中心柱窟，但其中没有出现人字披顶，这是颇令人玩味的现象，反映了敦煌一地佛教艺术的独特性。隋唐时代莫高窟中心柱窟的形制特征，不见于外地的石窟，仍是沿着敦煌北朝中心柱窟的样式发展而来，反映了敦煌文化传统的独特性。

第二节　覆斗顶窟

覆斗顶窟（或称"覆斗顶形窟"）是指窟顶从四壁向中央形成一个斜坡，在窟顶正中则构成一个较小的四方形，整个窟顶像一个倒扣下来的斗，因而得名。覆斗顶的中央为藻井，藻井内往往有三层套叠的方格，每一层旋转45°角，并向内缩小，三层叠进，也称"叠涩式藻井"。敦煌石窟中的覆斗顶窟主要有两类：一类是在洞窟正面或正面与两侧面开龛，在龛内造佛像的洞窟；一类是在中央设佛坛，在佛坛上塑佛像的洞窟。后者又可分为佛坛后部有背屏和无背屏两种。第一类洞窟主要流行于北朝到唐代，第二类洞窟主要流行于唐后期到五代、宋代阶段。

敦煌莫高窟时代最早的北凉第272窟，已经有覆斗顶窟的特征了，但此窟的窟顶四披边沿与四壁没有明确的棱角分界线，以弧形转角，留有穹隆顶的余意。西魏时期的莫高窟第249窟可以算是典型的覆斗顶窟，洞窟的平面是进深稍长的方形，后壁中央开有大型佛龛，龛下的基座较低矮，龛形是北朝诸窟中通行的圆券龛（图2-5）。

窟顶为覆斗形顶，四面披的面积较大，整个窟顶从空间上更接近"覆斗"的形式。西魏莫高窟第285窟是覆斗顶与禅窟相结合的洞窟，窟顶的形式为覆斗顶，窟顶中央藻井图案以及四披壁画的布局、构图形式与莫高窟第249窟十分接近。但是，第285窟在藻井周围画出垂幔及流苏铺向四披的形式，在四壁的上部与窟顶相接的地方也画出帷幔的形式，这些都是第249窟没有的，这表明第285窟有把藻井当作华盖来表现的倾向。同时，整个窟顶表现出"帐"的形式特征。

覆斗顶窟形在北周和隋代数量大大增加，逐步成为洞窟的主要形制。至隋代初期，覆斗顶窟中正面开龛造像成为固定的形式。隋代中期以后出现了三壁三龛窟，即在覆斗顶窟中，正面和左右两侧壁各开一龛。这种形式最早出现于北魏晚期的巩县石窟，在响堂山石窟北齐时期的洞窟中也出现过。隋代敦煌石窟中出现三壁三龛窟，显然有北齐方面的影响。因为隋代流行塑造三世佛，在窟内正壁与左右侧壁表现的佛像分别象征着过去、现在和未来三世佛。有的洞窟虽然没有开三龛，但在正面和左右两侧分别塑造三铺佛像（莫高窟第244窟），其意义也是一样的。入唐以后，三壁三龛窟就很少出现了。

图2-5　莫高窟第249窟内景（西魏）

　　隋唐之际，覆斗顶窟中的佛龛出现了双层龛。所谓"双层龛"，是指在佛龛开口处向两侧扩展后继续向外延伸，使龛扩大加深，而且有一定的层次感，这是为适应龛内造像的增加而出现的。隋代佛像在主龛内通常为五尊或七尊像，有一佛二弟子二菩萨，或者一佛二弟子四菩萨。七尊像的情况，往往就利用双层龛，在外层龛再塑二菩萨，如莫高窟第420窟（图2-6）。进入唐代，七尊像的结构多为一佛二弟子二菩萨二天王，则外层龛通常就塑天王了。

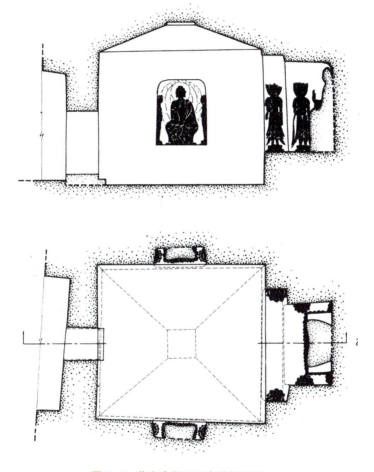

图2-6　莫高窟第420窟平剖面图

　　唐代前期，覆斗顶窟成为洞窟的主要形式，双层龛在唐代很快消失，而代之以较深的敞口龛。佛龛相对较大，有的洞窟出现了多至九尊像的形式，如莫高窟第331窟为一佛二弟子四菩萨二天王，第328窟为一佛二弟子六菩萨；或在天王之外再加二金刚为十一尊像的形式，这时，因龛内的空间不够，就在龛外再做出与龛齐平的台，天王、力士像往往会塑在龛外两侧的方台上。

唐代后期覆斗顶窟的变化，出现两个新的类型。

一种是正面佛龛由敞口龛改为方形盝顶龛，这一形式从盛唐开始出现，到中晚唐就很普遍了。龛内设马蹄形佛坛，佛像列于佛坛上，建筑显得十分精致。

另一种是在覆斗顶窟的中央设佛坛，洞窟较大的，佛坛后面通常有背屏直通窟顶。这类有中心佛坛的洞窟大量出现，是在晚唐。代表性的有莫高窟第16窟、85窟、196窟等（图2-7），均为规模较大的洞窟。中心佛坛平面为横长方形，正面有凹进的缺口，设蹬道，所以略呈马蹄形。佛坛后部有背屏，直通窟顶。

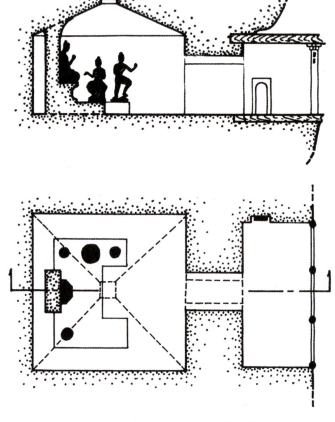

图2-7　莫高窟第196窟平剖面图

五代以后的大型洞窟基本延续这样的窟形，又在窟顶四角作凹进的龛状，分别在其中绘制四大天王。五代和宋代榆林窟开凿的石窟，也大多为中央设佛坛的洞窟，但中心佛坛上基本没有背屏。可能是由于榆林窟有中心佛坛的洞窟相对较小，佛坛上的佛像距洞窟后壁比较近，有的洞窟就直接在后壁画出佛像的背光，也就不再需要造背屏了。

　　在覆斗顶窟的中央设带有背屏的佛坛形式，对传统的覆斗顶窟来说，是一个重大的变化。有的学者把这一类覆斗顶窟专门归为一类，称为"背屏式窟"①，或称"中心佛坛窟""殿堂窟"②。

　　也有覆斗顶窟既不在正面开龛，也无中心佛坛的，如隋代莫高窟第244窟，此窟正壁与南北两壁贴壁设佛坛，其上造高大的佛像。

　　覆斗顶窟形一直延续到西夏和元代，这一时期由于密教流行，洞窟中央的佛坛按密教曼荼罗的形式来设计。如西夏榆林窟第3窟的佛坛则呈八边形，西夏榆林窟第29窟、元代莫高窟第465窟等窟中，佛坛平面为圆形，由下到上呈阶梯状缩进。虽然晚期的洞窟呈现出一些新的特征，但覆斗顶窟的形式基本上保持了下来。

　　覆斗顶窟这一形式在印度和中亚都很难找到。敦煌以外地区虽然也存在覆斗顶洞窟，但其建筑结构、雕塑或绘画内容并不完全一致，而且由于数量较少，还不能说是形成了一种具有文化特色的空间模式。莫高窟的覆斗顶窟从西魏形成了较为稳定的空间模式后，在后来较长时期的石窟营建中，都采用了这样的模式，形成了具有敦煌本地特色的石窟形制。

　　关于覆斗顶窟形制的源流，应注意中国汉晋墓葬的形式。从汉末到两晋期间的墓室中，可以看到覆斗顶形式的墓室逐渐多了起来，如敦煌佛爷庙到新店台一带的墓群中，就有不少晋墓形制为覆斗顶③，其中一类较大的墓，墓室为方形单室，墓顶为覆斗形，中心有向上凸起的方形藻井（图2-8）。在酒泉、嘉峪关一带发现的魏晋墓，大部分为穹隆顶，也有不少为盝顶④，与覆斗顶的形制十分接近（图2-9）。敦煌覆斗顶窟于西魏时期确立，北周以后流行，略晚于魏晋墓的时代，应是受到这类建筑的影响。

　　① 萧默：《敦煌建筑研究》，文物出版社，1989，第54页。

　　② 季羡林主编《敦煌学大辞典》，上海辞书出版社，1998，第23页。

　　③ 马世长、孙国璋：《敦煌晋墓》，《考古》1974年第3期，第191-199页。

　　④ 甘肃省文物队、甘肃省博物馆、嘉峪关市文物管理所编《嘉峪关壁画墓发掘报告》，文物出版社，1985。

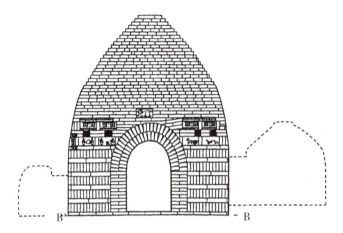

图 2-8　敦煌晋墓立面图

图 2-9　酒泉丁家闸 5 号

墓（东晋）

以往的学者较多地关注壁画内容和风格问题，实际上墓室形制对佛教洞窟同样有影响。当时的中国人按照汉代以来的神仙思想来理解佛教，并从空间结构上改变了佛教石窟的形式。当然，墓葬中覆斗顶形式本来就是模仿现实生活中的斗帐形式而来的，这一点已有学者指出①。归根结底，敦煌石窟中的覆斗顶形式就是模仿斗帐的产物，是中国式的佛教艺术。

第三节　大像窟、涅槃窟

除了中心柱窟、覆斗顶窟两种类型的礼拜窟外，还有一些洞窟是根据不同的功能需要而设计的，其中较引人注目的是大像窟和涅槃窟。

一、大像窟

所谓大像窟，是指为造大型佛像而开的洞窟，敦煌石窟中的大像窟主要有3个。

（一）莫高窟第96窟

莫高窟第96窟营建于695年，据晚唐第156窟发现的《莫高窟记》载："延载二年禅师灵隐共居士阴祖等造北大像，高一百四十尺。""延载"为武则天时年号，仅1年，第二年即为证圣元年（695年）。敦煌地处偏远，内地已换年号，敦煌得知较晚，故常有类似的沿用旧年号之事。武则天时期"敕两京诸州造大云寺，藏《大云经》"，故有学者认为莫高窟第96窟可能就是当时的敦煌大云寺②。

莫高窟有两座大佛像，其中第130窟大佛位于窟群之南，称为"南大像"，而第96窟相对靠北侧，因之称为"北大像"，这是唐代已有的称呼。北大像高35.5米，是敦煌石窟中最高的佛像。此窟由于大佛像很高，估计在建造之初就已突破了崖面而没有窟顶，因此，只能依山而建木构的窟檐。最初建的窟檐为四层，晚唐归义军时期，张淮深主持重修窟檐，改为五层③。宋代归义军节度使曹

---

① 陈菁：《汉晋时期河西走廊砖墓穹顶技术刍议》，《敦煌研究》2006年第3期，第23-26页。

② 贺世哲：《从供养人题记看莫高窟部分洞窟的营建年代》，载敦煌研究院编《敦煌莫高窟供养人题记》，文物出版社，1986。

③ 马德：《张淮深碑》，载马德主编《敦煌莫高窟史研究》，甘肃教育出版社，1996年，第297-302页。

元忠及其夫人凉国夫人也曾对第96窟的窟檐进行过维修，但未改变其外观。据《重修千佛洞九层楼碑记》载，清光绪二十四年（1898年），敦煌商人戴奉玉等集资对第96窟窟檐进行大规模维修，改五层为七层。民国十七年至二十四年（1928—1935年），敦煌商主刘骥德、乡绅张盘民等集资重修第96窟的窟檐，改七层为九层，此后便称为"九层楼"。1986年，敦煌研究院发现九层楼的第八层横梁断裂，有坍塌的危险，就对第八层、九层进行了保护性修复，更换了第八层横梁，同时对损坏的脊瓦进行了更换，修复过后，外观上完全保持原貌（图2-10）。

图2-10　莫高窟第96窟外景

（二）莫高窟第130窟

莫高窟第130窟建于盛唐开元天宝年间，据贺世哲《从供养人题记看莫高窟部分洞窟的营建年代》推断，此窟的营建年代为开元九年至天宝五年（721—746年）。前后延续了25年，说明营建这样大型的洞窟工程浩大，所费时间很长。

窟内有高26米的佛像，亦称"南大像"。后代虽有重修，但佛像基本上保持原有风格。本窟的窟顶为覆斗顶，洞窟东壁下部开门，中部和上部各开一个明窗，分别对着佛头与腹部，经洞窟旁边的隧道可达上部明窗。现在窟内的壁画为宋代（或说西夏）重绘，但宋代重新改建窟形的可能性较小，况且覆斗顶窟是唐代最流行的洞窟形制，在大像窟中采用覆斗形制做窟顶，也是顺理成章的事。在本窟的窟前曾建有规模较大的殿堂，形成前殿后窟的形式，但殿堂已毁，从殿堂遗址中，仍可看出其规模。

（三）榆林窟第6窟

榆林窟第6窟的营建，没有相关的文字资料，仅从佛像的塑造风格、大佛窟流行的时代，以及在榆林窟中的位置等方面推测，大约是建于唐前期。窟内有高24米的佛像，窟顶为穹隆顶，大佛及洞窟壁画都经过宋代重修，但佛像大体保持唐代风格。洞窟坐东向西，在西壁下部开门，窟门前有窟檐建筑形成前室。洞窟上部接近大佛胸部开一个明窗，明窗较深，也形成一个方形的前室（图2-11）。

以上三个大像窟均为唐代所建，唐代流行大佛，尤其是武则天时代，号令天下造弥勒大佛，莫高窟第96窟就是在这样的形势下营建的。营建大佛窟需要巨大的财力做后盾，唐代国力强盛，丝绸之路畅通，给敦煌一地带来极大的繁荣，为敦煌石窟大像窟的营建提供了较好的经济基础。从这三个大像窟来看，洞窟形制各不相同，主要是因地制宜。莫高窟第96窟佛像高大，已突破了崖顶，只能在窟外建一个巨大的窟檐来保护佛像。其余两个大佛窟均形成封闭的大洞窟。

二、涅槃窟

涅槃窟是指塑造涅槃佛像的洞窟，由于涅槃佛像为横卧姿态，洞窟形制就要适应佛像造型而建成横向方形。敦煌石窟现存两个涅槃窟，分别为莫高窟第148窟和第158窟。

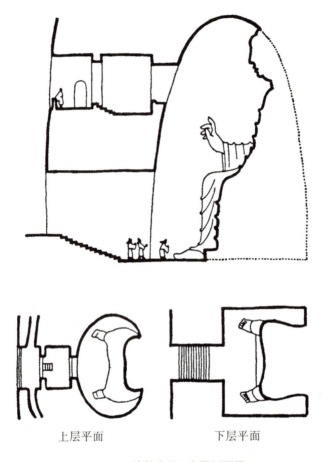

上层平面　　　　　　　　下层平面

图2-11　榆林窟第6窟平剖面图

（一）莫高窟第148窟

莫高窟第148窟前室南侧保存有《大唐陇西李氏莫高窟修功德记》，碑文记载了开凿此窟的情况，此碑建于大历十一年（776年），因此，本窟应开凿于776年之前[①]。此窟规模宏大，为横长方形，东西进深7.9米，南北宽17米。靠西侧有1米多高的佛坛，坛上塑长达14.4米的涅槃佛像一身，佛像身后有佛弟子、天人等七十二身（清修）。窟顶由东向西略呈弧形，呈横券顶形式，南北两壁又分别开龛，龛内塑佛像，龛顶则为盝形顶。

（二）莫高窟第158窟

莫高窟第158窟因甬道的供养人题记中称"大蕃管内……"，可知为吐蕃占

---

① 贺世哲先生据莫高窟第148窟内《大唐陇西李氏莫高窟修功德记》所记周鼎等历史人物的情况，结合当时敦煌历史形势，认为该窟的完成应在周鼎被杀的大历六年（771年）之前。

领敦煌时期（中唐）所建。洞窟进深7.28米，南北长17.2米。西壁有高1.43米的佛床，佛床上有长达15.6米的涅槃像，南壁塑一立佛像，北壁塑一坐佛像，与中央的卧佛构成过去、现在、未来的三世佛。本窟窟顶为盝形顶，顶上绘十方净土变相（图2-12）。

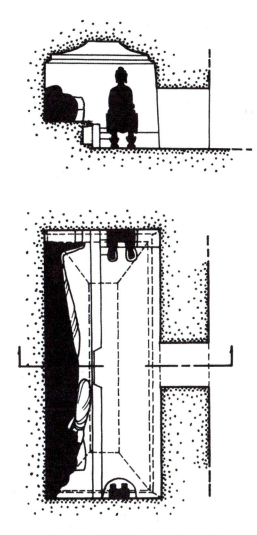

图2-12　莫高窟第158窟平剖面图

涅槃佛像的崇拜最早流行于中亚犍陀罗地区，在阿旃陀石窟晚期的第26窟也出现了涅槃佛像。唐代以后，敦煌莫高窟第332窟在洞窟后壁安置了涅槃佛像，这是源于龟兹石窟的配置。唐以后，小型涅槃佛像也常出现于洞窟侧壁（如莫高窟第46窟）。而为涅槃佛像专门造一种洞窟来安置，则体现着涅槃信仰的高度发展，与大型涅槃窟出现相配合，还有表现《涅槃经》内容的壮阔的涅槃经变等画面，具有强烈的宗教气氛。除了在石窟中有单独的涅槃窟外，还有一些寺院也出现了专门供奉涅槃像的大殿，如西夏时期的张掖大佛寺就有长达34.5米的木雕涅槃大佛。

大像窟与涅槃窟都是根据佛像的特殊情况而营建的窟形，在敦煌石窟中所占比例并不大，但由于佛像体量巨大，对当时的信众以及现在的观众来说，都会产生难以磨灭的印象。就礼拜窟性质的石窟形制来说，每个时代都有其流行的样式，但每个时代往往都会在前人的基础上进行一些创新，有的创新逐渐形成了新的模式而流行开来，有的并没有被大众效仿而成为孤例。例如，北凉莫高窟第275窟，平面为纵长方形，窟顶为盝形顶，在窟顶四披还做出仿木构的椽子，正面无龛却塑造大型的交脚菩萨像。中唐莫高窟第365窟平面为横长方形，在洞窟西侧设佛坛，坛上有七身坐佛，窟顶为券顶，这是专门为了供奉七佛而建的洞窟。这样的孤例还可举出一些，由于这些洞窟不具代表性，不再分析。

第四节　禅　窟

禅窟是指用来坐禅修行的洞窟，虽然有的禅窟也有壁画和塑像，兼有礼拜窟的性质，但最初是作为禅窟使用的，也归作禅窟来分析。禅窟在敦煌石窟中出现最早，从有关文献可知，由乐僔、法良等高僧最初开凿的洞窟，就是为了坐禅修行而造。

现存的禅窟有单室禅窟与多室组合禅窟两种。单室禅窟多在莫高窟北区，时代不明，或者时代较晚。此外，如果从坐禅这个意义来讲，一些作为生活窟的石窟也可能被用于坐禅，因此，单室禅窟的建筑特征就不太明显，仅在窟中有禅床。而多室组合的禅窟则有其建筑上的特性，从建筑形制上讲与印度石窟有传承关系。

现存最早的多室禅窟是十六国时期的莫高窟第268窟（图2-13）。这是一个由多室组合的禅窟（包含第267窟、268窟、269窟、270窟、271窟），中央是一个纵长方形的过厅（268号），后壁开一小龛，内有交脚佛像，窟顶为相连续的浮塑平棋图案。南北两侧壁各开两个小室，南侧为267号、269号，北侧为270号、271号。从小室的大小程度及现存壁面遗迹来看，最初可能仅用于坐禅修行，没有绘制壁画，后来才逐渐出现了塑像与壁画。

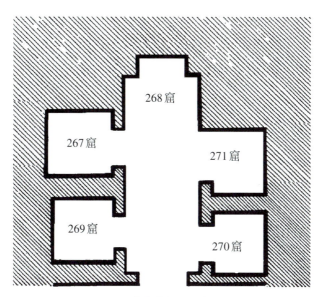

图2–13　莫高窟第268窟平面图

　　与第268窟相似的洞窟形制，在莫高窟还有北魏第487窟、西魏第285窟以及莫高窟北区B113窟、B132窟等窟。第487窟位于莫高窟下层，经20世纪60年代莫高窟窟前遗址发掘，重新被发现，此窟主室平面为纵长方形，中央有方形低坛，两侧壁各开有4个小禅室，窟顶的前部为人字披顶，后部为平顶。人字披顶的形式在莫高窟北魏时期的中心柱窟中较为普遍。两侧的禅室塌毁严重，特别是南壁西侧的两个禅室隔墙毁坏后，合为一室了。但参照第285窟的形式，大致可以看出当初的状态[1]。据樊锦诗、马世长、关友惠诸先生的考古分期研究，此窟定为北魏时期[2]。

　　莫高窟第285窟主室平面为方形，中央有低坛，覆斗形顶。西面开一龛，内有坐佛，佛龛两侧各有一小龛，内塑禅修的僧人，洞窟南北两壁对称地各开4个小禅室（图2–14）。本窟保存有明确年代题记，分别为西魏大统四年（538年）、五年（539年）。

①　潘玉闪、马世长：《莫高窟窟前殿堂遗址》，文物出版社，1987，第81–97页。
②　樊锦诗、马世长、关友惠：《敦煌莫高窟北朝洞窟的分期》，载敦煌文物研究所编《中国石窟　敦煌莫高窟》（第1卷），文物出版社、平凡社，1982。

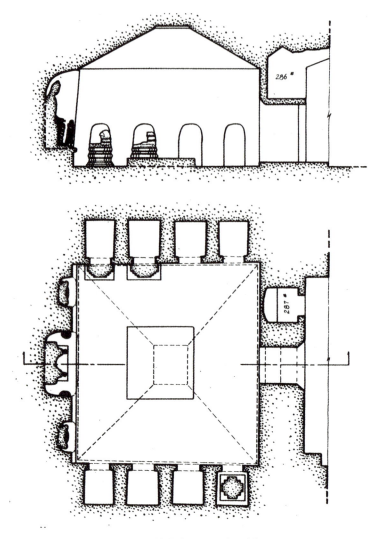

图2-14　莫高窟第285窟平剖面图

最初在莫高窟开窟的乐僔、法良均为禅师，他们开窟的目的都是坐禅，说明早期禅修盛行，那么，禅窟当不会少，但现存莫高窟的禅窟南区只有3例。从莫高窟第487窟位于窟群最低处的情况来看，也许当初是为了修行的方便，禅窟会多开于下层，而把礼拜窟（中心柱窟或殿堂窟）开于上层。由于时代变迁，下层大多数洞窟已毁坏，故禅窟存在极少。而近年来北区考古发掘发现了大量的禅窟，有多室组合的禅窟，也有单室禅窟，总计达82例，其中，类似莫高窟第268窟这样的多室禅窟12例①。

多室禅窟也可分为两种：其一，以中央为主室，在两侧开较低矮的小禅室。禅室宽度和深度均为1米左右或不足1米，仅可在其中打坐，无法直立或躺下。其二，中央的主室不大，两侧和后壁开禅室，禅室一般较大，宽度和深度往往超过2米，高度达1.7米以上，且室中有禅床，人可以在其中躺下休息。北区的多室禅窟大体可归入第二类，它们有一致的特点，即基本上都有人字披顶，禅室面积适中，洞窟高度可容人站立，内有禅床，可以坐卧休息。而南区的第268窟、285窟、487窟的小禅室面积较小，内无禅床，且高度不足以站立，长度不足以横卧。这些特点似乎提示其功用或者时代应有所不同。

多室组合的禅窟形式，源于印度的毗诃罗窟。毗诃罗，指僧院、僧房，也称"精舍"。实际上有两层意义：一是出家人起居生活之处，二是修行之所。佛经中就有不少关于祇园精舍的记载。从巴尔胡特和山奇大塔的雕刻中，还可以看到包括祇园精舍在内的精舍形象。从印度的王舍城和巴基斯坦的塔克西拉等地的考古发掘来看，毗诃罗窟主要是多室组合的僧房；而印度各地现存的石窟寺院中，有相当多的石窟属于毗诃罗窟。早期的石窟中，毗诃罗窟通常是与支提窟（塔庙窟）相配合而建的，往往是有一座支提窟，就有相应的几座毗诃罗窟，支提窟与毗诃罗窟构成一处佛教中心，俗人们在这里礼佛，而僧人们在这里住宿、修行和布道。毗诃罗窟成为石窟寺院不可缺少的部分。印度虽然也有单室的僧房，但大多数是成组出现的，通常在一个洞窟内后壁和左右两侧壁各凿出几个小室，中央有一个大厅，是聚会的场所，每一个小室则由各个僧人所用。如早期石窟（公元前2世纪—公元2世纪）中的纳西克石窟第19窟、阿旃陀石窟第12窟（公元前1世纪）等②。后者石窟中央为方形，正面和左右两侧壁各开4个小室，每个小室的大小基本一致。在小禅室之间的外壁还有一些带有券顶的小龛（图2-15）。

① 彭金章、王建军、敦煌研究院编《敦煌莫高窟北区石窟》（第一卷），文物出版社，2000，第343-346页。按该书结论中说单室禅窟为73例，多室禅窟为9例，其中多室禅窟不包括过去已编号的第462窟、263窟、464窟。笔者按《敦煌莫高窟北区石窟》全书检索，包含第462窟、464窟（463窟并非多室禅窟），即多室禅窟为12例，统计方法与彭先生不同，故此说明。

② 洞窟时代参见山本智教《印度美术史大观》，每日新闻出版社，1990。

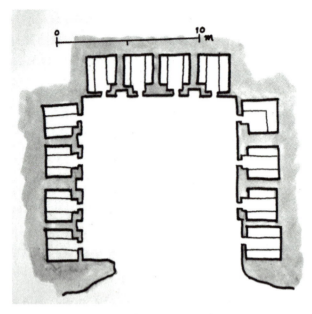

图 2-15   阿旃陀石窟第 12 窟平面图

在印度晚期（5—8 世纪）的石窟中，僧房窟出现更多，如阿旃陀石窟中就有 21 座，埃罗拉石窟中也有不少。这一时期的僧房窟规模较大，并且出现一些新的特点，如阿旃陀石窟第 1 窟窟门有雄伟而雕刻华丽的列柱，在窟门与主室之间形成一个横长的前室，前室的左侧开有 2 个小室，右侧有 1 个小室。主室为进深达 17 米的大厅，主室四面有列柱 20 根，与四壁平行而形成一个回廊，后壁中央开一大室，为佛堂，内有石雕坐佛。佛堂两侧各有 2 个小室，左右壁各开 5 个小室。大厅的四壁绘有精美的壁画，表现释迦生平的佛传故事及释迦教化事迹的因缘故事等。顶部也绘出华丽的图案和飞天。从阿旃陀石窟第 1 窟来看，晚期的毗诃罗窟具有如下三个特点：一是后壁中央有佛堂；二是佛堂前面是中厅，左右及后壁开僧房；三是大厅有列柱而形成回廊。这些都是晚期毗诃罗窟的主要特征[①]。

毗诃罗窟最初也是对寺院建筑的模仿，而在石质难以开凿洞窟的中亚，便只有寺院的形式了。在塔克西拉发现的古代寺院遗迹中，我们可以看到很多类似印度僧房窟的建筑布局，如阿克豪利、卡拉宛及鸠拉罗寺院遗址等，一般是建成一组环抱式的院落形式，四面都排列着大小一样的小室。这些小室无疑是僧人们起居及修行所用（图 2-16）。单从其平面布局看，可以说是完整的僧房

---

① 佐藤宗太郎：《インド石窟寺院》，东京书籍，1985。

形式①。

　　古代印度僧侣的生活起居和修行两项内容，都可以在毗诃罗窟中进行。所以印度的僧房是比较大的，而在中国的新疆乃至敦煌等地，往往把这两项功能分开来，一者是用于坐禅修行，称为"禅窟"或"定窟"，一者称为"僧房窟"。敦煌或新疆等地的禅窟与印度的毗诃罗窟虽然有着各种联系，但并不完全相同。

　　在新疆龟兹的苏巴什遗址中，有4座多室组合的禅窟，分别为第1窟、2窟、3窟、5窟（图2-17）。吐鲁番的吐峪沟第42窟也是一个中央有大厅、两侧分布小禅室的禅窟②。在酒泉附近的文殊山石窟后山，也残存一个大约为北朝时期的残窟，其形制类似莫高窟第285窟，中央主室为一个长方形大厅，两侧各有4个小禅室，后壁也开有2个小禅室。这样的洞窟通常只是用于修行，没有生活起居的条件，称为"禅窟"是比较符合实际的。

　　近年来，禅窟在中原地区也有发现，如南响堂山石窟西北和北响堂山石窟半山腰就有方形无像小禅窟24例，为平顶敞口，平面约1平方米③。在大同的鹿野苑石窟，也发现了成组的禅窟④。但以上两处禅窟，从平面布局来讲是单室禅窟，与敦煌的多室禅窟不同。宁夏须弥山石窟还存在一类方形的无像窟（有10例）⑤，从某些石窟残存石床与烟道痕迹的情况来看，可能是僧房窟；其中第23窟是一个三室一组的洞窟，中室平面为长方形，穹庐顶⑥，这是敦煌以东地区较为少见的多室禅窟。

　　早期佛教石窟中，龟兹地区存在较多的比较规范的多室禅窟。从克孜尔石窟的洞窟组合情况，我们可以了解到在西域早期石窟中，佛堂、讲堂、僧房、杂房组合而形成僧侣们起居、修行等活动的场所⑦。而莫高窟北区的考古发掘，

---

　　① 约翰·马歇尔：《塔克西拉》，秦立彦译，云南人民出版社，2002。

　　② 贾应逸：《鸠摩罗什译经与北凉时期的高昌佛教》，《敦煌研究》1999年第1期，第146–158页。

　　③ 李裕群：《北朝晚期石窟寺研究》，文物出版社，2003，第13–15页。

　　④ 李治国、刘建军：《北魏平城鹿野苑石窟调查记》，载云冈石窟文物保管所编《中国石窟 云冈石窟》（第1卷），文物出版社，1991。

　　⑤ 李裕群：《北朝晚期石窟寺研究》，文物出版社，2003，第91–93页。

　　⑥ 韩有成、于存海：《须弥山石窟内容总录》，载宁夏回族自治区文物管理委员会编《须弥山石窟》，文物出版社，1988。

　　⑦ 晁华山：《克孜尔石窟的洞窟分类与石窟寺院的组成》，载新疆龟兹石窟研究所编《龟兹佛教文化论集》，新疆美术摄影出版社，1993。

10　0　10　20　30　40

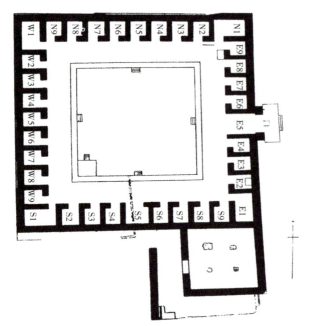

图2-16　塔克西拉鸠拉罗
寺院遗址平面图

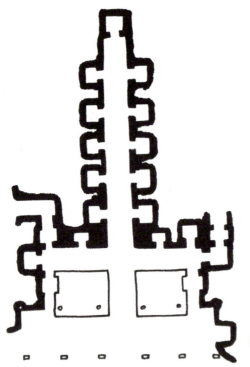

图2-17　苏巴什石窟第5窟
平面图

表明了北区不仅有多室禅窟，而且存在大量的单室禅窟，修行者利用这些单室禅窟进行禅修，当然也需要配套的生活窟——僧房窟。僧房窟的特点在于有炕、灶及烟道，窟室较宽敞。莫高窟的僧房窟，北区现存64个，南区有2个；还存在着僧房窟兼禅窟功能或者僧房窟附禅窟的情况。

总之，早期敦煌的禅窟形制从理念上讲，是受印度毗诃罗窟的影响，但洞窟结构直接取法于龟兹石窟。魏晋以来敦煌乃至河西地区的佛教，受到西域尤其是龟兹地区的影响是十分明显的。

第五节　其他实用窟

除了禅窟之外，敦煌石窟中还有另外一些生活实用型的洞窟，包括僧房窟、瘗窟、廪窟等。这些洞窟同样属于敦煌石窟系统中不可分割的部分。

一、僧房窟

僧房窟都集中于莫高窟北区石窟中，现存50个。其特征是窟内比较宽敞，有相当一部分面积为10～17平方米，大部分则是面积为5～9平方米。洞窟平面大体呈方形，窟顶为人字披顶的最多，有42个，其余的有作平顶形的，有作覆斗顶形的。窟内有灶，有炕，有烟道。还有放置灯盏的灯龛，有的灯龛还残存油垢。

这类洞窟明显有生活过的痕迹，是古代僧人们生活起居的地方。不过，虽然名为"僧房窟"，恐怕也不能排除俗人信众在这些洞窟中起居的可能性。大部分僧房窟的窟顶为人字披顶，可能还是源于中国传统木构建筑人字披顶的习惯。

二、瘗窟

瘗窟是指用来埋葬僧人遗体、遗骨的洞窟，现存有25个，大部分窟内有棺床，面积为4～8平方米。大部分瘗窟的窟顶为人字披顶，也有少数为平顶，或人字披顶接平顶的。

瘗窟的建造有几种情况：一种是专门为瘗窟而设计开凿的，这类瘗窟较多，占15个。另一种是将禅窟改为瘗窟的，占7个，因而其形制与禅窟一致，或许窟中瘗埋的就是生前在此窟修行的人。也有僧房室改造为瘗窟的，仅存1

例。另有2个来源不明。

三、廪窟

廪窟是用来作为仓库的洞窟，现存2个，洞窟面积不大，地面上有2～3个储藏槽。

以上三类洞窟是生活实用型洞窟，在洞窟建筑方面，多从简易考虑，在崖壁上凿出方形洞窟，仅仅把墙壁抹平，并设置一些生活用的设施，窟内不绘壁画。从大部分洞窟为人字披顶的情况看，基本上是按传统建筑的习惯来营建的。

敦煌石窟的形制，从建筑意义上反映出了石窟这种特殊的建筑形式，在接受了印度、西域的影响之下，古代的工匠融汇了中国传统建筑样式，从而探索出了既能满足佛教表现目的，又能适应普通信众审美心理的石窟形制。

从北魏到隋唐时期的中心柱窟就是按印度支提窟的理念，采用传统建筑形式加以改造的结果，延续时间更长；从北朝到元代一直采用的覆斗顶窟，则是以汉晋以来传统建筑中的斗帐形式加以改造而形成的佛窟形式。不论是中心柱窟还是覆斗顶窟，都有着强烈的敦煌地方特色，虽然在敦煌一带十分流行，但在外地石窟中很少出现，这表明了敦煌这个有着汉文化传统又长期受到佛教熏陶的地区在建筑艺术表现方面的独特性。

|第三章| 敦煌彩塑艺术

　　在中国，雕塑与绘画的发展有所不同，汉代以后，绘画逐步进入了宫廷，甚至一些贵族文人也参与了绘画活动，画家与绘画作品开始载入史册，而雕塑则始终属于民间。自古以来，雕塑家都被看作是工匠之列，早在六朝时期，绘画理论的著作就产生了，而雕塑理论却始终没有产生。雕塑家的名字并不像画家那样大多记录于史籍文献，因为没有文人直接参与雕塑制作，所以尽管关于书法、绘画的著作各朝代均有著录，而关于中国古代雕塑发展的历史、关于雕塑技法理论等却没有著录，形成了中国美术史中绘画与雕塑的不平衡状况，也反映了古代美术中人们对雕塑艺术的偏见。

　　这些历史状况，使我们在研究古代雕塑时面临着文献资料奇缺，对古代雕塑家、雕塑技法乃至雕塑美学等方面知之甚少的困境。但是，数千年来中国古代的雕塑家创造了十分精湛的雕塑艺术，成为我国美术史上的珍贵遗产。

　　佛教传入中国后，古代雕塑作品保存至今者，有相当大一部分都是佛教雕塑，正是这些佛教雕塑构成了中国雕塑史的主旋律；而敦煌石窟中保存着4—14世纪各朝代的二千余身彩塑，完整地反映出近千年间雕塑艺术发展的历程，可以说是一部自成体系的雕塑史，为全面认识中国美术史提供了有力的资料。

　　佛教传入中国后，由于各地寺院石窟的繁荣，佛像的制作就成为一种广泛的社会需要，所以佛教也称作"像教"，说明"像"在佛教中占有多么重要的地位。可以想象宗教的发展，形成了对佛教雕塑、绘画的一股强大的社会需求，使当时的中国投入了比以往任何时期都要多得多的美术工匠，这就极大地刺激了雕塑艺术的发展。

最初的佛教雕刻中，从印度和西域传来的佛像样式成为仿制的模本，外来的造型观念及手法成为新的时尚，于是包括犍陀罗风格、马图拉风格以及龟兹风格等由西域传入的雕塑和绘画风格便大量地出现在敦煌和中国北方的石窟和寺院中。但是，随着佛教在中国的进一步发展，随着佛教与中国的儒家、道家思想的斗争与融合，外来的审美意识也与汉民族传统的审美观念不断地产生冲突与融合，最后中国传统审美的趣味便逐渐渗透进了佛教雕塑中，经过不断地交融、改革，终于在南北朝后期到隋唐时代，逐步确立了中国式的佛教雕塑。在外来艺术的冲击与融合中，中国的雕塑艺术得以迅速向前发展。

佛教石窟与寺院一样具有礼拜或修行等功用，在礼拜窟中，必须要有佛像以供礼拜、观瞻。佛像是一个洞窟的主体、崇拜的对象。因此，在石窟中，佛像总是位于中心的位置，或在中心柱窟四面开龛造像，或在覆斗顶窟的正面开大龛，或在洞窟中央设佛坛，在坛上塑像。佛像有单尊像和组像两种。在洞窟中，较多的情况是成组出现尊像：中央为佛，两侧分别有弟子、菩萨、天王等形象。隋唐以后，一组佛像的数量也越来越多，由五身、七身到九身，甚至十余身，而对不同形象的塑造也更加个性化。

第一节　早期彩塑的外来风格

敦煌石窟早期洞窟中的彩塑佛像具有浓厚的外来艺术风格。一方面，佛教是从印度经西域传来的，对于当时的人们来说，印度和西域等外来样式具有一定的权威性，佛像完全仿照外来的形式是很好理解的。另一方面，中国的雕塑家们还没有一套表现佛像的技法，还需要学习和采用外来的雕塑手法。

北凉莫高窟第275窟正壁（西壁）塑出一尊高达3米的交脚弥勒菩萨像，头戴三面宝冠，面相庄严，鼻梁较高且直，双目有神，上身半裸，身着短裙，交脚坐于双狮座上（图3-1）。同窟的南北两壁上部各开2个阙形龛和1个树形龛，阙形龛中各有一身交脚菩萨像，其造像特征与西壁的主尊一致。树形龛中则塑思维菩萨像。思维菩萨为坐姿，一条腿搭在另一条腿的膝上，左手支颐，

图3-1　莫高窟第275窟正壁（西壁）　交脚弥勒菩萨像（北凉）

若有所思的样子，因而称为"思维菩萨"。关于思维菩萨的身份，一说与交脚菩萨同为弥勒，一说为释迦牟尼成佛前的太子，在树下思维的样子。交脚菩萨与思维菩萨的造像风格都具有典型的犍陀罗艺术风格。

犍陀罗位于古代印度北部，今巴基斯坦以白沙瓦为中心的地区。公元前4世纪后期，古希腊的亚历山大东征，占领了这一地区，古希腊的文化艺术就开始影响犍陀罗地区。公元前2世纪，随着印度阿育王的扩张，占领了犍陀罗地区，佛教便开始大举传入。此后，犍陀罗地区又一度被希腊的巴克特利亚人统治，所以这一地区的文化表现出印度文化和希腊文化的双重性[1]。犍陀罗现存的大量佛像雕刻都采用希腊艺术手法进行创作，可以说犍陀罗艺术是印度与希腊艺术结合的产物。雕刻人物形体健壮，衣服厚重，衣纹表现自然而写实。在犍陀罗的雕刻中，交脚菩萨和思维菩萨是十分常见的形象（图3-2）。

由于地理的关系，犍陀罗佛教艺术也是较早传入我国的。在龟兹地区的克孜尔等石窟中就可以看出犍陀罗影响的痕迹。龟兹石窟的彩塑大多无存，仅有少量残迹，但壁画中的佛像和菩萨像也可以看出一些特征，如交脚菩萨形象等。克孜尔石窟中表现交脚而坐的弥勒菩萨像较多，通常绘于洞窟前壁门上部，如第17窟、38窟等窟均可见到。第38窟的弥勒菩萨交脚而坐，头戴三珠宝冠，上身半裸，下着长裙。周围的菩萨着装也基本一致，从菩萨的头冠及坐姿都可以看出与敦煌早期彩塑交脚菩萨有相似之处。而从东晋到南北朝时期，中国北方还有很多金铜佛像或石雕像，其中也有交脚菩萨像。在云冈石窟早期洞窟中就有不少交脚弥勒菩萨像，特别是第17窟雕出高达15.5米的交脚弥勒菩萨像，北魏中期的第13窟也雕出高13.5米的交脚菩萨像，这是继敦煌莫高窟第275窟之后中国内地最大的交脚弥勒菩萨像。按《魏书·释老志》记载，"凉州平，沙门佛像俱东"，表明了云冈石窟的开凿受到凉州佛教的影响，从交脚菩萨像的雕造也可以看出这种传承关系。

北魏以后，以云冈石窟为中心的中国佛教艺术大量地吸取了犍陀罗雕刻的风格，形成北魏石窟造像的一种倾向，但其实在吸收外来影响的同时，中国的佛教雕塑出现了很多变化。这些变化在敦煌北魏以后的石窟里也逐步表现出来。

---

① 穆罕默德·瓦利乌拉·汗：《犍陀罗艺术》，陆水林译，商务印书馆，1997。

图3-2　犍陀罗雕刻交脚菩萨（3世纪）　东京国立博物馆藏

　　敦煌北魏石窟大多为中心塔柱窟，在中心柱的四面开龛造像，通常而言，中心柱正面开大龛，安置洞窟的主尊；其余三面分上下两层开龛，上层为阙形龛，下层为圆拱龛。阙形龛内多为交脚菩萨像或思维菩萨像，下部的圆拱龛内为坐佛。

　　北魏莫高窟洞窟的主尊除了第254窟为交脚佛像外，其余大多为倚坐佛像，佛像的两侧往往有胁侍菩萨立像。莫高窟第259窟是佛像较多的石窟，洞窟西壁大龛内有释迦多宝并坐说法彩塑，这一题材源于《法华经·见宝塔品》，是法华信仰的产物，在北魏时期十分流行，除了较多地出现在云冈北魏石窟中外，在炳灵寺石窟、麦积山石窟等处均可见到。

　　莫高窟第259窟的释迦多宝像也可以看出受云冈石窟影响的痕迹。同窟的南北两壁开列龛，上层为阙形龛，内塑交脚菩萨像，下层为圆拱龛，内有倚坐或结跏趺坐佛像，其佛像造型清秀，面部表情刻画细腻，通过嘴角、眼睛的细微特征表现十分含蓄的精神世界；特别是北壁下层东侧和中部龛内的佛像，富有感染力，是北魏彩塑的精品。而莫高窟第248窟中心柱西面龛、第260窟中心柱南面龛中都塑出释迦苦修像（图3-3），表现释迦牟尼成佛之前在山中苦修的情景，刻画出一个瘦骨嶙峋的苦行僧形象。释迦苦修像在犍陀罗雕刻中有特别的表现，往往较夸张地表现修行者瘦到皮包骨的形象。相比之下，敦煌石窟中的苦修像并没有那样夸张，虽表现其清瘦，让人感受到苦行僧的特点，却不失其度，这更符合中国传统"中和"之美的原则。

　　北魏彩塑造型特点比例适中、袈裟厚重、衣纹写实，这样的表现风格体现出犍陀罗雕刻的某些特征，但北魏敦煌石窟彩塑不注重细部的刻画，往往强调人物精神和塑像的完整性，而对肌体和衣纹细部采取象征的手法，不像犍陀罗艺术那样注重具体的真实感。佛和菩萨像的身躯较圆而平滑，尤其是胁侍菩萨像大多身体扁平，背面贴在墙壁上，具有高浮雕的特点。塑像的衣纹，往往采用细腻的贴泥条形式或阴刻线来表现，这是犍陀罗雕刻所没有的技法。那些显得过分装饰性的衣纹样式，我们似乎可以看到印度本土马图拉雕刻的风格特征。

图3-3　莫高窟第248窟中心柱西面龛 释迦苦修像（北魏）

马图拉位于中印度，是古代佛教艺术的中心之一。现存的马图拉雕刻佛教（图3-4）可以追溯到公元前2世纪。马图拉雕刻与希腊影响下的犍陀罗不同，不以严谨的写实主义见长，而是以一种理想主义的表现手法刻画一种庄严、威武，而又具有宁静情态的佛像，注重装饰性，特别是以稠密的线条刻画衣纹，有一种质地薄而紧贴身体之感，仿佛刚从水中出来的效果，这就是中国古代画论中所谓的"曹衣出水"的特点。这样的塑像最早出现在炳灵寺石窟第169窟（420年），说明中国北方早期的佛教艺术并不是单一地受到犍陀罗的影响，印度本土的艺术也同时传入了中国。

敦煌北魏石窟中，我们看到部分佛像的衣纹密集，衣纹走向呈"U"形线，而衣角下摆也形成明显的装饰性，如莫高窟第248窟中心柱东向面、第251窟中心柱西向面、莫高窟第259窟南壁的坐佛等，这些装饰特征体现着印度马图拉佛像的风格特点①。印度本土风格与犍陀罗风格同时出现在洞窟中，说明早期敦煌石窟雕塑的渊源并不是单一的。莫高窟第259窟北壁东侧的佛像结跏趺坐，身着通肩袈裟，身体较扁平，用阴刻线表现细腻的衣纹。雕塑家着意刻画了佛像恬静、淡泊的表情，尤其是嘴角微微显露出笑意，似乎有一种发自内心的喜悦（图3-5）。下层中央佛龛内的佛像为倚坐佛，着袒右袈裟，衣纹简洁，头部微低，目光下视，面部表情呈现出恬静、愉悦，与东侧的佛像同样表现出北魏佛像雕刻中较流行的所谓"古典式的微笑"。

由于敦煌没有可供雕刻的石材，工匠们就地取材，以泥塑来表现佛像。与印度和犍陀罗的石雕在材质与制作手法上都有很大的区别，而敦煌的地质结构与新疆一带的石窟十分接近。我们从新疆的和田（古代称"于阗"）、库车（古代称"龟兹"）以及阿富汗也能看到与敦煌彩塑类似的泥塑；从新疆的图木舒克出土的木雕佛像中，我们还可以看到与莫高窟第259窟佛像十分相似的造型②，表明敦煌雕塑与新疆到中亚一带雕塑有密切关系。只是龟兹石窟中的塑像大多被毁坏了，无法进行比较研究。

在敦煌石窟开凿的初期，正是以凉州（今甘肃省武威市）为中心的河西佛教兴盛的阶段，北凉王沮渠蒙逊在凉州开凿了凉州石窟③。当时的敦煌是在北

① 赵声良：《敦煌石窟早期佛像样式及源流》，《敦煌学》2007年第27辑，第239-254页。

② 邓健吾：《敦煌莫高窟彩塑的发展》，载敦煌文物研究所编《中国石窟 敦煌莫高窟》（第3卷），文物出版社，1987。

③ 宿白：《凉州石窟遗迹与"凉州模式"》，《考古学报》1986年第4期，第435页。

图3-4 印度马图拉雕刻佛像（1世纪）
马图拉博物馆藏

图3-5 莫高窟第259窟北壁 佛像
（北魏）

凉的统治之下，必然会受到凉州石窟的影响。不少学者认为，现存武威天梯山石窟就是古代的凉州石窟①，可惜窟内大多被毁。金塔寺石窟保存较多的彩塑和壁画，其中如菩萨的形象，与敦煌北魏、西魏的塑像有很多相似之处，可以看出其中的近缘关系。

总之，从现存的敦煌北凉到北魏时期的彩塑来看，外来的因素十分突出，除了犍陀罗风格外，印度本土的马图拉风格也传入了敦煌，另外，吸收了印度和犍陀罗艺术后形成的具有地域特色的龟兹艺术同样影响着敦煌彩塑佛像的制作。但是我们同样不能忽视的是，敦煌对外来因素的改造，在早期的彩塑佛像中，虽然在一些形象上看到了外来的因素，却很难找到一件彩塑是较完整的犍陀罗风格或者马图拉风格。北魏以后，以云冈石窟为代表的中原地区的影响也同样存在，使得敦煌石窟中总是会做出一些改变，融入本地艺术家的创造风格。

第二节　中原风格的影响

北魏后期，由于孝文帝改革，来自南方的汉民族风格开始在北方流行，以龙门石窟为代表的佛像雕刻身体瘦长、面目清秀，被称为"秀骨清像"风格。在中原的影响下，敦煌彩塑也出现了面相清秀的佛像，莫高窟第259窟、254窟等窟的佛像、菩萨像已见端倪，但较广泛地显示出中原风格的影响，则是在莫高窟第435窟、432窟、437窟等窟及西魏时期的莫高窟第249窟、285窟、288窟、432窟等窟。比起写实性来，它们更注重装饰性，犍陀罗风格坚实的体积感消失殆尽，马图拉式的装饰风格仍在一些彩塑中出现，或许装饰性因素与中国传统的审美趣味是相通的。而造型上的平面性特征、衣饰上夸张的样式化特征形成了这一阶段的彩塑风格。

西魏莫高窟第249窟，因窟顶出现了东王公、西王母等典型的中国传统神话形象而著名。这个洞窟正面开一大龛，内塑佛像，在龛外两侧南北壁的西侧各有一身高大的胁侍菩萨像。三身彩塑的头部或上半身都经过重修，但仍在很大程度上保持着当时的特征：主尊佛像着通肩袈裟，袈裟的形式却是在胸前形成一个"V"字形的领，仿佛是一件交领大衣，袈裟下面露出僧祇支以及打结的带饰（图3-6）。这种从僧祇支垂下的带饰，最早出现于云冈石窟第16窟主

---

① 敦煌研究院、甘肃省博物馆编著《武威天梯山石窟》，文物出版社，2000。

尊佛像，被称为"褒衣博带"式袈裟①，是北魏孝文帝改革时，学习南方服饰文化后形成的新的佛衣样式。佛像的头部虽经重修，但大体保持清秀的面容，这也是北魏晚期中原流行的所谓"秀骨清像"的艺术风格，在龙门石窟尤其具有代表性。

图3-6　莫高窟第249窟　佛像（西魏）

本窟南北两侧的菩萨像也体现出这种"秀骨清像"的风格。菩萨的身体修长，尤其是双腿的长度在比例上超常。上身半裸，宽宽的飘带从肩部斜向搭

① 关于"褒衣博带"式袈裟，参见《就日本文化厅藏画纹带佛兽镜（1）——论"褒衣博带式"佛像的产生》，《东南文化》1992年第3期，第141-142页；费泳《论"褒衣博带"佛衣》，《敦煌研究》2005年特刊，第84-94页。

下，下着长裙。菩萨飘带变宽，逐步遮盖着上体，是这个时期的一个趋势。

值得注意的是，菩萨长裙上的装饰纹样，结合佛像袈裟形成有规律的"U"形衣纹，可以看出马图拉佛像的衣纹装饰风格。这样的装饰性衣纹，在莫高窟第435窟主尊佛像上也可以看到。莫高窟第285窟的主尊佛像也有着同样的中原式袈裟，而在其左肩部袈裟搭出的垂角，则表现为装饰的尖角，这也是所谓"褒衣博带"式袈裟的特征之一。

在西魏莫高窟第288窟、432窟等洞窟中，我们看到中原式的袈裟表现得更加自如了。而第288窟中的胁侍菩萨的形象，则出现了此前未有过的繁复的衣饰，菩萨着交领大衣，在大衣上还有飘带由两肩而下，在腹前交叉，然后向两侧分开。这样的菩萨衣饰在莫高窟第285窟东壁和北壁的说法图中以绘画的形式表现出来，而在第288窟则以彩塑的形式表现出来。

由于敦煌特殊的地理环境，以龙门石窟为代表的中原风格虽然一度风靡敦煌，却并不持久。进入北周时期，一种新的风格便逐步取代了龙门样式。

在莫高窟第428窟中心柱的四面各开一龛，龛内造一佛二弟子，龛外两侧各有胁侍菩萨一身。此前，北魏、西魏的佛像一般只有一佛二菩萨的三尊像形式。北周洞窟中出现较多的一佛二弟子的三尊像组合，也有增加二菩萨形成五尊像组合。而佛弟子的塑像，则是一老一少，老者表现佛弟子中最年长者迦叶，少者表现最年轻的佛弟子阿难。佛像的面庞较圆，五官细小而较集中，上半身粗大，下半身短小。菩萨的形象也显得小巧而灵活。佛和菩萨塑像的特点与西域的龟兹地区和阿富汗一带出土的塑像非常一致，表明西域风格仍然影响着敦煌。

佛像的衣饰上还保留着中原风格那种"褒衣博带"的特征，莫高窟第290窟、428窟等窟的佛像在衣纹形成的尖角等方面还可以看到中原风格过分装饰化的特征，但佛像的面庞变得丰圆，身躯由纤巧变为敦厚。菩萨像虽然也有部分躯体修长的，但大多呈正常的比例，体现出质朴写实的特征。也有部分菩萨保持着较宽的飘带和繁复的衣饰，但已恢复了上半身裸露、下着长裙的形式。部分洞窟的菩萨像上半身较长，而下半身较短（如莫高窟第297窟），与佛像的造型倾向一致，代表着北周时期造型浑厚的风格。而莫高窟第290窟的胁侍菩萨像眉目清秀，面含微笑，身体与手姿塑造生动，代表了北周时期造型精致的风格。

弟子像是较能体现彩塑中写实精神的。莫高窟第428窟中心柱四面龛内各有一佛二弟子，弟子像都是一老一少，而四个龛内的弟子各具个性。莫高窟第

290窟中心柱正面龛的佛弟子，老者面庞清瘦，眉棱突出，显示出矍铄的老人形象，与之相对的青年僧人眉目清朗，露出单纯的神情。这样一老一少二弟子的表现，成为石窟中佛像胁侍的固定模式，一直影响到隋唐。

敦煌早期彩塑反映了外来风格强劲的佛教雕塑与中国本土风格融合的过程。但在南北朝纷繁复杂的形势下，中原风格也呈现出多姿多彩的特点，从敦煌彩塑中也可以看出，不论是来自西域、印度的风格，还是来自中原的风格，都不是一成不变的，从而形成了早期敦煌彩塑纷繁复杂的样式。

第三节　隋代彩塑——风格的转变期

北朝晚期以来，中原特别是河北、山东等地接受了印度笈多王朝造像艺术的影响，形成身体敦厚如圆柱形、动态较少、体积感强的造像特征。从响堂山石窟的北齐造像、山东青州所发现的北齐到隋代的佛像雕刻中，我们可以看到这种富有时代气息的佛教造像风格。隋代以后这样的风格开始传入敦煌，逐渐成为此期佛像的主流，标志着一个新时代的开始。

莫高窟第427窟彩塑可以看作是隋代彩塑的代表，本窟为中心柱窟，中心柱正面塑出一佛二菩萨像，南北壁前部也各塑一佛二菩萨像，与中心柱正面的塑像构成了三佛形式。南北朝以来，石窟中流行三佛造像，象征着过去、现在、未来三世佛[①]。这三铺彩塑形象高大（主尊三身均高达4.2米），造型浑圆坚实，面相方圆，神情庄严，衣纹简练，上身略长，富有量感（图3-7）。

从身体简练的轮廓来看，我们可以感受到笈多时代萨尔纳特以及南印度雕刻的某些特征（图3-8），以超常的体量对观众虽然形成一种威压的气势，但又能以慈祥而安静的神态给观众以信赖感，从而产生巨大的宗教力量，这是只有在中国的土地上形成的本土艺术才能达到的境界。在本窟前室还塑出分别高达3米多的四大天王及二身力士像，这些大型彩塑以其量感烘托出佛教洞窟的庄严气氛，体形简练完整而又在衣饰等方面施以细腻精致的彩绘，宏大而不粗疏，华丽而不艳俗，体现出隋代彩塑的成熟。在莫高窟第412窟等洞窟中，也可以看到这样体量高大、注重体积感、面庞略显方、造型古朴却富有气势的塑像。

① 贺世哲：《关于十六国北朝时期的三世佛与三佛造像诸问题》，《敦煌研究》1992年第4期，第1-20页及1993年第1期，第1-10页。

图3-7 莫高窟第427窟南壁 佛三尊像（隋）　　图3-8 印度萨尔纳特雕刻佛像
　　　　　　　　　　　　　　　　　　　　　　　　　　　　大英博物馆藏

　　比起莫高窟第427窟的彩塑来，第419窟、420窟的彩塑制作更为精致，对
人物性格的刻画更为细腻。菩萨的身体不像北朝晚期彩塑那样富有动态，却显
得稳重而矜持，自有一种纯朴而优雅的风姿。

　　尤其是第420窟西龛南侧的二身菩萨像，肌肤莹润，动态优雅，双目下视，
神情温婉，表现出少女般的矜持风情（图3-9）。菩萨的长裙上有波斯风格的圆
环联珠纹饰，这种花纹的织锦在西北一带就有唐代的出土实物，在当时应是很
时髦的纺织物。

　　莫高窟第419窟西龛北侧迦叶像，额头上皱纹密布，眼窝深陷，张开的口
中可见牙齿缺露，胸部的肋骨凸现，表现出一个饱经沧桑的老僧形象（图3-
10）。而与之相对的南侧阿难像则面部圆润，为表情单纯的少年形象。

图3-9 莫高窟第420窟西龛南侧 菩萨（隋）

图3-10　莫高窟第419窟西龛北侧　菩萨与迦叶（隋）

前述诸窟的彩塑在身体比例上都有上身长、下身短，头的造型略方等特点。在高度超过3米的大型塑像中，这样的比例具有一种强烈的气势和震撼力。而佛与菩萨的造型都比较单纯，袈裟随身体而垂下，没有特别表现衣纹，显得浑然一体，形成一种特别的宗教效果，这正是印度笈多艺术的造型特征。菩萨塑像通过华丽而精致的彩绘来表现衣服上的纹饰。因此，这一组塑像远观有单纯而简练的特征，近看则有华美而细腻之感。

莫高窟第244窟的塑像与前述诸窟稍有不同，此窟为覆斗顶窟，却不开龛，而是在正壁与南北两侧壁前设佛坛，在坛上造像，西壁为一铺五身像，南北壁各为一铺三身像。主尊像高度均超过4米，而胁侍像也超过3米。这些塑像面庞圆润，身体比例趋于和谐，肌肤和衣饰的表现都非常细腻写实。面型的丰圆，已预示着唐代雕塑的某些特征，但身体较直、动态较少，表现出挺拔的气势，这是隋代雕塑特有的风格。洞窟中不开龛，把塑像置于佛坛的设计也在有意强调塑像的存在感。

第四节　敦煌彩塑的极盛时代

唐代是敦煌石窟营建的辉煌阶段，也是艺术达到极盛的时代。随着全社会经济文化的高度发展，以长安、洛阳为中心的都市佛教寺院极为发达，从而带动了壁画雕塑艺术的繁荣。而在丝绸之路畅通的时代，长安、洛阳的艺术很快就可以传入敦煌，因此，在敦煌石窟中出现的风格各异的彩塑，正是当时长安、洛阳一带流行的艺术风格的反映。

一、群塑的有机组合

初唐莫高窟第57窟的彩塑还保持着一定的隋代遗风：佛和菩萨、弟子等身体较直，尤其是菩萨的形象仍体现着直立挺拔的气度，但我们仍可以看到其细微的变化，就是艺术家在摆脱隋代那种雕塑造型较简约而以彩绘表现细部的办法，尽量以雕塑的手法表现形体的各个细部，如佛像的衣纹、菩萨身上的璎珞装饰等，而菩萨与弟子的表情更为写实。

与第57窟时代相近的莫高窟第322窟在菩萨和天王的造型上体现着全新的手法，菩萨的身体微微倾斜，重心在一条腿上，身体就显得轻松自在并具有了动态。这种变化在龛外两侧的天王身上更为明显，如北侧的天王像身着甲胄，足踏恶鬼，身体前倾，左脚略屈膝。这一细微的变化，使全身都好像在一个动作的过程之中。然而，不论菩萨还是天王的表情，都有开口欲笑的状态。

唐代洞窟多为覆斗顶窟，正面开一敞口龛，塑像就集中在龛内。如莫高窟第328窟龛内中央为佛像，两侧为迦叶与阿难，向外两侧各有一尊呈游戏坐①的菩萨和两尊胡跪的供养菩萨（其中一尊于1924年被美国人华尔纳盗走）。最外侧的二身供养菩萨安置在龛外两侧的平台上（图3-11），于是塑像便延伸至龛外。这样以佛为中心的群体雕塑，少则七尊，多则十余尊，按照严整的次序排列，仿佛象征着一种尊卑等级制度。而其中佛陀的庄严、弟子的恭谨、菩萨的自在潇洒、天王的威武等，神态各异，各显风流。虽然作为佛教崇拜的对象，佛、菩萨、弟子等形象总是要保持一种庄严凝重的特点，雕塑就不能做更多的艺术发挥而必须限定在一定范围内，但古代艺术家们能够运用雕塑手法，使佛、菩萨等形象在保持庄严典雅精神的同时，又充满活力。

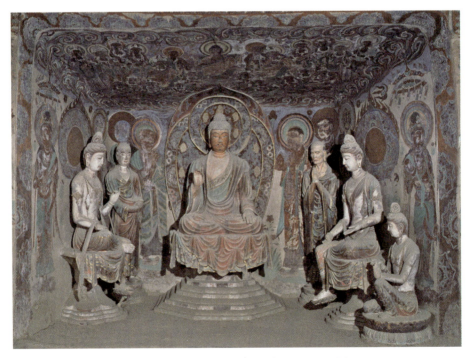

图3-11　莫高窟第328窟西龛　彩塑（初唐）

---

①菩萨像坐姿，一条腿盘于座上，另一条腿自然垂下，这是一种轻松自由的坐姿。

莫高窟第328窟的佛弟子身体直立。如老迦叶的形象是双手合十、目光下视，袈裟随着身体垂下形成直线形衣纹，但他的面部体现着一个智者在思索的神情，外表的静与内心的动似乎统一在这个雕塑形象上。而与之相对的阿难双手抱在腹前，身体略倾斜，脸上充满了朝气。阿难外在的神情与迦叶内心的世界形成了对比。

佛两侧的菩萨像为游戏坐，配合灵活的手势，显得充满活力，而菩萨上半身则挺直，表现出庄严、矜持的神情。龛外沿的供养菩萨形体较小，作胡跪姿势，体态与神情同样表现得细腻而含蓄。

佛两侧胁侍菩萨以游戏坐姿表现的，还有莫高窟第205窟、319窟。第205窟在中心佛坛上塑出一佛二弟子二菩萨二天王及二供养菩萨，虽然二弟子的头部已损，但其神态与莫高窟第328窟的弟子像有异曲同工之妙。而胁侍菩萨的造型更加圆熟，从身体的塑造可以看出肌肤的细腻变化，尽管双臂已失，仍然可感受到其活力（图3-12）。

莫高窟第45窟龛内保存着一铺完整的七身彩塑（图3-13）。以佛为中心，两侧分别是弟子、菩萨、天王，均取站立姿势。阿难双手抱于腹前，身披红色袈裟，内着僧祇支，衣纹的刻画简洁、单纯，胯部微微倾斜，神态安详，在恭谨中又透出青年的朝气。迦叶则老成持重，颇具长者风范，慈祥的眼神中充满睿智的光彩。菩萨上身璎珞垂胸，帔帛斜挎，下身着华丽的锦裙；头部微侧，眼睛半闭，身体微微弯曲呈"S"形；一手下垂，一手平端，动作优美，神情娴雅；洁白莹润的肌肤下面，似乎能感觉到血液在里面流淌。天王身披铠甲，一手叉腰，一手执兵刃，足踏恶鬼，神情激昂。

艺术家根据现实生活中的妇女、将军等形象来塑造菩萨、天王，于是，这些神显得格外可亲。而每一身的动作又各不相同：阿难双手抱在腹前，显得忠厚、谦恭；迦叶微微扬手，似乎正在说着什么；二身菩萨都一手伸出，一手下垂，显得漫不经心；天王则是表情激昂，肌肉紧绷。这一动一静、一松一紧，各具性格，统一在佛的周围，产生了极强的艺术魅力。

这一组彩塑，以佛为中心，左右对称排列，他们目光俯视众生。可以想象，古代的佛教信徒进入洞窟，面对佛像跪拜之时，由于处在较低的位置，就会看到每尊塑像都在慈祥地看着他们。雕塑艺术是一种环境艺术，由于它是立体的，就必须考虑到它周围的环境问题。为了渲染宗教气氛，石窟内的雕塑起到了极为重要的作用。

图3-12　莫高窟第205窟　菩萨（初唐）

图3-13　莫高窟第45窟西龛 彩塑七尊像（盛唐）

与莫高窟第45窟风格一致的，还有第46窟、264窟、445窟、446窟等。艺术家非常注意这些雕塑的群体性，这些彩塑一铺少则五六身，多则十几身，层次丰富，彼此呼应。莫高窟第445窟除了在龛内塑出一佛二弟子二菩萨二天王外，又在龛外两侧的平台上各塑一身菩萨像。显然菩萨在这个时代成了人们十分喜爱的形象，菩萨普度众生的"职能"，使信众们希望得到菩萨的救助，而菩萨带有女性特征的优美造型，既有慈祥仁厚的母性，又有妩媚风情，是吸引观众的重要因素。

直到隋代为止的敦煌彩塑大多具有高浮雕的特点，背面与墙壁连在一起，最佳观察点只是在正面。而入唐以后，彩塑逐渐发展为圆塑，即从不同角度均可以看到完美的塑像，这一点是敦煌唐代彩塑的重要标志。莫高窟第45窟、205窟以及328窟的雕塑，都可以看到比例协调、姿态自然、体魄健美的彩塑形象。不论从哪个方向看，都是那样完美，似乎可以感觉到富有弹性的肌肤以及律动的脉搏。艺术家不再借助于夸张变形和象征的手法，而是以写实主义的手法表现出人（神）的精神世界。在这些菩萨、天王、弟子等形象中，我们可以感知到那个时代仪态万千的贵族妇女、娇媚多姿的宫女、威风凛凛的将军、饱读经书的僧人等形象。

二、大佛的神韵

唐代彩塑一方面由于写实性的加强而使佛教变得可亲可感，另一方面也通过一些大型彩塑来表现佛的宏大气势。莫高窟第96窟、130窟分别造出高达35.5米和26米的大佛，第148窟和158窟分别造出了长达14米和16米的卧佛，榆林窟第6窟也造出了高达24米的佛像。莫高窟第96窟大佛和第148窟卧佛都经后代改造过，第130窟大佛和第158窟的卧佛相对保存完好。巨型佛像通过其体量给人一种崇高感，这是宗教信仰的需要，也体现着唐人雄强与自信的精神。虽说是由于武则天等帝王们的倡导而使全国各地纷纷制作巨型佛像，但如果没有一套成熟的雕塑技法和足够的经济力量，恐怕也很难进行。

据唐代文献《莫高窟记》，第130窟南大像为开元年间由敦煌僧人处谚与乡人马思忠等营建，为善跏坐弥勒大佛（图3-14）。大佛为石胎泥塑，先在岩壁上凿出体形，再在表面以黏土加工成形，最后加彩绘而成。对于大佛的塑造，与小型佛像不同，第130窟又是一个闭合的空间，并非露天大佛，因此，必须考虑到观众观赏的距离较近较低的视觉问题。古代的艺术家们在比例上加大了佛像头部的比例，而且对于眼、鼻、嘴唇的造型，考虑到其高大的体形造成的距离感而有意加强了明暗对比，从而使观众在大佛前观看时获得较完美的视觉效果。

莫高窟第158窟的卧佛表现的是佛涅槃的状态（图3-15）。涅槃佛像在印度和犍陀罗雕刻中都可以见到，但大多数涅槃像仅仅是表现出一个横躺着的佛像，在犍陀罗的某些雕刻中，往往表现出死去的人物形象，这与佛教的思想有很大的差距。因为涅槃是指佛摆脱了身体的羁绊而使灵魂达到自由的境地，是精神的升华；如果仅仅表现为死人，就无法表达那种与俗人完全不同的佛性。因此，在印度本土，较少表现涅槃佛像，而多以舍利塔来表现佛的涅槃。

佛教在中国的发展，到隋唐进入了高度繁荣时期，中国的佛教徒对佛教精神的理解，其透彻的程度已不输于印度僧人。在此基础上通过艺术来表现佛的涅槃，可以说达到了前所未有的高度。以巨大的卧佛来表现佛的涅槃，这个佛像不能表现为一个死去的人或者垂死的人，他是一个达到"常乐我净"境界的智者，他为摆脱形体、精神升华而欣喜。为表现这样一种状态的佛像，艺术家着重表现躺在佛床上的佛陀，如用闭目假寐、浑圆的脸形、半闭的眼睛等，表

图3-14　莫高窟第130窟　南大像（盛唐）

图3-15　莫高窟第158窟西壁　涅槃佛像（中唐）

现其内在的精神。由袈裟衣纹构成的一道道弧线形成有规律的韵律，处处体现出柔和之感，而在整体上以其宏大的体量表现着一种雄强的阳刚之风。刚与柔、阳与阴，在这里完美地融合在一起。

大佛的营建是佛教艺术特有的现象，不论是中亚的巴米扬石窟、中国西部的龟兹石窟，还是中国北方的云冈石窟、龙门石窟乃至南方的乐山等，都曾营建过大佛，最高的达70多米。唐代由于朝廷的倡导，全国都造了大佛，敦煌石窟的大佛都建于唐代，反映了那个时代的风气。大佛的塑造也体现了中国雕塑艺术的辉煌成就。

三、佛像的世俗化

盛唐后期的彩塑逐渐失去了前期那种雄浑的气氛，但在制作上更加精致，世俗化的倾向更加强烈，不论佛弟子还是天王、力士形象都富于人间性。神性减少了，在艺术家的努力下，佛教石窟与人们的距离缩短了，仿佛神与人取得了沟通。

莫高窟第194窟是一个小型洞窟，正面开一个盝顶帐形龛，内塑一佛二弟子、二菩萨、二天王，龛外侧各塑力士一身。

中央的佛双腿下垂，呈善跏坐势，一手上举作说法印，一手放在膝盖上，表情平静，神态慈祥。这样稳重而庄严的坐姿也是当时中原地区流行的样式，龙门石窟擂鼓台中洞、惠简洞，天龙山石窟第4窟等唐代洞窟中都有类似的倚坐佛像。

龛北侧的弟子迦叶着右袒袈裟，双手合十，表现出虔诚的神情。与他相对的弟子阿难，眯着眼睛，两手交叉在腹前，像一个无忧无虑的少年。

北侧的菩萨站在莲台上，斜挎帔帛，罗裙垂地，身体向后微微倾斜，妩媚多姿，面容洁白莹润，带着微笑。南侧的菩萨头梳双环髻，面颊丰腴，双目低垂，嘴角露出隐隐笑意，身体自然舒展，身穿华丽的圆领无袖上衣，衣纹飘柔，帔帛围绕，搭于左肘，表现出纺织品的质感，反映了古代匠师高超的造像技巧。值得注意的是，此时菩萨所穿的服饰不再是印度传来的飘带与璎珞，而是当时中国妇女所穿的服饰，表明了世俗化的倾向（图3-16）。

北侧的天王，戴头盔，着铠甲，雄健威武。南侧的天王与之相对，发髻高耸，神情敦厚，面带爽朗的笑容。古代塑像中的天王，大多是横眉怒目、杀气腾腾的样子，而这一身却一改天王的传统形象，显得极有人情味。龛外有二身力士，都是上身赤裸，一手挥拳，一手舒掌，好像准备厮杀的样子。艺术家着意刻画了那身发达的肌肉、凸显的筋脉以及圆瞪的双眼，全身无处不显示着一种强劲的力量。

图 3-16　莫高窟第 194 窟西龛南侧　菩萨与天王（盛唐）

莫高窟第 159 窟也有帐形龛，原有一铺七身彩塑，中央的佛像已不存在，只剩下二弟子、二菩萨、二天王。这种格局与莫高窟第 194 窟相似，菩萨的形象也很有特色：北侧的菩萨双目下视，上身袒露，下着绣花锦裙，肌肤洁白，一手上举，一手自然下垂，身体丰盈，姿态落落大方。南侧的菩萨曲眉丰颊，发髻高耸，衣饰华丽，一手托物上举，一手下垂，轻握飘带，姿势优雅。外侧的二身天王挺胸怒目，直视前方，两手紧握，仿佛正要出击。天王与菩萨形成动静对比，却又和谐统一。类似风格的彩塑在莫高窟第 197 窟也可以看到。

晚唐莫高窟第17窟的洪辩像，是石窟中为数极少的塑造现实人物的彩塑，这是一个坐禅僧人（图3-17），艺术家特别注重面部表情的刻画，表现出一个智者的精神状态，袈裟笼罩住全身，使身体形象显得完整，流畅的衣纹又体现出生动之趣。

图3-17 莫高窟第17窟北壁 洪辩像（晚唐）

五代、北宋彩塑所存甚少，莫高窟第55窟保存一组彩塑，填补了这一时期彩塑的空白。这个洞窟是一个方形覆斗顶窟，中央设马蹄形佛坛，佛坛后部有背屏直通窟顶，这是晚唐五代以来流行的洞窟形制。佛坛上塑三铺佛像，现存佛像分西、南、北三面而坐，表现的是弥勒三会，三面的主尊均为倚坐的弥勒佛。正面（西面）的佛像右手扬起，左手放在膝上，神情静穆，左右两侧佛像也大体一致。正面佛像北侧存弟子迦叶像，一臂已残，他身体僵直，神态拘谨。南侧佛两旁存二身菩萨，北侧存一身菩萨，她们比例和谐，衣纹贴体，神态温和。西南角上的天王形象，体现出刚毅和威武的气质。南侧佛座旁边的天王造型较为新颖，他左手托着佛座，好像不堪重负又拼命用力的样态颇为生动。总的来说，这些彩塑能准确把握人体比例，在形象刻画及衣纹、服饰等的表现方面达到了较高水平，三组塑像的组合体现出一种庄严的气度，在精神上努力临摹唐风，但体形稍显僵硬，尤其是人物的精神面貌缺乏唐代那种鲜活的气息。

　　现存敦煌彩塑有二千多身，特别是保存了大量的十六国至唐代的雕塑，是中国古代雕塑史上的重要资料。敦煌彩塑以木为骨架，以黏土塑制而成，最后还要上彩，以绘画补充雕塑的不足，是绘塑结合的艺术。千百年以来，中国的艺术家们就通过这些散发着泥土气息的彩塑，表现出如此精美而感人的艺术形象，直到今天仍然具有独特的魅力。目前，我们对敦煌彩塑的研究还十分不足，特别是从中国美术史的角度来探讨敦煌彩塑的技法、样式与风格的源流等，还有很多需要研究的课题。

第四章 | 故事画艺术

通过讲故事来说明一些深刻哲理，是宣扬宗教行之有效的办法。佛教最原始的经典，主要就是讲释迦牟尼的生平故事（佛传）和释迦牟尼的前世故事（本生故事），以及释迦牟尼成佛后的教化故事（因缘故事）。

唐代寺院形成了一种专门面向大众宣讲佛教思想的"俗讲"，俗讲因为是面向大众，就不能直接讲那些深奥难懂的佛经，总是要通过相关的故事，以浅显易懂的形式讲出来，才能让普通听众能够听懂并喜爱。而在佛教绘画中，自然也会利用绘画的形式，表现那些佛教最基本的故事内容，使信众在故事画中体会佛教的一些道理，这就是佛教故事画。

佛教传入中国后，故事画得到了很大的发展，因为佛教宣传需要通过这些故事来形象地说明其宗教主张，而讲故事除了由特定的人物来宣讲外，还可以用绘画的形式来"讲"。故事画的意义就在于它具有"叙述"的作用，绘画从某种意义上来讲，是对人物活动或者景物瞬间的凝固化，画面本身不能表现时间的延续。但是，从表现一个完整故事过程的目的出发，古往今来的艺术家们总是在努力扩展绘画的表现性，试图通过静止的画面来表现一件事情发展的过程，这也就是故事画的魅力所在。

中国在汉代以前就出现了故事画，考古发现的西汉墓室壁画"二桃杀三士""鸿门宴"[①]，大约是现在所见较早的故事画。两汉的画像砖、画像石中，有表现历史故事"荆轲刺秦王""泗水捞鼎"的，还有表现神话故事"嫦娥奔月""后羿射日"等题材的画面。由于故事画内涵丰富，一幅画可以告诉人们

① 李京华：《洛阳西汉壁画墓发掘报告》，《考古学报》1964年第2期，第107—125页。

很多情节内容，同时，故事画又根据内容的不同而采用灵活多变的绘画方式和技巧，因而深受广大群众喜爱。

在古代印度的艺术中，故事性的雕刻和绘画也是十分流行的。早期的佛教艺术中，如山奇大塔、巴尔胡特大塔的塔门和周围护栏中就有很多关于佛传故事、本生故事的浮雕，犍陀罗雕刻中也有很多表现本生故事、佛传故事的浮雕，这些浮雕往往以几幅成组的画面来表现佛的前世和今生故事。

这样的表现手法也传入了中国，在龟兹石窟、敦煌石窟以至中原地区的云冈石窟都有大量的故事性绘画或雕刻。从故事的题材内容上看，主要有宣传释迦牟尼一生的佛传故事和释迦牟尼前世的本生故事，以及宣传释迦牟尼教化众生的因缘故事。

第一节　"一图一景"与"异时同图"

一、"一图一景"

北凉莫高窟第275窟北壁，依次画出了毗楞竭梨王本生、虔阇尼婆梨王本生、尸毗王本生、月光王本生和快目王本生故事。这些故事主题都是表现释迦牟尼前世为王时，甘愿忍受各种痛苦，得闻正法或救助众生。毗楞竭梨王和虔阇尼婆梨王都是要想听到正法，愿意忍受"身钉千钉"和"剜肉燃千灯"之苦。月光王和快目王则是为了实现自己施舍一切的承诺，甚至可以把自己的头和眼施舍给别人。尸毗王则是为了救助弱小的鸽子，而愿意把自身的肉喂给鹰。这些故事都表现了佛教修"六度"的基本思想，就是主张忍辱、牺牲并救助一切，从而达到佛教所追求的最高境界。

这几个故事都采用了"一图一景"的办法，就是选取故事中一个代表性的场面加以表现。可以说是故事发展的某一个瞬间，通过这一画面，使观者联想到故事的前后过程。选择哪一个场面，则反映了画家对故事的把握。毗楞竭梨王本生仅绘了三人，右侧是毗楞竭梨王面左而坐，两手呈转法轮印，面相庄严沉静，左侧一人站着，一手掌钉在毗楞竭梨王胸部，一手扬起做敲击状。二人一站一坐、一动一静，对比强烈。毗楞竭梨王身右侧还有一人，形体较小，正悲伤痛哭，这是表现国王亲属不忍心让国王受这种痛苦而忧伤的情节，在画面上却起到了均衡的效果。尸毗王本生是流传较广的故事，在南印度阿马拉瓦蒂雕刻中就有表现，犍陀罗雕刻中也可以看到同样的题材。

在莫高窟第275窟壁画中，画家采用以下场面来表现：其一，左侧画出尸毗王手里托着鸽子，一人正在他的大腿上割肉，表现尸毗王为了保护鸽子，愿意割身上的肉喂鹰。其二，右侧画出一人双手托着秤，秤的一头是鹰，另一头则坐着尸毗王，表现的是肉已割尽尚不足鸽子的重量，尸毗王举身坐在秤盘上（图4-1）。两个场面都很简单，一个场面表现一个情节。

如果比较同一题材的一件犍陀罗浮雕（图4-2），这个画面明显地借鉴了犍陀罗雕刻中同一故事的表现手法。雕刻中画面左侧是尸毗王侧身坐在椅子上，旁边是他的妻子伤心地抱着他，有一人正在从他的腿上割肉。画面右侧是一人提着秤，在称肉的重量。右侧还有两人，其中一人是经常出现在佛身边的护卫执金刚手。该画面构图简洁，情节集中，正体现了雕刻的特点。莫高窟第275窟北壁的几组本生故事画都同样有着人物较少、画面意义明确、情节集中的特点。

第275窟南壁绘出佛传故事。现存三个场面，每个场面都表现一人骑马，旁边有一座城门。其中，右侧的画面中，分别有一僧人和一老人的形象，因此，断定此画面表现的是释迦牟尼为太子时出游四门，分别遇见病人、死人、老人及僧人的故事。这是佛传故事中表现较多的题材，在犍陀罗雕刻中也可以看到用四个场面表现太子出游四门的例子，可以看出本窟壁画的渊源。

但在第275窟的出游四门中，城门明显地表现为汉式城阙的形式，以中国式的城门来表现印度传来的佛教故事，表明了敦煌艺术家由于受汉晋以来传统文化的熏陶，不由自主地采用了传统的表现形式，也是为了适应本地信众的欣赏需要而进行的改革。而出游四门的四个场景（现存三个），每个场景表现一个情节，与北壁本生故事的构成一样，都是"一图一景"的形式；但佛传故事有一定的连续性，主要人物——悉达太子反复出现在画面中，这就预示着连环画的构成因素。

"一图一景"的形式适宜于雕刻的表现，因为雕刻不像绘画那样细腻，只要把主要人物和情节表现出来就可以构成完整的画面。如果与后来出现的连环故事画比较，就可以看出第275窟的故事画中仅仅表现了与情节相关联的主要人物，画面中缺少更多的背景或者环境表现，这一特征毋宁说是雕刻的特征，而非绘画特征。

图4-1　莫高窟第275窟北壁　尸毗王本生（北凉）

图4-2　犍陀罗雕刻　尸毗王本生（2世纪）　大英博物馆藏

二、"异时同图"

北魏莫高窟第254窟南壁描绘萨埵本生（图4-3）。这个故事情节较多，画家采用"异时同图"的处理方法，把不同时间段发生的事情表现在同一个画面中，大致描绘了七个情节：故事的开端，萨埵与二位兄长出游遇见饿虎，这一情节置于画面中部；右侧刻画了萨埵刺颈、跳崖、饲虎这三个连续场景；左侧描绘出亲属悲哀、抚尸痛哭以及造塔供养等场面。

图4-3　莫高窟第254窟　萨埵本生（北魏）

对于各个情节的处理，作者并不是平均使力，而是有主有次，紧紧抓住萨埵饲虎这一故事发展的高潮，与前面的情节相应地构成了刺颈、投崖到饲虎三个连续的场景，把萨埵喉咙刺破、从山崖跳下而躺在老虎旁边喂虎这个过程较完整突出地表现出来。画面中饥饿、凶狠的老虎，双眼闪着逼人的寒光，正贪婪地大口吞噬萨埵，衬托出萨埵为了他所追求的佛教宗旨而不惜舍身饲虎的崇高精神。画面左侧，表现萨埵的亲属抚尸痛哭等场面，通过描绘众多人物的神情，进一步渲染出强烈的悲剧气氛。画面中的人物、场景，始终围绕着萨埵饲虎这个中心来描绘，左上角明亮的宝塔、轻快的飞天，表现萨埵光明的结局，也在对比中表现出萨埵饲虎的悲壮性。

从克孜尔石窟第114窟的菱格本生故事画中，可以看到同一题材的处理方法，在菱格形画幅中，仅画了萨埵跳崖、饲虎两个场面。显然，画家是抓住了这个故事的关键场景，基本上属于"一图一景"的形式。而在莫高窟第254窟，虽然在一定程度上借鉴了新疆壁画的办法，但是画家在多情节"异时同图"的处理上，表现得十分出色，不同人物的姿态与神情，萨埵刺颈、投崖与躺在老虎身下的动作设计，都非常注重视觉效果，从而营造出较为浓厚的壮美气氛。这是莫高窟壁画舍身饲虎故事画所达到的境界，即使在千百年后的今天，仍然感动着每一位观众。

在舍身饲虎故事画的旁边，画的是佛传故事降魔变，降魔成道是悉达太子经过六年苦修之后在菩提树下悟道之时发生的事。魔王波旬担心释迦牟尼成佛之后对外道不利，决计在佛成道之初就把他消灭了。于是，魔王派遣很多魔众向佛进攻，然而释迦已成就金刚之身，任何武器都不能损害其身。魔王又派三个魔女来诱惑释迦，而佛以神通力让三个美貌的魔女变成了丑陋的老妪，魔王彻底失败，只好跪在佛面前皈依佛门。这个故事是佛传中的一个关键性情节，它标志着释迦牟尼成佛后第一次显示威力，成功击败外道。

印度和犍陀罗艺术中都有不少关于降魔题材的雕刻或绘画。如阿旃陀石窟第26窟就雕刻出降魔的内容，在犍陀罗雕刻中也可以看到很多例证，敦煌早期石窟中，莫高窟第254窟、260窟（北魏）、428窟（北周）均可看到降魔变的内容。而这些内容构图基本一致，大体采用印度和犍陀罗的形式，释迦牟尼佛端坐于中央，两侧画出面目狰狞而丑陋的魔鬼们分别执不同的武器向佛进攻。在释迦两侧下部，一侧表现三个美貌的魔女，另一侧表现三个魔女已变成丑陋的老妪。在佛的前面跪着魔王，表示最后魔王伏法的情节。这个故事从印度到中亚再到敦煌，虽然在构图形式上已成为固定格式，但在魔众的表现上仍然可以看出敦煌画家的一些创造。

降魔变是以中轴对称的形式来表现故事的典型画面的，主要人物在画面的中央，以突出主要人物，强调主人公的至尊地位，这是在佛教艺术中最常用的办法，实际上其他宗教艺术如印度教艺术、基督教艺术都可以看出这样的构成。早期佛教就流行以佛为中心，两侧为胁侍菩萨和众多天人的说法图形式。降魔变在表现魔众向佛进攻时，也采用了佛在中央、魔众在周围的形式。犍陀罗佛传雕刻中还可以看到不少例证，如四天王奉钵、鹿野苑初转法轮、梵天劝请等。

莫高窟第254窟北壁的尸毗王本生，也是采用以主人公为中心的中轴对称构图方法，部分细节从侧面展开。但尸毗王的形象并不是完全端坐的正面像，而是稍微侧身，一条腿下垂，一条腿平曲。尸毗王一手托着鸽子，一手扬起，似乎是在阻挡追逐鸽子的老鹰。人物的动作表现出一种韵律，这是印度艺术中比较喜欢表现的美感。一个面貌凶狠的人正从他腿上割肉，右侧有一人提秤，秤的一端放着鸽子，一端坐着尸毗王。画面右上部是一只鹰追逐着鸽子，是故事的第一个情节，而尸毗王与鹰在对话，然后叫人割肉，一人用秤称肉，直到家属见状而悲泣的情节都在同一个画面中表现出来。比起北凉莫高窟第275窟北壁的同一题材，本窟的尸毗王本生不仅画面内容丰富得多，而且主要人物的姿态、神情都表现得十分成功，可以说是"异时同图"的优秀之作。

第二节　长卷式构图

"异时同图"的构成是比较复杂的，像莫高窟第254窟的萨埵本生那样的构图大抵还是外来的艺术形式。尽管也取得了极高的成就，但在敦煌壁画中并不多见，很快就被新的表现形式所取代。

莫高窟第257窟西壁的九色鹿本生是流传很广的故事画，画家采用长卷式构图，多个情节平列又互相衔接而反映出全故事的内容（图4-4）。画面左侧以斜向连绵的山峦分隔出一个个场景，这里的山水，既作为故事的背景，又作为分隔画面场次的手段，使每一个场景既有一定的独立性，又是全画不可分割的部分。值得一提的是，这幅画采用两头向中间发展的顺序，由于故事内容有两条线索：一是九色鹿拯救溺人，溺人感恩发誓而去；二是王后梦见九色鹿而要求国王捕杀，国王张榜，溺人见利忘义而引国王入森林，与九色鹿相遇，九色鹿控诉溺人忘恩负义，至此故事结束。

壁画中也采用这种"话分两头"的办法，从左右两头表现两条线索，最后交会于画面中部，巧妙地把时间的发展与空间顺序对应起来。这幅长卷式故事画的构思，实质上仍然体现出单幅画的意识。画面右侧是王城，左侧是山峦和小河，整幅画构成一个较为客观的整体空间。同时，突出表现情节的高潮，这个单幅画的最大特点在这里也得到加强。在视觉效果上，利用了人物行动趋势，左侧的鹿都向右行进，右侧的人马都向左行进，两头的趋势都指向中间，使人的注意力集中于九色鹿在国王面前控诉溺人这一情节上，从而突出强调了主题。

　　此外，该画面对人物性格也进行了细致入微的刻画。如王后向国王说梦，要求捕捉九色鹿，她一手搭在国王身上，一手伸出比画着，长裙下的光脚，似在有意晃动，生动地表现了王后在国王面前撒娇的神态和她想得到鹿皮的迫切心情。九色鹿的形象也做了人格化的表现，画家用了不同于印度、西域壁画中所表现的九色鹿跪在国王面前的处理手法，而是表现它昂首挺胸、勇敢地站在国王面前、揭露溺人的一股凛然正气的形象。相反，溺人的形象则被置于国王侍从身后，他身体不敢伸直，双腿似在打颤，右手指着九色鹿，脸上露出畏缩不安的神色，活现出一个反复无常的小人形象。

图4-4　莫高窟第257窟西壁　九色鹿本生（北魏）

同窟南壁的沙弥守戒自杀缘品，也采用长卷式构图，但在长卷中分出一个个相对独立的场景。第一个场景表现长者送小沙弥受戒，第二个场景表现比丘遣小沙弥化缘。两个情节中，比丘同一坐势、相同的禅窟与山峦重复出现，这种表现手法意味着该作品具备了连环画的某些特征。后面，表现沙弥化缘、少女心生爱慕、沙弥自杀、少女惊怖等情节，却用了一个场景来描绘，又流露出"异时同图"的构图特点。同窟西壁至北壁的须摩提女因缘故事画也采用了长卷式构图。从莫高窟第257窟的几幅故事画中，可以看出画家为了解决多情节构图中的顺序问题，采用了长卷式布局，这样形成的每一个场面意义明确，情节发展顺序明了，场景之间有相对的独立性。

长卷式构图是非常适宜于观者的视觉习惯的。中国汉代以来的画像往往采用横长画面构图，在祠堂或墓室的画像砖、画像石中可以看到很多例证，传为顾恺之的《洛神赋图》也是以长卷形式表现的。敦煌的故事画在北魏以后较多地采用长卷式构图，无疑是源于中国传统的审美习惯。

北魏末至西魏时期，来自中原的元荣出任瓜州刺史，内地的新画风也随之传入敦煌。营建于538年、539年的莫高窟第285窟，南壁主要壁面描绘了五百强盗成佛故事，画面采用长卷式构图，从左至右展开。第一个场面描绘官军与强盗作战，众多人物相互鏖战，视点较高，场面较大，形势激烈，体现出中原式画法处理空间的优势。以后的情节便在较为广阔的山水空间展开，巍峨的殿堂、茂盛的树木以及山水的布局，大大增强了画面的纵深感。人物形象清瘦，显示出"秀骨清像"的中原时尚，造型手法几乎全以线描为主，抛开了西域式晕染法。受中原山水画的影响，这幅画较多地用山水林木做背景，并仔细描绘了山中奔跑的小鹿、水中嬉戏的水鸟以及弯弓搭箭的猎人等，这些栩栩如生的形象使画面饶有情趣。

与莫高窟第257窟的故事画比较，虽然都是采用了长卷式构图，但第257窟的故事画画面相对来说较单纯，人物较大，山水在其中只具有象征意义，人物与山水、建筑的比例差距较大。而在莫高窟第285窟的故事画中，画家似乎在努力缩小这种差距，把山水画得较为开阔，房屋也画得很大，尽量使景物变得真实。画家对山水树林的描绘倾注了较多精力，这是值得关注的。

不过，虽然是新兴的画风，但除了莫高窟第285窟外，其他洞窟的故事画并没有再采用这种以山水风景为主的画法。从故事画的目的来看，由于表现环境空间的场面过大，人物形象较小，全图结构较为松散，特别是因照顾到房屋与人的比例关系，在画面中的殿堂画得过大，而使这幅画割裂为两部分，产生不协调之感。画家加强了山水景物的刻画，其结果却是更显得喧宾夺主了。总之，五百强盗成佛图作为故事画来说并不是很成功，西魏以后的故事画再没有类似的布局画法，说明这种纯粹中原风格的绘画在敦煌并没有流行开来。

北周时期，故事画达到了空前繁荣阶段。现存北周洞窟中有9个窟绘有故事画共19幅，占了北朝故事画总数的一半，而大多采用长卷式构图，所占幅面远远超过了以前几个时期。除了绘于洞窟侧壁外，还绘于洞窟顶部。故事画普遍采用长卷式连环画形式，每一个场面只表现一个情节，具有相对独立性，各情节相互连贯组成一幅完整的画面，有的故事用一条长卷画不完，还用两段或三段横卷相连，最长的达六条横卷相接，规模很大。

由于篇幅拉长，画家可以较为仔细地刻画故事的细节，把故事从头到尾无一遗漏地反映出来。如莫高窟第428窟东壁的萨埵本生，共画了14个场面（图4-5），如在表现萨埵的两位兄长见到萨埵的尸骨时，夸张地描绘了他们惊愕、痛哭的神情；接着表现他们匆匆策马回宫禀报、他们骑马奔驰时路旁的树也因马奔驰引起的风而向前倾斜的场景，反映出人物急迫的心情。同窟东壁北侧的须达拿本生共描绘了19个场面，与萨埵本生一样，采用三段长卷相连的形式，其中描绘敌国人得到白象后手舞足蹈、得意忘形的神态也很生动。

莫高窟第290窟的佛传故事，是北周连环故事画的突出代表，在长达六段的画卷中，共绘了87个情节，详细描绘了释迦牟尼从出生、成长至看破红尘而出家再至成佛的全过程，这样的鸿篇巨制在古代绘画中是罕见的。这组长卷绘画的场景与场景之间都有一定的分界线，或以房屋、树木的直线分开，或直接以横隔画卷的题榜分开，造成每一场景的相对独立性。突出主要人物，是这组故事画的重要特点，在全画200多个人物中，绝大部分人物仅做了类型化的描绘，只能通过衣冠服饰和动作猜出人物身份，而对于悉达太子，则通过各种手段把他画在显要位置上。在悉达太子刚诞生时，就能走路，"步步生莲""九龙灌顶"等场面，令他比常人形象还要大，但在"相师看相"等场面，又绘成了婴儿状，这些都是为突出主人公而进行的艺术处理。

画面中的房屋、山水、树木等仅作为一种道具，都是为表现故事内容服务的。如画中表现王者与大臣在宫中议事的场面，画家把宫殿从中割开，使人能看到人物场面，这里，屋宇如舞台上的道具一样，可供画家根据内容的需要而随意拆卸。另外，画家还利用房屋作为一种装饰带而统摄全画，屋顶透视所构

图 4-5 莫高窟第 428 窟东壁 萨埵本生（北周）

成的斜线，或左高右低，或右高左低，在画家有机的组合下，形成了上下起伏的节奏感，具有强烈的装饰性。

莫高窟第290窟佛传故事画中，人物全用线描，服饰以浅淡、单纯的颜色染出，人物面部用中原式晕染法晕染，形成疏朗、淡雅的风格。人物主要以赭色线勾描，而横贯全画的山水色彩鲜艳，远处看来，画面的整体感很强。

在莫高窟第296窟的善事太子入海求宝故事画和微妙比丘尼因缘故事画中，画家采用双层长卷上下交错发展的顺序，把上下层房屋建筑交错开来，形成"品"字结构，既标志着故事发展的顺序，又构成一种装饰效果。在莫高窟第299窟、428窟的故事画中，则利用起伏柔和的山峦构成一种富有韵律感的曲线，统摄全画，利用富于装饰性和象征性的山峦、树木和房屋来构成一条联系全画的纽带，这种方法在北周成为固定的格式。另外，画家还利用人物、动物行动的趋向来标志长卷连环画的发展方向。在微妙比丘尼因缘、善事太子入海求宝等故事画中，人物、乘骑的走向始终与故事的发展走向一致，这种方向一致的动作构成了全画统一的行进趋向，从而加强了连环画长卷的内在联系，保持了画面的完整性。

隋代的长卷式故事画表现更加成熟。隋代初期莫高窟第302窟、303窟的故事画，表现手法基本与北周时代一致，但在隋代后期的一些洞窟中，就出现了新的因素。如莫高窟第427窟的中心柱边缘绘出须达拿本生故事，完全以长卷式连环画的形式来表现。画面残破较多，从残存的画面来看，引人注目的是，图中人物造型完全是汉族的人物形象，而且表现手法为线描，是传自中原的技法。每一个场景中的人物众多，场次之间没有明显的分界线。在莫高窟第419窟、423窟，我们看到画家用长卷式画面表现故事时，突破了原有的形式。如第423窟人字披东披表现的是须达拿本生故事，这一题材在北周莫高窟第428窟是以整齐的三段式长卷画面来表现的；而莫高窟第423窟则打破了规整的长卷形式，以连续的山峦或房屋形成一个个椭圆形画面，在其间展开故事情节，在椭圆形中央表现主要情节，在各个山峦或树木间也同样描绘一些相关情节。连续的山峦树木以及建筑形成富有动感的装饰物，使全画面连成一体，从视觉上来说更显得完整而富有韵律感，摆脱了北周形成的严格的带状分隔线，显得奔放自由。

早期的有些经变画题材，采用的是故事画常用的手法来表现。如北周莫高窟第296窟的福田经变，在长卷式画面中，表现造塔、修桥、救治病人等行善的场面。从构图上看，与同窟的善事太子入海求宝、微妙比丘尼因缘等故事完全一致。福田经变在隋代一些洞窟中也出现过，画法与莫高窟第296窟大体一样。隋代莫高窟第420窟的法华经变也是采用长卷式绘画的构图来表现的。莫高窟第303窟的人字披两披绘出法华经观音普门品变，这是新出现的题材。人字披的东西两披分别隔出两道长卷式画面，连续地描绘观音菩萨救苦救难及三十三变化身的形象，壁画中通过房屋建筑和树木、山水分隔出一个个画面，每个画面表现一个情节。但在表现观音菩萨救水难、盗难时，画面空间较大，表现河流和山峦，显得不规整，反映了画家对景物表现的重视。

莫高窟第420窟是个覆斗顶形窟，窟顶四披表现的是内容丰富的法华经变。虽然画家沿用了北周以来的长卷式画面构成，但同莫高窟第423窟一样，很多地方打破了严格的带状分隔，以树木、房屋、山峦作为背景，并使全画面统一起来。如第420窟南披的画面以"火宅喻品"为中心，表现绵延的建筑，转折的墙垣和屋顶使画面充满了几何形结构，形成另一种韵律。由于变色严重，画面大多变黑，我们虽不能清晰地看到当年艳丽的色彩，但从现存的画面状况来看，以石绿、石青为主的色调仍表现出典雅而灿烂的风格。从山峦、树木及建筑部分厚重的晕染及残存的细腻的线描来看，隋代在表现景物方面有了极大的进步。

从以上隋代洞窟故事画的情况来看，北周确定的长卷式构成形式到了隋代又有了新的发展，并在中原艺术的影响下取得了新的成果。经变画出现后迅速在各地流行，虽然它一度借用了故事画常用的长卷构成形式，但在中原绘画的影响下，隋代已形成了以佛说法场面或者以净土世界图为中心的图式，并在很多洞窟中流行起来，逐步取代了故事画在洞窟中的地位。至此，故事画的繁荣时代也就结束了，唐代以后的石窟中虽然也不断地出现故事画，但故事画在洞窟中的地位已不像北朝至隋代那样引人注目了。

第三节　对称构图的佛传故事

隋唐之际，洞窟形制与壁画布局产生了很大变化，中心柱窟减少了，方形覆斗顶殿堂窟成为这一时期洞窟的主要形式。在这样宽敞的洞窟里，除了正壁开龛塑像外，左右两侧壁大多绘制大型经变画或说法图，早期那种长卷式连环故事画显然已不能适应这种布局的需要。

这一时期出现了把佛传故事中的乘象入胎和逾城出家两个场面对称地画在佛龛外两侧或龛内顶部的形式。在佛传故事里，乘象入胎是指佛母摩耶夫人梦见一菩萨乘象而来，醒而有娠，后来便生下了悉达太子（释迦牟尼）。逾城出家（也称"夜半逾城"）讲的是悉达太子长大成人后，见到人间生老病死诸苦，思求解脱之道。在一个夜晚，他骑马逾城出走，后终于成佛。这两个情节，一个标志着佛的诞生（肉体的诞生），一个说明释迦的出家（走向成佛之路），是释迦牟尼一生中的两个关键时刻，因而很能概括佛传的内容。

　　在佛传故事中选取这两个情节单独绘出，莫高窟最早出现于北魏第431窟，绘于中心柱南向龛外两侧，但这种形式在北朝其他洞窟中再也没有出现过。到了隋代出现得较多，多绘于洞窟正壁龛两侧，逐渐形成定式，并延续到初唐时期。隋代共有4个洞窟绘制了这一内容，包括莫高窟第278窟、280窟、383窟、397窟；唐代共有7个洞窟绘出了这一题材，分别见于莫高窟第57窟、269窟、283窟、322窟、329窟、375窟、386窟。

　　如莫高窟第278窟的西壁佛龛外上部北侧画的是乘象入胎的情节，表现一菩萨乘着大象缓缓而行，后面跟随着二伎乐，分别演奏着箜篌和琵琶。在大象的长牙上站着两个小天人也在演奏乐器（图4-6）。南侧的逾城出家画面表现悉达太子骑着白马奔驰而去，四个小天人托着马足在云中奔跑，太子身上的飘带在天空中形成圆弧形，身后还有一些飞天跟随。飘带、彩云烘托出快速奔跑的动感，与北侧的舒缓气氛形成一种对比（图4-7）。

　　同样的内容在莫高窟第397窟是画在龛顶两侧的。北侧画乘象入胎图，南侧画逾城出家图。这两个画面都表现得充满动感，且人物众多，除了前后的伎乐外，还各有飞天或作为前导，或上下翻飞，配合彩云与鲜花乃至奔跑的动物，使画面显得丰富、气氛热烈。

　　初唐的佛传故事在部分洞窟中保持着隋代的格局。如莫高窟第375窟西壁龛北侧为乘象入胎图，画一菩萨乘六牙白象（颜色已变黑）正缓慢向前，身后有二伎乐正在演奏琵琶和箜篌，二飞天在上空散花供养。南侧相对画出骑马逾城的场面，悉达太子乘马跃起，有四个小人分别托着马足，正急速飞行，菩萨身后有一比丘低头合十，上部有二飞天手托莲蕾，上下飞舞。这两幅画主题鲜明突出，用色质朴单纯，稳健而不乏活泼，造型凝重、稚拙，保持了隋代风格。

图4-6 莫高窟第278
窟龛外上部
北侧 乘象入
胎（隋）

图4-7 莫高窟第278
窟龛外南侧
逾城出家（隋）

莫高窟第209、329窟等窟的佛传故事画则更多地体现出新的精神气度。第329窟的佛传构图较满，人物众多，刻画精致，具有华丽灿烂的装饰效果（图4-8）；而在第209窟的画面中，对骑马形象的轻盈和乘象的凝重等方面的刻画更生动且富于个性化。乘象入胎图与逾城出家图由于内容和形式上的密切关系，构成了不可分割的组画形式，具有很强的装饰性。

图4-8　莫高窟第329窟龛顶　乘象入胎与逾城出家（初唐）

对称式的组画是魏隋至唐代流行的形式，在敦煌、内地石窟以及出土壁画中多有出现。

酒泉丁家闸5号墓室顶部对称的东王公、西王母[1]，绘画时代为东晋，是较早的壁画装饰组画形式。在莫高窟西魏第249窟及北周、隋代洞窟中，也有东王公、西王母组画出现。北朝云冈、龙门、麦积山等处石窟中也常见对称画出或雕刻的组画，内容有维摩诘与文殊菩萨、佛传乘象入胎与逾城出家等。隋及初唐的莫高窟壁画中，也多有以维摩诘和文殊菩萨相对称的布局形式。

如果说早期故事画那种横卷式连环画形式代表了一定的地方风格的话，对称式组画的流行则标志着敦煌故事画艺术大量接受了中原影响，开始进入新的时代。

---

① 甘肃省博物馆：《酒泉、嘉峪关晋墓的发掘》，《文物》1979年第5期，第1-17页。

第四节　连环画的成熟

在唐代的敦煌石窟中，随着经变画的兴起，单独出现的故事画大大减少了。但即使是经变画，也需要描绘一些故事情节，通过一些生动感人的故事来说明佛教的思想，所以经变画中也常常会穿插佛教故事。但这类故事情节的画面，属于经变画中的局部，还不能算作独立的故事画。盛唐以后的一些经变画中，把故事性的内容单独表现出来，虽然仍是经变画的一个附属，但因其相对的独立性，我们把它归入故事画之列。观无量寿经变中的序品（也叫"未生怨"）故事就是较有代表性的。

观无量寿经变通常构图为：中间主要画面绘出极乐世界图，两侧以条幅的形式对称画出序品和十六观的内容。有的呈"凹"字形环绕构图，有的则将两侧内容移在下部。不论哪种形式，作为序品的未生怨故事都获得了一种独立的意义。

莫高窟第172窟、320窟等是较为典型的代表，这2个窟共有3幅未生怨故事画，表现形式基本一致。以第320窟北壁为例，从下到上大致描绘了6个情节（图4-9）：其一，森严的宫门有一门卫，身后架上插着五支长矛；其二，王子骑在马上，从人执缚国王；其三，王后探望国王；其四，守卒禀告阿阇世；其五，王子执王后举剑欲杀，旁二大臣进谏；其六，王后礼佛，佛从空中而降，为其说法。画家利用房屋建筑构成一个个独立的空间，把每个情节描绘在各自的空间环境中，与早期横卷式故事画相比，这里每一个情节画面的独立性加强了，几乎可以分出明晰的界限来。

对画面情节的选择与刻画，体现出更成熟的设想。如画面二，右侧为阿阇世骑在马上，左侧是随从抓住国王，国王正竭力挣扎，这矛盾冲突的瞬间，表现在画面上很富有戏剧性。又如王子执王后欲杀的场面，在第172窟南壁，选取了王子举剑欲斫王后，其惊恐奔逃这个时刻，右侧一班大臣拱手而立，正战战兢兢地苦谏，左右两侧一动一静，每个人的精神活动通过外在的动作表露无遗。这些富有表现力的画面，大大增强了故事画的感染力。

图4-9　莫高窟第320窟北壁
未生怨故事（盛唐）

从总体结构上看，画家也考虑到了画面的整体感，使每一个画面之间没有完全割裂。自下而上的一个个场面，仿佛是连成一片的院落。如莫高窟第172窟南壁未生怨故事画，自下而上看：第一场景是宫门；第二场景可看作是在宫门内，众人拥国王进一小门（似宫内侧门）；第三场景是后园式的小院；第四场景是院中露台，后又有一小殿。

如果把故事情节抛开，则其中的建筑完全可看作是宫内错落的庭院，莫高窟第148窟东壁的未生怨故事画中也具有这种特点。建筑画成了联系全画的纽带，通过画面的空间来展示时间的过程，这在北朝的故事画中已经形成规律，到了唐代则又赋予了其新的时代特色。

很多洞窟的情况表明，未生怨故事的画法虽有固定的格式，但画家们也并非都那样墨守成规，莫高窟第171窟就是独特的例子。此窟在东、南、北三壁绘制了三铺观无量寿经变，其中三组未生怨故事画可以看作是完全独立的连环画（图4-10）。画家明确地以粗线或花边在墙面上画出方格，然后在其中按顺序描绘故事情节，如北壁的未生怨故事共绘出32个画面。南壁东侧，共绘出16个画面：其一，调达唆使阿阇世篡权；其二，阿阇世指挥军士抓住国王；其三，国王被囚；其四，王后探监；其五，王后劝国王礼佛；其六，国王拜佛；其七，佛遣弟子目犍连降临；其八，目犍连为国王说法；其九，佛遣弟子富楼那为国王说法；其十，王子回宫，守卒禀报；其十一，王子欲弑王后；其十二，大臣劝谏；其十三，阿阇世悔过；其十四，王后被释；其十五，国王王后礼拜；其十六，佛为国王与王后说"十六观"。

由于画面分成了许多各不相干的方格，每一方格内的画面都不影响其他，这是壁画中第一次完全强调局部情节的独立性，构成了现代意义上的连环画艺术形式。由于画面之间关系完全分开，在表现同一环境中发生的事情时，画家就可以重复表现同样的背景，如房屋、山水、树木等，以强调其连续性。这在长卷式故事画中则往往是要有意避免的，如在莫高窟第172窟中，人物总是从一个环境走向另一个环境，以空间的延伸来表明故事中时间的延续，同时，无论怎样，它都是首尾完整统一的画面。

但在莫高窟第171窟故事画中（图4-10），分割的小方格明确标示出其时间片段的意义，环境除了对特定情节有意义，不再负有时间发展的意义，每个情节更为真实明确；而画面之间的关联性也被充分重视，每个画面与下一个画面之间总有一些相关的特征，使你看出其内在连续性。

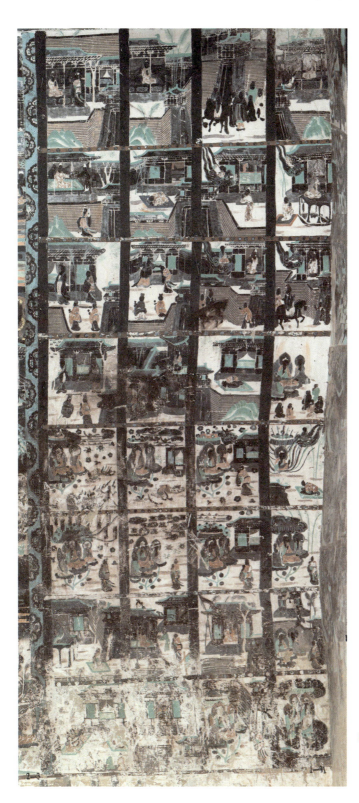

图4-10　莫高窟第171
窟北壁　未生
怨故事（盛唐）

如第1幅画面透过城楼可见宫中调达与阿阇世王子谈话；第2幅画面在相同的城门下，国王被执；第3幅、4幅画面也画出同样或相似的宫门。这些都暗示了故事始终发生在宫中，也自然提示了故事发展的线索。又如第9幅、10幅画面的环境和人物位置不变，但人物动作有细微变化，连贯性更强；第11幅、12幅、13幅画面表现的都是同一场景，或取远景，或用近景，由远及近，一方面交代了故事的特殊环境，一方面展现出情节的发展，充分发挥了连环画艺术的特长。

以上这些特点，在今天已成为连环画艺术最基本的要素，然而，它们却出现在一千多年前的石窟壁画中。莫高窟第171窟壁画未生怨故事画标志着中国连环画艺术的成熟，也是佛教故事画发展的新高度。

绘画与讲故事，一个是空间的艺术，一个是时间的艺术，以绘画表现故事似乎是用非所长。但自古以来出于政治、宗教等目的，常常需要用绘画来描绘故事，其间，艺术家们进行了艰苦的探索，北朝时期从单幅画发展到长卷式画面，已产生了连环画的雏形，但长卷画往往要照顾到全画的结构，还不能详尽地交代故事情节，直到盛唐产生的连环画，才为故事画的表现找到了最理想的形式。连环画具有构图灵活、叙事详尽、刻画细腻、连续性强等特点。在莫高窟，除了盛唐第171窟的3组连环画外，第66窟也有1组。

虽然连环画是表现故事最理想的形式，但在敦煌壁画中并未得到普及，除了少数洞窟外，再没有洞窟采用这一形式。看来，洞窟壁画的总体装饰决定着各种内容的表现形式，那种把壁画划分成若干小方格的形式，使画面显得过分支离破碎，显然与强调整体效果、构图宏大的唐代壁画不太协调。此后，连环画便开始在一些手卷或册页中流行起来，敦煌遗书中一些唐五代或宋代的观音经插图、十王经插图等内容便是例证①。

第五节　全景构成的故事画

全景式构图，指整个画面表现的是一个较大型而完整的场景，人物在这一

---

① 敦煌遗书S.3961号绘有《十王经变》，共绘12个画面。S.5642号为《观音经》，上图下文，共绘19幅图。S.6883号《观音经》共绘有75幅图。此外，敦煌遗书中类似的佛经插图还有很多种。

个场景中的不同位置活动。初唐时期，画家已经尝试采用全景式画面来反映故事内容，如莫高窟第431窟北壁的未生怨故事画，这是个横长卷画面，画家以一个完整的宫廷建筑容纳了全部故事情节，宫墙内可见一座座庭院、房屋，其中的人物或聚或散，构成一定的情节。

不过，不熟悉内容的观众是不容易从中看出故事情节发展的。这幅画的整体感远远超过其叙事性，尽管它的表现不太成熟，却反映了全景式构图的思想。这种设计思想同时也在一些大型叙事性经变画中得到运用，如莫高窟第332窟的涅槃经变、第335窟的维摩诘经变等，从而成为经变画构图的一个重要方面。

而在故事画中，莫高窟第323窟南、北壁的佛教史迹画是较为成功的表现。第323窟建于初、盛唐之际，在南北两壁的主要壁面上共绘制了8幅佛教史迹画①。这些故事并列绘于横长的画面上，既不是横卷式连环画，也不是单幅画的并列，而是以大型的山水建筑景色作为构图的基础，各个故事穿插其间，形成自然的平衡。

画家以绵延不断的青绿山水作为背景，利用山峦自然形态，隔出一个个空间来展开故事情节。由于青绿山水技法的成熟，这里不像早期那种装饰性山峦，仅仅起到分隔画面和象征性背景的作用，而画家是利用山水透视构成一个巨大的空间环境。在整体布局上，山水决定着画面的均衡与变化，并且与人物巧妙结合起来，极大地增强了故事画的表现力和感染力。

南壁石佛浮江故事（图4-11），共有3个情节，从右上角开始：其一，远处江面有二石佛，岸边可见僧俗七八人注目礼拜；旁有榜题："此西晋时有二石佛浮游吴松江②，波涛弥盛，飘飘逆水而降，舟人接得，其佛裙上有名号，第一维卫佛，第二迦叶佛，其像见在吴郡供养。"其二，绘巫祝三人在岸边扬幡设醮，后边有二人正在讲话，下有题记："石佛浮江，天下希瑞，请□□□谓□道来降，章醮迎之，数旬不获而归。"其三，绘一小船载二佛，船上有比丘二人、扶持佛像者二人、船工二人。岸上有比丘跪拜，僧俗多人从远处赶向

---

① 佛教史迹画有称为"佛教感应故事画"或"佛教感通画"的，也有称为"佛教东传故事画"的。参见马世长：《莫高窟第323窟佛教感应故事画》，《敦煌研究》试刊第1期，1981年，第80-98页；孙修身：《莫高窟佛教史迹画介绍》（三）、（四）、（六），《敦煌研究》试刊第2期，创刊号，1986年第2期，第98-110页。本书则采用《敦煌莫高窟内容总录》"佛教史迹画"的名称。

② 现应为"吴淞江"。

岸边。题记："灵应所之不在人事，有信佛法者以为佛降，风波遂静，迎向通玄寺供养，迄至于今。"

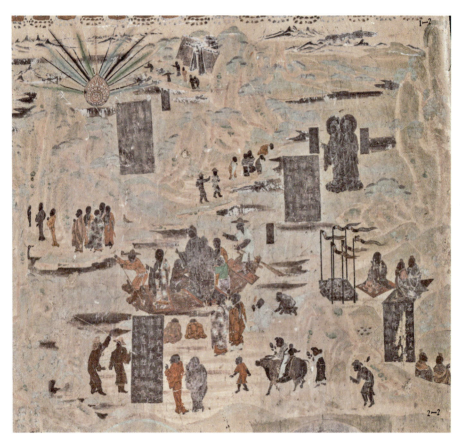

图4-11　莫高窟第323窟南壁　石佛浮江故事（初唐）

这个故事利用山水分出这几个情节，由远及近，推向高潮，曲折的河流把远景、中景、近景联系起来，画家着重刻画了故事的高潮——迎佛的场面，以佛为中心，周围的人们不约而同地向佛走去，这样，就把四周疏疏落落的人统一了起来，构图在统一中又有变化，不同的人物表现出不同的个性，如步履蹒跚、拄杖而行的老妪，天真稚气的小孩等，这些形象都显得细腻生动。

又如北壁西侧张骞出使西域故事画，以"U"形顺序从右至左发展。其一，汉武帝在甘泉宫拜佛；其二，汉武帝遣张骞出使西域；其三，张骞与随员在途中；其四，张骞到达大夏国。画家把张骞与汉武帝辞别这一情节作为重点，放在下部近景中，右边是汉武帝及大臣们，张骞持笏跪拜于左侧，身后是随从二人及马匹、行李等物。左侧表现张骞一行数人正在艰苦跋涉，愈往远去，人物形体愈小，体现出辽远的空间感。从右及左，画面的空间与故事情节的延续感结合起来。

莫高窟第323窟故事画的成功，在于画家在通壁大画面上处理了较多的故事，使其各具特色，又相互均衡、统一。南壁画面中共有三个故事，画家用两组山脉将壁面分为三段。右边一组山脉大体呈"C"形，把石佛浮江故事环抱起来；左侧山脉呈"之"字形走向，两侧分出隋文帝请昙延法师祈雨故事和杨都西灵寺瑞像故事。通壁看来，这是一幅大型的山水人物画，山脉之间自然相连，有分有合，布局聚散合理，轻重协调，体现出高超的设计水平。

而在唐代，像莫高窟第323窟这样通壁绘制的故事画形式再也没有出现过，仅在五代莫高窟第72窟可以看到一例全景式构图的佛教史迹画。第72窟南壁画的是刘萨诃灵异故事，以佛说法场面为中心，两侧分别穿插凉州御容山现佛像，以及佛头安上又落下的画面，表现"天下太平则佛像全，天下将乱则佛头落"的预言，可惜画面的下部残毁严重。这个故事大体借鉴了经变画中轴对称的画法，与第323窟的佛教史迹画不同。

在晚唐五代的一些洞窟中，出现了在一个画面中表现众多的佛教史迹故事的情况。如晚唐莫高窟第9窟、五代莫高窟第98窟、宋代莫高窟第454窟等窟都在通道顶部画出佛教史迹故事画，画面综合了多个故事，如释迦救商主、毗沙门天王决海、于阗牛头山等。

榆林窟第33窟则是把这些故事画在南壁（图4-12），画面中央以张开大口的牛头形象表示牛头山，位于画面中央的佛寺中有迦叶佛及胁侍菩萨，山上立佛则为释迦牟尼，画面的右侧有高高的佛塔和城池建筑，左侧分别画出释迦救商主故事、毗沙门天王与舍利弗决海故事等。显然，这幅画还是借用了经变画中的轴对称构图，主要表现的内容不是来自佛经，而是来自于阗一带的传说故事。五代莫高窟第61窟还绘出了五台山图，从主题上说，也属于佛教史迹画，但五台山图总的来说没有太多的故事性描绘，作为山水画的意义更大，这一点，将在后面章节详述。

图4-12　榆林窟第33窟南壁 佛教史迹画（五代）

第六节　屏风画构图

唐代后期，经变画的结构产生了很大的变化。上部绘极乐世界图，下部由几幅屏风表现其中的故事和相关内容。如莫高窟第159窟南壁共绘制三铺经变，下有九幅屏风画，弥勒经变下部为该经的嫁娶等内容。观无量寿经变下部屏风绘制十六观、未生怨的内容（图4-13）。法华经变下部绘制随喜功德品、观音普门品等内容。

屏风画虽然附属于相应的经变画，但由于与净土世界的画面分隔开来，就具有了相对独立性，而且也有很多屏风画与经变无关，为独立的故事画。如晚唐莫高窟第9窟中心柱东向龛内西壁屏风画分别绘有萨埵本生和闻偈施身故事，北壁三幅屏风画为须达拿本生故事。其中，须达拿本生较有代表性。

第一幅屏风画自上而下绘出以下情节：其一，须达拿被驱出城；其二，须达拿携妻子出走；其三，遇人乞马，须达拿将马施人；其四，须达拿推车而行；其五，遇人乞车，须达拿将车施人；其六，须达拿一家步行前进。

第二幅屏风画自下而上绘出以下情节：其七，须达拿一家迤逦前行；其八，山中结庐而居；其九，婆罗门求施二小儿。

第三幅屏风画自上而下绘出以下情节：其十，须达拿夫人痛哭；其十一，婆罗门驱二小儿行走；其十二，二小儿随婆罗门前行，路见行人；其十三，婆罗门入城。

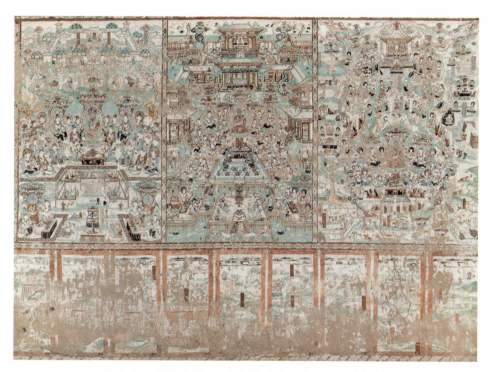

图4-13　莫高窟第159窟南壁 经变画与屏风画（中唐）

从这个故事可以看出，屏风画仍然具有连环画性质，只不过没有明确的顺序，观众可以根据画中的榜题文字来辨别故事情节及发展顺序。几幅屏风相连接时，情节先自上而下，再自下而上，自然衔接，便于观览。每一幅屏风画中又形成一个完整的画面，以山水为主体，穿插人物故事。

屏风画具有外在形式整齐、规范，情节布局灵活、方便、容量大等特点，在中晚唐洞窟中成为最流行的故事画形式。中唐莫高窟第231窟、237窟、238窟，晚唐莫高窟第9窟、85窟等窟的屏风故事画都是优秀之作。

许多屏风画表明，画家似乎在努力使每一幅屏风画具有独立的观赏意义，因而其叙事性有所减弱。如莫高窟第238窟龛内西壁由三幅屏风画构成（图4-14），南侧第一幅屏风画，画的是善事太子入海求宝故事中的三个情节，画面上大体分为三段：上部内容不详，中部绘恶友刺伤善友眼睛，下部绘牛王将善友眼中毒刺舐出。画面利用山水衬托分出远景、中景、近景，分别表现三个情节，近景处描绘细腻，成为画中的重点，若抛开其故事内容，则是一幅富有意境的山水人物画。更多的屏风画则过分注重图解故事内容，一扇屏风包含许多情节，榜题也较多，使画面过于繁琐、散乱，艺术性不高。

图4-14　莫高窟第238窟龛内西壁　屏风画（中唐）

　　值得一提的是，由于故事内容增多，为了使观众清楚地了解画面中故事的来龙去脉，榜题文字起到了越来越重要的作用。早期故事画中，榜题寥寥数字，仅作为画面内容的提示，而唐代后期的故事画中，往往一则榜题就有数十字，描写其画面内容，有的还有一定的文学色彩。文学与绘画结合起来，榜题补充了画面的不足，形成图文并茂、相得益彰的局面。这一点，在后来的连环画中得以广泛运用。绘画榜题的文学化，最终完善了故事画的艺术形式。

　　屏风故事画在唐代后期盛行，直到五代、北宋时期，仍然是故事画的主要表现形式，并产生了如莫高窟第61窟的佛传故事、第98窟的贤愚经故事等规模较大的作品。唐代后期，洞窟的布局出现了一些变化，正面的敞口龛改成了方形帐形龛，龛内画出屏风画；或窟内不开龛，在中央设中心佛坛窟，四壁下部均有屏风画。这些都模仿了世俗生活中屏风在屋内的设置状况。

屏风画的迅速发展，说明了佛教艺术不断世俗化。对于故事画来说，要刻画细致而又不影响全窟壁画的统一布局，屏风画较其他形式更为合适。在屏风画开始流行之时，画家也往往在屏风里绘制菩萨或树木等内容，但只有故事画才使屏风画显得丰富多彩，摆脱了那种外在单调的形式。所以不仅仅是故事画需要屏风画的形式，从某种意义上说，也是屏风画选择了佛教故事这一题材。

不论是印度、中亚，还是中国的佛教艺术，故事画一直是一项重要的内容，但在敦煌壁画中，故事画体现了中国式佛教艺术的表现方法，不仅在于构图形式的变化，而且在于故事画中对人物的塑造、景物的表现都达到了较高水平。中国画注重线描，早在南北朝时期，谢赫在绘画六法中就提出了"骨法用笔"的标准，这一点在以后的一千多年中一直受到画家的重视，在唐代敦煌壁画中，也可以看出画家们对笔法掌握的娴熟程度，有时为了突出笔法，画家甚至削弱了色彩的功用。

在莫高窟第45窟北壁的故事画中，画家还通过不同颜色的线条来表现不同的质感，如韦提希夫人的上衣是以浅赭色线描来表现柔软的衣料，而下裙则用墨线画出，使人感到质地有软硬的差别。在莫高窟第323窟的佛教史迹故事画中，同样可以看出画家对线描的把握。如北壁张骞出使西域图中，人物皆以明晰的墨线表现体态和衣纹，而张骞身后的几匹马，轮廓线很淡，几乎与颜色融为一体，这样便很好地表现了马的质感，同时在画面中也区分了主次，起到协调的作用。

唐代壁画中，色彩异常丰富而绚烂，反映了画家们驾驭色彩的能力，但在故事画中，画家并不滥用颜色，而总是遵循着和谐统一的原则，服从全窟壁画的需要。如莫高窟第323窟的佛教史迹故事画中，在大幅青绿山水的背景中，人物衣饰多采用赭红、朱砂等颜色染出，具有明朗、绚丽的效果，又与壁画上部排列整齐，以红色为主的千佛，与下部身躯高大、棕红色躯体、着青绿色裙襦的菩萨相互协调，构成了色彩上的均衡。

莫高窟第171窟的未生怨故事画，以冷色的石青、石绿为主调，与壁面中间净土图的热烈、绚丽形成对比，具有典雅、明净、和谐的风格。此外，在莫高窟第45窟、172窟、320窟等窟的故事画中，也可以看出画家对装饰色彩的成功表现。中晚唐的屏风画中，用色日渐单调，以石绿为主，配以浅赭色，人物线描也多用土红或赭石色，逸笔草草，偶有佳作。如莫高窟第238窟龛内屏风画善事太子入海求宝的故事，石绿与赭石色配合表现的山水景致以及赭红色晕染的牛王形象都比较成功。

第五章 | 经变画艺术

据《敦煌学大辞典》，"经变"有广义与狭义两种解释，"就广义而言，凡依据佛经绘制之画，皆可称之为'变'，然今之'经变'，既有别于本生故事、因缘故事、佛传故事，又有别于单身尊像，专指将某一部乃至几部有关佛经之主要内容组织成首尾完整、主次分明的大画"①。这一结论概括了经变画的主要特点，但对于经变的表现形式还是没有具体规定。

从绘画艺术方面看，经变的意义更重要的是在表现形式上有着与别的佛教绘画类型完全不同的特征，而这一点正标志着具有中国特色的佛教美术的形成。在印度、中亚一带，虽然也有不少雕刻或绘画作品是根据某部佛经表现出的具有相对完整故事性的画面，如克孜尔石窟以及敦煌早期的本生、佛传等故事画，也往往依据某一部佛经来绘制，但通常我们都不把这些画称作"经变"。

经变的"变"这一概念，大约与佛教的流行有关，"变"有转变的意思，可以理解为对深奥的佛教内容通俗化的意思。所以唐代也有变文，就是对佛经内容的通俗讲解，而绘画则称为"变相"，也就是经变。最初，对一些佛经故事画也称"变"，如《法显传》中记载有"睒子变"，说明那个时候已经有了"变"的概念；南北朝时期，人们把一些故事画也称为"变"；隋唐以后，"经变"一词的内涵逐步明确。

《历代名画记》卷六，记载了南朝宋代画家袁倩"又《维摩诘变》一卷，

---

① 季羡林主编《敦煌学大辞典》"经变画"条，上海辞书出版社，1998。

百有余事"一事。能把维摩诘经变画出一百多个情节来，实在是经变画的巨制了。在敦煌壁画中，即使是唐代的维摩变，也没有这样多的内容。从《历代名画记》等书中，我们可以看到，唐人对于经变与其他佛教绘画是有区别的。如卷五记顾恺之于建康瓦官寺"画维摩诘一躯"一事，这里没有说维摩变，说明仅画了一身像。此外，在关于两京寺观画壁的记载中，既有画维摩变的，也有画维摩诘的，表明作者是把经变与其他内容区别开来的。

据最新研究，敦煌壁画中共有33种经变画①，其中较为流行的主要有观无量寿经变、药师经变、弥勒经变、维摩诘经变、法华经变、涅槃经变等。从敦煌壁画大量的经变画中，我们可以总结出经变画作为一种佛教绘画的类型，其表现特点在于：以净土世界为中心，或以佛经中所记载的主要人物的活动为中心，具体描绘该佛经主要内容，形成人物众多、场面（空间）宏大、构图统一的绘画或雕刻作品。

从敦煌石窟一千多年间壁画中的经变画发展情况来看，经变在隋唐以后就形成了一种有别于其他绘画种类的固定结构，它综合地表现出某一部佛经的主题思想。因此，画家不局限于佛经中某一具体人物或故事场景，往往会选取佛经中最主要的内容，如佛说法的场景或者以某一具有代表性的场景来作为经变的基本环境表现，再把经中讲述的相关内容穿插在其中，形成一个以佛说法为中心（或以某一重要活动场面为中心）的宏大场面，把人物（佛、菩萨、俗人）与景物（殿堂建筑、山水风景）结合起来表现一个可感的场面。

特别是以净土变为代表的经变画，用人们熟悉的山水风景、殿堂建筑等景物加以美化来表现佛国世界，并把佛、菩萨、天人等佛国世界的神表现得如同普通人一样，只不过他们的衣着更加华丽，相貌更加美丽，举止更加高雅。总之，经变画是在视觉上创造了一个近乎真实，却又是理想的佛国世界，它反映了中国人对佛教思想的理解，反映了中国艺术家对佛教内容的艺术创造。

经变画的特点取决于两大因素：一个是利用空间表现的技法来进行整体的构图，使画面统一，空间宏大而完整；另一个是在山水树木分隔出的小空间里表现很多具体的故事画面，使经变的内容丰富多彩。

敦煌壁画中的经变画在表现形式上大体可分为两类：一类是以经中所记载的主要人物活动来展开故事的构成，维摩诘经变、涅槃经变以及劳度叉斗圣变

---

① 施萍亭：《敦煌经变画略论》，载敦煌研究院编《敦煌研究文集 敦煌石窟经变篇》，甘肃民族出版社，2000。

等均属于这一类型；另一类是完全以佛国净土世界为中心的构成，弥勒经变、法华经变、阿弥陀经变、药师经变等都属于这个类型。

经变画的形成，与佛教在中国传播、发展密切相关。佛教初传中国时，为了宣传的需要，往往会选取经典中的一些片段，尤其是选取那些具有很强的故事性、趣味性的内容来讲解，以便听众容易理解，产生共鸣，从而赢得更多的信众。经过魏晋南北朝的发展，佛教在中国已经有了广泛的基础，有上自帝王下至普通百姓的大量信众，而普通信众对佛教思想的了解也已经比较深入。

在这样的情况下，常见的佛经故事画已经不能满足寺院宣传以及信众欣赏的需要。于是，较完整地反映某一部佛经思想，以较大场面表现佛国净土世界的经变画就应运而生。从佛教信众的需要来说，当时的信众们出于对佛国世界的向往，十分渴望能一睹净土世界的风采。这样的社会需求，必然促使艺术家们发挥想象，努力表现出一个理想的佛国世界。经变画恰恰反映了中国的艺术家按中国式的审美思想和艺术手法来表现的佛国世界。

第一节　叙事性经变画

我们把那些主题带有故事性，画面的主体也是以展示其故事情节为主的经变称为"叙事性经变画"，主要包括涅槃经变、维摩诘经变、劳度叉斗圣变等。这一类经变画在一定程度上继承了北朝以来故事画的传统，按一定的发展顺序表现了经变主题，以连续的画面来图解经典的内容；但又不像早期的长卷式连环画那样构图单一，而是注重全画面的构成，以大型的山水、建筑等景物来构建全图，在景物中安排每一个场面。莫高窟第332窟南壁、第148窟西壁的涅槃经变，第332窟北壁、第335窟北壁以及第220窟东壁的维摩诘经变，第9窟、196窟的劳度叉斗圣变等都是代表性的作品。

一、涅槃经变

涅槃经变是大乘佛教的重要题材，唐代十分流行。表现涅槃主题的涅槃图，在北周莫高窟第428窟已经出现了。隋代莫高窟第295窟的涅槃图也与之大体一致，其形式受到犍陀罗艺术的影响，表现释迦牟尼横躺在树林前，众弟子环绕其周围。在犍陀罗一些佛塔周围，往往以连续的画面雕刻出佛的

"四相"或"八相",即佛传故事中的四个或者八个重要场面,其中就包括涅槃图。

涅槃图的形式传入中国后,从北魏以来的很多造像碑中都可以看到,炳灵寺石窟、响堂山石窟等石窟中都有类似的表现。敦煌北周和隋代壁画中的涅槃图,虽然也称为"涅槃变",但画面较单一,与后来的经变不同。初唐莫高窟第332窟、盛唐莫高窟第148窟、中唐莫高窟第158窟等都塑出了大型的涅槃像,然后在相关的壁面画出经变内容,是涅槃经变的典范之作。

初唐第332窟是一个中心柱窟,在主室的后壁凿龛,塑出涅槃佛像,在南壁画出了高3.7米、宽6.08米的涅槃经变(图5-1)。在中心柱后壁凿龛造涅槃像的习惯源自西域,在克孜尔石窟中较为常见,不过,大型叙事性的涅槃经变则是西域诸窟所不见的。这铺涅槃经变的构成是按时间顺序来描绘故事情节的,从画面下部右侧开始,由右向左,然后转向画面上部由左向右,共描绘了8个情节,大体描绘了释迦牟尼入般涅槃至八王均分舍利的过程。这样按时间顺序,以连续性画面来表现故事的方式,使人们想起北朝后期的故事画表现形式。但在这里,横长条状的画卷形式已经消失,用于把画面分隔成带状的横向隔离线没有了,情节与情节之间以山水背景来分隔,整体看来,仿佛是一幅巨型山水人物画,而在其中又通过人物的走向及山水的聚散来反映故事的发展脉络,山水风景在画面中起着不可缺少的作用。然而,山水不仅仅是背景,在风景中还体现出一种宏大、壮阔的空间氛围。

盛唐第148窟,涅槃经变发展到了一个更为完美的境地,该窟正面为横长的佛坛,坛上塑出长达14.4米的涅槃佛像,涅槃经变就在佛像的后面展开,由南壁西侧经西壁由南到北,然后在北壁西侧结束。这铺经变通过10组画面详细描绘了涅槃经变的主要情节。场面有起有落、有疾有徐,把空间的推移与时间的发展联系起来,又突出重点,在丰富的景物变换中,山水、树木、城郭、宫殿、宅院等,各尽其宜,与故事的发展融为一体,仿佛一部交响曲,给人以无限丰富的感受。

中唐第158窟也是一个涅槃窟,佛床上塑出长达16米的卧佛,环绕卧佛的南、西、北壁则绘出大型涅槃经变(图5-2)。这铺涅槃经变与前述诸窟不同,没有按时间顺序来叙述佛涅槃后的一系列故事,而是集中表现佛涅槃时众弟子以及世俗人物悲伤的情景。南壁表现众弟子举哀,大弟子迦叶双手上举,悲痛欲绝,其神态夸张却具有强烈的感染力,阿难则与之相对,做闭目抽泣状,双腿跪地,右手在耳旁,仿佛还在聆听佛的教诲。

图5-1　莫高窟第332窟南壁 涅槃经变（初唐） 线描图

图5-2　莫高窟第158窟南壁 涅槃经变中的弟子举哀图（中唐）

从南壁到西壁还有众多的菩萨和弟子形象，前面的弟子们充满悲伤，而在后面则是表情静穆的菩萨像，表现出菩萨与弟子们对涅槃认识的不同。北壁表现的是世俗人物举哀的情景，其中画出汉族帝王悲伤痛哭的样子，两侧有侍女相扶，而旁边则是不同装束、不同肤色的少数民族或外国人物，均露出强烈的悲痛之情，有的握剑刺胸，有的用刀割耳或持匕首刺胸，这与历史记载的中亚一些民族在失去亲人之时表现出的悲痛状况相同。

这铺经变画集中表现出佛涅槃之际佛弟子及世俗人物举哀的情景，富有创意，人物高度均超过 2 米，表情与动作较为夸张，具有强烈的视觉冲击力。

二、维摩诘经变

维摩诘经变是佛教壁画中出现较早的主题，其主要内容是维摩诘与文殊菩萨的对谈。

十六国时代，炳灵寺石窟第169窟的壁画中已出现了维摩诘像。北朝以来，云冈石窟和龙门石窟也有较多的维摩诘与文殊菩萨对谈的雕刻。隋代的敦煌石窟中出现了在佛龛两侧对称表现维摩诘与文殊菩萨的情况，如莫高窟第420窟佛龛两侧、第276窟佛龛两侧等，正是北朝以来的传统表现形式。唐代以后，维摩诘经变的内容变得十分丰富了，维摩诘与文殊菩萨周围描绘了众多人物，特别是描绘了各族国王、王子及大臣的形象，反映了当时中国社会的一个侧面。

莫高窟第220窟建于唐贞观十六年（642年）。其中的维摩诘经变绘于东壁门两侧，南侧画维摩诘坐于方形帐中，手持麈尾，面向对面的文殊菩萨，目光炯炯有神（图5-3）。维摩诘下部有各国、各族王子听法，北侧的文殊菩萨神情恬淡，手持如意坐于高座上。身后有侍从天人，下部有中国帝王及大臣听法。这铺经变人物众多，描绘细腻，最引人注目的是文殊菩萨下部的帝王图，与传为阎立本的《历代帝王图》有很多相似之处，而维摩诘下部的各国王子形象也极有个性，表现出不同民族、不同肤色人物的特点。

与这铺经变相似的还有盛唐莫高窟第103窟的维摩诘经变，同样是绘于东壁门两侧。而维摩诘像及文殊菩萨像等都以劲健有力的线描表现出人物的神采，色彩较少，人物神态焕然，令人想到吴道子的画风，呈现出所谓"笔才一二而象已应焉"的特点。

图5-3 莫高窟第220窟东壁门南 维摩诘像（初唐）

莫高窟第332窟、335窟的维摩诘经变画于窟内的北壁，墙壁没有分成两部分，但画面仍按对称的布局表现，其中的维摩诘与文殊菩萨以及这两位主人公周围的人物依然是以两组群像对称画出的形式。五代以后，维摩诘经变也常有一面壁描绘的，而且常在画面的中央表现建筑物，这大约是受到净土图式经变画的影响。

唐前期的维摩诘经变大体是突出主要人物，维摩诘与文殊菩萨的形象都画得较大，如莫高窟第103窟则人物较少，但描绘得十分出色，给人留下深刻印象。中唐以后，维摩诘经变表现的内容大大增加，画面写实性也在加强。如莫高窟第159窟东壁南侧，在维摩诘的帐外，画出的高大城墙及城楼，这是表现维摩诘所居的毗奈耶城。画面上部又表现佛国品中的佛国世界，其中有狮子座从天空飞来，表现维摩诘使神力，请东方须弥灯王佛送来三万二千狮子座，供前来听法的菩萨等众入座。东壁北侧文殊菩萨一侧也同样，在画面中增加了许多内容。这样一来，人物形象就画得小了，主要人物也不像唐前期经变画中那样突出了。这个洞窟壁画中，维摩诘一侧出现了吐蕃赞普的形象。唐前期的习惯，在文殊菩萨的下部绘中国的帝王及大臣，在维摩诘的下部画各国、各族王子听法图。而在此窟，表现各国王子的场面中，吐蕃赞普及众多侍从人员作为各国王子的先导而绘出，形成了与汉族帝王分庭抗礼的格局。

同样的表现方法，在莫高窟第231窟、236窟、237窟等中唐洞窟的维摩诘经变中都可以看到，可以说是中唐时期维摩诘经变的一个标志。到晚唐吐蕃统治被推翻之后，吐蕃赞普的形象不再出现于洞窟；而中唐以后，维摩诘经变形成了人物众多、场面宏大的样式，一直影响着晚唐、五代及宋代同类题材的表现。

三、劳度叉斗圣变

晚唐以后流行的劳度叉斗圣变，与别的经变不同，不是根据经典原意来绘制的，而是按照变文来画的。变文本来源于讲经文的底本，是把佛经内容加以演绎讲说的，比起佛经来，增加了很多想象补充的成分，类似小说。劳度叉斗圣变内容虽然可从《贤愚经》等经典中找到一些相关内容，但与敦煌藏经洞出土的《降魔变文》比较，却与壁画内容完全相符，说明这一壁画主题就是直接取材于变文。劳度叉斗圣变的内容，源于舍卫国大臣须达为了请佛说法，想建造一座精舍，因精舍的选址受到外道劳度叉的阻挠，于是引起了佛弟子舍利弗与劳度叉斗法，最后舍利弗斗法胜利，外道皈依，建成精舍。这一内容在晚唐莫高窟第9窟、196窟等窟中都以通壁进行了绘制，敦煌壁画中称为"劳度叉斗圣变"。

第196窟西壁的劳度叉斗圣变长达9.5米，构图主要为佛弟子舍利弗与劳度叉相对峙的场面（图5-4）。左侧舍利弗坐于高高的莲台上，身后有两株菩提树，形如背屏，旁有佛弟子及诸天人。右侧是外道劳度叉，其坐在一个方形台上，台的四角支起杆子，搭成一个帐篷状。众外道站在这一侧。中央画出斗法的一些细节，如：其一，劳度叉化出一座山，舍利弗化金刚将山击碎；其二，劳度叉化出水牛，舍利弗化狮子噉食，劳度叉化一宝池，舍利弗则化大象吸干池水；其三，劳度叉化一毒龙，舍利弗化金翅鸟啄之；其四，劳度叉化一黄头鬼，舍利弗化毗沙门天王捉鬼；其五，劳度叉化出大树，舍利弗化大风，将树连根拔起。值得指出的是，画家将这凌厉的风势表现为全画面的一个趋向，表现劳度叉的宝座在大风中摇摇欲坠，外道们不得不搭着梯子努力支撑；而众魔女也被吹得衣襟飞舞、花容失色；画面下部还表现外道们皈依后剃度、洗浴等场面。总之，在巨幅画面中，以对称式构图分布故事情节，以大风劲吹的情节使画面形成统一趋向，表现佛家与外道斗法，严肃中又不乏轻松与诙谐。

晚唐以后的洞窟中大量出现劳度叉斗圣变画面，表达了晚唐的敦煌人民推翻吐蕃统治、重新归附唐代的胜利喜悦之情。这种不严格按佛教经典，而依据当时俗讲变文之类的内容所绘壁画，也反映了佛教绘画进一步世俗化的进程。

图5-4　莫高窟第196窟西壁　劳度叉斗圣变（晚唐）

第二节　净土图式经变画

　　佛教艺术最初以表现佛像、佛教故事为主。在印度早期的佛教故事雕刻或绘画中，均以人物为主，很少表现人物所在的环境。因此，从这些佛像与佛教故事画面中，无法得知所谓佛国世界是怎样的。在犍陀罗雕刻中，可以看到有的雕刻表现出了莲池、水鸟的场景。如白沙瓦博物馆藏有一件被称为"大神变"的雕刻：下部表现净水池，有莲花及水鸟；中央是佛作说法相，周围有众多菩萨，以及菩萨所居的房屋建筑。但这样的表现与中国式的经变画仍有很大差距。

　　在南北朝后期，一些石窟或造像碑中，艺术家为佛的说法设计了一个中国式的场景：中国式的楼阁殿堂、中国式的山水风景。佛和菩萨正是在这样一个有着华丽殿堂、风景优美的环境中说法。在响堂山第1窟的雕刻中，在麦积山第127窟的壁画中，都可看到这样的场景。唐代以后，表现净土世界的手法迅速发展成熟，形成了中国人理想的极乐世界。比起注重思辨的印度人，中国人更注重这种视觉上的空间环境。敦煌在隋代以后出现经变画，唐代以后，越来越多的经变画是以净土世界为中心来表现，除了"净土三经"之外，弥勒经变、药师经变、法华经变、华严经变、天请问经变、报恩经变等都采用了以净土图为中心，把相关故事穿插其间来表现的形式。

一、以水池和楼台表现的净土世界

　　《佛说阿弥陀经》《无量寿佛经》和《观无量寿经》被称为"净土三经"，是净土宗修习的主要经典。以这三部经典为主题的阿弥陀经变、无量寿经变和观无量寿经变通称"西方净土变"①。这三种经变的主体构成基本一致，即中央描绘佛说法场面，通过雄伟的宫殿建筑来表现天宫的华美。无量寿经变和观无量寿经变中还绘出净水池及化生。观无量寿经变较为特别，一般都要在净土图的两侧以条幅的形式描绘序分（未生怨故事）及十六观想的内容。这一形式又被东方药师经变所借鉴，在药师经变的两侧也以条幅的形式表现"九横死"和"十二大愿"的内容。在唐代后期到五代、宋代，像金光明经变、报恩经变等有时也采用这种三联式的表现手法。

---

　　① 净土经变中，无量寿经变以前未有论及，施萍亭在《敦煌石窟全集·阿弥陀经画卷》中首次将无量寿经变从以前被认为是阿弥陀经变中找了出来。由此，与"净土三经"同样，西方净土经变也存在三种经变，即阿弥陀经变、无量寿经变和观无量寿经变。

在中原地区的石窟或寺院中，南北朝时期已出现了净土变的形式。成都出土的梁代浮雕法华经变和弥勒经变，可以说较完整地表现出理想中的佛国世界。如法华经变中，表现佛在灵鹫山说法，两侧以殿堂的形式表现天宫的景象，而在近景处表现水池，池中有莲花和化生。或以为净水池与化生皆非法华经变的内容，画面中既然出现了净水池与化生，则主题当为西方净土世界，而非法华经所说的释迦牟尼于灵鹫山说法的场景。

笔者认为，最初开始表现佛国世界时，恐怕并没有分得如此清楚，艺术家仅仅想以此来表现佛所在的世界，以净水表现其清净，以莲花化生表现进入佛国世界的境界，以楼阁殿堂表现天宫，还没有像唐代以后经变画那样有详细可辨的特征。

麦积山石窟第127窟的净土变壁画和北齐时代响堂山的净土变浮雕，可以说是北方石窟中时代较早的净土变。响堂山石窟雕刻现藏美国华盛顿弗利尔美术馆，这铺净土变浮雕中央为佛说法场面，佛两侧各有九身菩萨或坐或立，佛座前有一方形水池，池中有莲花和化生，在两侧各有一座高高的楼台，楼前也各有一水池露出，水中有莲花和游泳的人，表现的应是化生。在佛的华盖上部还表现天人和不鼓自鸣的天乐。从这些因素来看，应是无量寿经变。

敦煌壁画中虽然隋代已出现以殿堂形式表现弥勒净土的画面，但以净水池表现西方净土的经变直到唐代才出现。初唐莫高窟第220窟、321窟北壁的无量寿经变，盛唐莫高窟第172窟、148窟的观无量寿经变可以说是净土经变的代表之例。它们均以真实可感的画面来表现理想的佛国世界（阿弥陀净土），是净土变绘画追求的目标。大型净土变通常有较大的净水池，大规模的宫殿楼阁都建立在水池之上，人物（尊像）众多，常常是佛、菩萨等尊像及人物合计达数十人甚至百人以上，人物群像的表现可以说达到空前的规模。表现如此众多的人物，体现着画家对画面层次的把握，由近及远，从地上到空中，显得有主有次。

以莫高窟第220窟南壁的无量寿经变为例，居于中央说法的佛是全画面的中心，佛两侧有不同身份的菩萨，或立或跪或坐。在佛像前面通常有平台，平台上有演奏乐器和舞蹈的伎乐天，通过平台与两侧楼阁的关系体现出层次感。为了表现天国的美好景象，乐舞是一个重要的方面。在佛教世界中，音乐舞蹈可以是一种对佛的供养，但在净土图中，规模宏大而奢华的歌舞场面，毋宁说是佛国世界美好生活的象征。这些场面，有可能就是当时宫廷乐舞的写照。

净土经变中最有特色的，还有碧波荡漾的净水池，池中往往会画出莲花、水鸟以及儿童的形象，儿童是代表化生的。据佛经，要进入西方净土世界，须从莲花中化生而出，所以化生就是进入净土世界的象征。唐代的净土变中，净水池的描绘成为一个重要的内容。文献记载，长安的赵景公寺有范长寿所绘西方净土变一画，"范长寿画西方净土变及十六对事、宝池尤妙绝，谛视之、觉水入浮壁"①，表明其所画的宝池好像水在流动一样，可见其技艺之精。而这样的画面效果，在莫高窟第172窟、320窟等观无量寿经变画中，同样可以看到。

与此相对的是画面上部天空的描绘，画面上部的天空通常会画出一些云朵，在其中有不鼓自鸣的乐器和飞行的天人（即飞天）。如莫高窟第321窟北壁无量寿经变的上部，以深蓝色表现天空，乘彩云来来往往的佛、菩萨，还有飞天在飞行（图5-5），一些乐器顺风飘浮，那是佛国世界不鼓自鸣的天乐。大部分经变画中表现天空的画面较少，但如莫高窟第217窟北壁的观无量寿经变，表现飞天从楼阁建筑的窗户中飞出飞进，飞天的飘带和仿佛流动的彩云，标示出飞行的轨迹，这也是表现空间感的成功之作。

药师经变也采用净土变形式，药师佛的世界称为"东方药师琉璃光世界"。作为净土世界，与西方阿弥陀世界有共同之处，所以药师净土也同样表现净水池，表现华丽的楼阁殿堂，以及在平台上歌舞作乐的伎乐。唐代石窟中，把药师经变与西方净土变相对绘于洞窟南北壁的做法也很流行。如莫高窟第220窟南壁为无量寿经变，北壁为药师经变。

莫高窟第148窟东壁门两侧也是观无量寿经变与药师经变相对画出（图5-6）。一个是西方净土，一个是东方净土，以此表现出一切佛国净土世界，反映出当时人们的美好愿望。盛唐以后的药师经变也采用了观无量寿经变的形式，在净土图的两侧以条幅的形式表现药师经变中"九黄死"和"十二大愿"的内容。药师经变中着意刻画华美的殿堂建筑，如莫高窟第148窟东壁南侧的药师经变，从中央大殿两侧有回廊与两侧配殿相连，前面有多重平台，形成宽阔的空间，而在中央大殿与回廊的后部，仍可见后面的殿宇重重，楼阁相连，后殿的两侧还有圆形的楼阁，表现钟楼和藏经阁。盛唐以后的药师经变，往往都要表现这样结构复杂的建筑，比起其他经变，药师经变中的建筑样式往往较新颖独特，如莫高窟第361窟的药师经变中央大殿为两层六边形楼阁，而且楼阁的柱子均呈弧形向内倾斜，两层屋檐呈圆形花瓣形。五代莫高窟第61窟的药师经变中，也画出了类似的建筑，在这里，六边形变为八边形，八根柱子同样呈弧形向内倾斜。这样奇特的建筑在唐、五代是否真有，还难以断定，但在药师经变中，画家往往会着意描绘建筑形象。

①段成式撰《酉阳杂俎》续集卷五《寺塔记》，人民美术出版社，1964，第8页。

图5-5 莫高窟第321窟北壁上部 净土变中的天空（初唐）

图5-6 莫高窟第148窟东壁门北 药师经变（盛唐）

唐代以后，在经变中，以水池、平台、殿堂建筑等形式来表现净土世界成为流行样式。不只是西方净土变与药师经变，其他如天请问经变、思益梵天问经变、金光明经变、报恩经变等，也都采用以宫殿建筑为中心的形式来表现佛国世界。

二、以自然山水来表现的净土图

弥勒经变主要是以山水为背景来表现弥勒世界的，这似乎有着悠久的传统，成都万佛寺出土的南朝浮雕弥勒经变就是以山水为背景来刻画的，这件造像碑现存部分包括以下场面：其一，弥勒菩萨于兜率天宫说法；其二，翅头末城洒扫；其三，老人入墓；其四，农业耕作（一种七收）；其五，弥勒三会；其六，迦叶禅窟①。中央上部在一个屋顶有五座宝塔的建筑（兜率天宫）里，表现弥勒菩萨说法的场景。中部描绘三组说法场景，表现弥勒三会。而全部场景都在山水背景中展开（图5-7）。

图5-7　浮雕弥勒经变（南朝）　成都万佛寺出土

---

① 有关此弥勒经变的详细内容考证，参见赵声良《成都南朝浮雕弥勒经变与法华经变考论》，《敦煌研究》2001年1期，第34—42页。

　　敦煌石窟隋代的弥勒经变通常以一座殿堂建筑来表现兜率天宫,弥勒在里面说法,周围有众多菩萨听法,这是表现《弥勒上生经》的内容,描绘弥勒菩萨上生兜率天宫说法的场景。唐代以后,人们往往把弥勒上生经和下生经合在一起描绘,不仅要画出兜率天宫的景象,而且表现出弥勒下生经中所讲弥勒下世之后的一系列大事:一是弥勒进行了三次大型的说法(弥勒三会);二是儴佉王及眷属剃度出家;三是一种七收;四是龙王降水;五是罗刹扫除;六是人寿八万四千岁;七是女人五百岁出嫁等场面。

　　初唐莫高窟有的洞窟中(如第329窟),弥勒经变也借用了西方净土变的形式,以净水池和楼阁殿堂来表现弥勒净土,但很快就形成了弥勒经变独有的表现形式,以山水景物为主体,周围表现富有人间气息的社会生活场景,以盛唐莫高窟第33窟、148窟、445窟和中唐榆林窟第25窟的弥勒经变最具代表性。莫高窟第33窟南壁的弥勒经变中央画须弥山,山上部以俯瞰的角度表现规模宏大的殿宇,象征弥勒所居的兜率天宫。而须弥山是上大下小的形状,在须弥山下有大海,海的周围又有无数的山峦。这些景象若真若幻,把想象的景象与现实的山水建筑结合起来,形成了这个独特的弥勒世界(图5-8)。这样的表现当然得益于唐代山水、建筑表现技法的成熟。

图5-8　莫高窟第33窟南壁　弥勒经变(盛唐)

弥勒佛说法的场面是画面的中心，在这个大型的说法场面周围，画家分别画出了弥勒经变中的耕种与收获（一种七收）、儴佉王及眷属剃度出家、婚嫁宴会（表现女人五百岁出嫁）以及树上生衣、路不拾遗等场景，这就是唐代弥勒经变的普遍形式。表现弥勒世界的耕种收获、婚嫁、剃度等场面，具有很强的现实性，可以说也是当时的观众最喜欢看到的，所以画面表现得越来越写实，越来越细致。

　　中唐榆林窟第25窟的弥勒经变就可以看出十分具体可感的场面，这个洞窟的壁画也是保存较清晰的。在画面中央为弥勒佛说法的场景，上部是须弥山，下部画出供宝和众人剃度出家的场面，画面右侧表现弥勒投胎于翅头末城，图中可见这座城的正、侧、后三面夯土版筑城墙，城墙上有供守卫瞭望用的砖砌雉堞，还有城门和城楼以及城四角的墩台和角楼。城内有殿堂，内设床帐、屏风等，画得细致入微。城市的上部有龙王喷水，下部有夜叉洒扫。翅头末城的下部树木旁边画出树上生衣、供人取用的画面。最下部则画出宴饮场面，有新郎、新娘拜父母，周围是众亲友。画面左侧上部有迦叶所在的禅窟，表现弥勒下世后，迦叶将释迦牟尼的袈裟呈给未来佛弥勒。其下是表现农民在田间劳作的耕种收获图。其下又画出坟墓中的老人与亲人离别的场景，表现的是弥勒世界人寿八万四千岁，老人死前自己入墓而无痛苦。

　　以上这些情节，都穿插在一个总的弥勒世界中，这个世界有高耸入云的神圣的须弥山，又有未来佛弥勒，也有普通人的婚宴及普通农民的耕种生产活动。把现实中的人物、现实中的山水乃至城墙、殿堂、房间内的陈设等等都表现在同一画面中，弥勒也就变得亲切可感了。经变画把世俗人物以及世俗生活的场面画在佛国世界中，使佛国世界也不再是遥不可及，这大约正是唐代宣扬佛教所要达到的目的；而神圣的佛教经变场面充满了现实的人间气息，这也正是中国佛教美术的特点。

　　以自然山水来表现的经变还有法华经变。法华经变的中心是佛在灵鹫山说法的内容，因此，要在山的背景中表现佛说法的场面。莫高窟第23窟又称为"法华洞"，因为窟顶的四披及南、北、东壁所画的都是法华经变的内容。南壁表现的是《法华经·见宝塔品》的内容，以宝塔为中心，在山水环境中表现相关情节（图5-9）。窟顶东披表现释迦牟尼佛在灵鹫山说法的场面，灵鹫山的形象与须弥山相似，也是上部大、中部小，如高足杯的样子，与弥勒经变中的山峦一样。

图5-9　莫高窟第23窟南壁　法华经变（盛唐）

　　此外，以山水为主要背景的还有十轮经变、楞伽经变、金刚经变等。《金刚经》中讲佛在祇树园说法，因此，说法的环境非天宫，就可以表现出自然的景色，壁画中通常以自然山水为背景来表现金刚经变。而《楞伽经》则特别讲到释迦牟尼在摩罗耶山上的楞伽城说法，那么，经变中的摩罗耶山就成了重要背景。因此，楞伽经变中都会在中央画出一座上部大、中部小、如束腰鼓一样的山形，这是中国画家们想象中的摩罗耶山。当然这样的山形，其实与弥勒经变中的须弥山、法华经变中的灵鹫山大同小异。不过，因为经中还有释迦牟尼为大海中龙王的说法，因此，在摩罗耶山下就是大海，山与海的交融，成为楞伽经变的标志性背景。

　　唐代经变表现净土世界或佛说法的场景，不是描绘宫殿建筑就是表现山水风景，这成为以后经变画的基本格式。其中，华严经变也许是独特的一种，华严经的主题是表现佛在七个地方九次重要法会，称为"七处九会"，壁画中通常描绘九组说法场面，而在经变的下部画出由莲花中现出城池的"华藏世界"。如莫高窟第85窟窟顶北披的华严经变，九组说法场面排列在画面中，表示七处九会的内容，而画面下部则绘出绿水中有一朵巨大的莲花，莲花中画出城市和街道，研究者认为这正是唐代城市中里坊的写照。

第三节　经变中的生活场景

经变画的意义不仅在于以宏大的空间结构描绘出一个境界开阔的佛国世界，也在于画面容量极大，除了在中心位置表现出标志着主题的佛说法场面外，还在周围的画面中穿插画出与经典相关的细节，从而使画面层次丰富，十分耐看。佛教经典本来就善于通过人们日常生活中的故事来说明一些宗教的道理，而隋唐时代俗讲的发展，让那些以现实生活中的故事来比喻某些宗教思想的譬喻故事更是广为人知。艺术家们也同样在寺院、石窟壁画中将这些故事表现出来，这些富有生活气息的画面，与当时的社会生活密切相关，成为观众十分喜爱的内容，反过来也促使画家们反复在壁画中加以表现。如弥勒经变中的耕作收获图（法华经变中亦有）、婚嫁图、老人入墓图、剃度图等，法华经变中的商旅图（观音经变中亦有）、作战图（观无量寿经变中亦有）、火宅喻故事、穷子喻故事等，报恩经变中的鹿母夫人故事、善事太子入海求宝故事、树下弹琴故事等，维摩诘经变中的博弈图、肉肆图、挤奶图等，楞伽经变中的照镜图、屠夫卖肉图等。这些丰富的生活场景综合起来，可以看出古代社会民俗民风的各个方面。下面，挑选几个进行介绍。

一、耕作收获图

在盛唐榆林窟第23窟北壁法华经变中，有一幅耕作图，画面上乌云弥漫，暴雨如注，农夫正在田里挥鞭策牛，辛勤耕作。田头上坐着农夫、农妇及小儿，父子捧着碗吃饭，农妇关切地注视着他们。这一内容来自《法华经·药草喻品》，它的主旨是宣扬平等的佛慧，有如甘露时雨、普润万物。而壁画中却画出了一幅富有农家生活气息的图画，成为优美的雨中耕作图。

表现农业耕作的更多见于弥勒经变，《弥勒下生经》中载："雨泽随时，谷稼滋茂，不生草秽，一种七收，用功甚少，所收甚多。"因此，弥勒经变中耕种与收获的场面是必不可少的。盛唐莫高窟第445窟北壁的弥勒经变中描绘了耕地、播种、收割、运载、田间进食、打场、扬场、粮食入仓等情节，通过十分写实的画面，真实地反映了当时农业生产过程和农民的劳动生活，以及使用的生产工具〔包括曲辕犁（俗称"二牛抬杠"）、镰刀、牛车、连枷、六股叉、长把扫帚、簸箕等）。该画面虽被熏黑，但细察尚能辨识：在收获劳作地的画面上方有一个收租图，图中有一屋，里面坐一头戴软巾、穿圆领长袍、腰束丝带的主人，他后靠椅背，安详自在，外间一管家正在回禀情况，屋外堆积粮食，堆旁为量器，屋内清凉悠闲，屋外烈日劳作，对比鲜明。这是唐代地主庄园中监督劳作和催交地租的形象写照，而耕作中所用的曲辕犁是当时较先进的生产工具。

中唐榆林窟第25窟的弥勒经变中也画出了耕作收获图。画面下部为一农夫戴着草帽扶犁，二牛抬杠，后面一妇女紧跟在后播撒种子，旁边一个画面中，一人正在用镰刀收割，其上部则画出二人在扬场（图5-10）。

二、婚嫁图

弥勒经变中，多画出婚礼场面，以表现弥勒世界"女人五百岁出嫁"的说法。如莫高窟第445窟北壁弥勒经变下部西侧绘出的婚嫁图（图5-11），宅第门外设帷帐，即"青庐"。帐内宾客对坐饮宴，帐前正举行婚礼：新郎伏地跪拜宾客，新娘盛装立于旁，侍婢往来忙碌其间，舞者正伴随着音乐起舞，展示了北方地区的婚礼场面和行礼时男拜女揖的习俗。榆林窟第25窟的弥勒经变中，婚嫁图比较特别，新娘着吐蕃装，宾客中有着汉装者，也有着吐蕃装者，反映了中唐时期汉族与吐蕃族通婚的状况。晚唐莫高窟第85窟的弥勒经变中还画出迎亲的花轿、引导人员举烛前行，直到在青庐举行婚礼的过程。

婚礼设在青庐原因有二：一是与青庐名称有关，二是与"避煞"相连。"青庐"又称"百子帐"，这是因其制作特点而得名。百子帐是一种微型穹庐，覆以青幔谓之"青庐"，以柳枝卷做圈，用绳相互交络、连锁而成，可自由搬动。因为需要大量的柳枝，所以又叫"百枝帐"，口头讹传为"百子帐"，所以文献所载青庐、帐、毡、百子帐为同物异名。但从社会历史的角度看，古代北方多为游牧民族，其生活习性是在草原上搭帐篷住宿，后来逐渐转为农业社会，甚至居住于城市，有了房屋定居。在结婚时用青庐，正是对传统习俗的传承，以示不忘本。

敦煌石窟现存婚嫁图达40余幅，真实而形象地再现了唐宋时期的婚嫁场景，是中古婚俗的生动记录，不同时期的画家们对这一内容的描绘常常带有时代的烙印以及个人的风格。

图5-10　榆林窟第25窟北壁　耕作收获图（中唐）

图5-11　莫高窟第445窟北壁　婚嫁图（盛唐）

三、商旅图

敦煌作为古丝绸之路的交通要道，商旅往来是非常频繁的，在敦煌壁画中就常常出现商人活动的场面，如隋代莫高窟第420窟窟顶东披的法华经变中就表现了观音救难的画面：从右端开始表现商人在出发前跪地祈求平安，接着商队启程，赶着满载货物的骆驼、毛驴翻山越岭；一匹骆驼失足滚下山崖，脚夫们俯瞰深谷，惊恐万分；山的右上方有两个商人，正在旅途中，他们给一只病了的骆驼灌药；好不容易下山之后，强盗又出现了，于是商人执弓箭盾牌与强盗对抗，但仍不敌强盗，被擒。

类似的内容在盛唐莫高窟第45窟南壁观音经变中也有生动表现，画面中商人们正从山间艰难地跋涉，从山后出来几个持刀的强盗，商人们面露恐惧，好像在瑟瑟发抖，毛驴所驮的货物散了一地。按佛经的内容，这些商人们在遇难时口诵观世音菩萨名号，于是强盗们都放下兵器，商人们得以解脱。画面中，强盗的蛮横与商人们战战兢兢的神态表现得十分生动，显示出画家对人物性格刻画的高超技法（图5-12）。

图5-12　莫高窟第45窟南壁 商旅图（胡商遇盗）（盛唐）

四、作战图

莫高窟第217窟观无量寿经变的左下部，画面为城外广场上，十位武士分立两边，一方持矛进攻，一方持盾抵抗。头戴冕旒的国王及众侍从一旁站立。此画面表现《观无量寿经》中的未生怨故事，同时也生动地再现了当时演兵操练的情景。

莫高窟第12窟南壁西侧的法华经变中，也画出了一幅战争的画面：右侧的皇城内，一王者正在调兵遣将；宫城外护城河边，两军隔河对垒，战斗十分惨烈，受伤兵马挣扎于激流中；城内，军队押解着战俘凯旋；皇宫内正在论功行赏。

战争的内容本出自《法华经·安乐行品》，大意为：强力转轮王一心想降伏诸小国，但诸小国均不从。于是强力转轮王出兵征战，对有战功的随功行赏，赐予田地、宅城、衣物珠宝、车乘、奴婢等，但珍贵无比的髻中一颗明珠，唯有立大功者才可得到。其主旨是要说明《法华经》是诸经中最珍贵的一部，佛是不轻易宣讲的，而壁画中的整个场面令人联想到唐代出军征战的情景。中唐后，调兵遣将、两军激战、论功行赏等场面已成了表现《法华经·安乐行品》的基本定式，而画家能绘出这样激烈的战斗场面应该有着真实的生活基础。

五、树下弹琴图

除了观无量寿经变专门把故事画单独画出外，很多经变画中是把故事情节穿插表现于净土图周围，使画面更为丰富。画家还可以根据壁面布局的情况，对故事情节灵活做增减处理，故事画中常常会有一些场面成为经典场景而反复出现在同类经变画中。如报恩经变中的善事太子入海求宝故事，表现善事太子被恶事太子刺瞎眼睛之后，牧人赶牛经过时，牛王用舌头舐出善事太子眼中的毒刺。这一场面在莫高窟第148窟甬道顶、第237窟的屏风画中都表现得十分精彩。画面中，善事太子躺在地上，而一头牛小心翼翼地用舌头舐他眼中的刺，其他几头牛在旁边观看，把动物也表现得极有人性。结合故事的前后，这一画面应是令人感动的场景。

表现善事太子流落到利师跋国为国王看守果园，因弹琴自娱吸引了公主，公主在树下听琴的故事，也是画家乐于表现的感人场面。莫高窟第85窟南壁报恩经变中，绘出画面为：太子在树下抚琴，公主对坐在旁，太子专心弹琴而公主却含情脉脉地看着太子；周围的绿树表现得静谧而富有抒情气氛，衬托出这浪漫的情景（图5-13）。

图 5-13　莫高窟第 85 窟南壁　树下弹琴图（晚唐）

六、挤奶图

在维摩诘经变中，有表现阿难到俗人家中乞乳而遇维摩诘的情景。在中唐莫高窟第 159 窟屏风画中，一妇女在母牛身下挤奶，小牛看见，想跑去吃奶，一少女拼命拉住小牛，不让靠近，母牛则回望小牛。这一场面把母牛与小牛之间的感情表现得真实感人。

晚唐莫高窟第 9 窟的维摩诘经变中，对这一场面也有精彩表现，画面描绘一大宅院前，农妇在挤奶，阿难抚着牛背，而小牛犊也想凑上前吃奶，母牛回头看着小牛，这一幅舐犊情深的画面，也表现得十分生动。

七、肉肆图

佛教主张不杀生，在楞伽经变中却以屠夫屠宰的场面作为比喻，劝诫人们不要杀生吃肉。在莫高窟第 85 窟的楞伽经变中，画出一幅屠夫卖肉的场面，一个屠夫正在案前切肉，旁边的案上还放着一个宰杀完了的动物，后面的房间里挂满了肉。在案桌边卧着两条狗，其中一条狗正看着屠夫的动作，似乎等待着屠夫给它肉或骨头吃。屠夫动作有力，眼睛却瞪着边上那条狗，人与动物之间的神情传递颇有情趣，画面中透露出的浓厚生活气息令人难忘。

以上只列举了数例生活画面，在敦煌经变画中，表现社会生活的场面无限丰富，难以尽述。这些画面从社会历史方面来看，具有十分重要的研究价值；而从艺术方面来讲，同样表现了当时的画家们对生活的观察，即使是前人已有描绘的画面，后代的画家们往往能够通过人物动作、眼神、表情，以及画面环境等方面的表现创作出更多精彩的画面，在已有固定模式的经变画中令人眼前一亮。

第四节 净土世界的空间

从中国绘画发展史来看，经变画最重要的意义就在于对空间构成的表现，在二度空间的画面上通过绘画形象来表现三度空间，是人类在绘画艺术中长期奋斗的目标。西方绘画在文艺复兴时期，随着自然科学技术的进步而产生了透视学，从而在绘画艺术中表现出与摄影效果一样的真实感，而中国早在唐代就已经探索出一系列类似透视法的空间表现技法。

但是，在中国绘画审美思想中，对于过分写实的表现技术并不赞赏，中国艺术所追求的是在绘画中表现出生动的精神气度，即所谓"气韵生动"。这种美学追求，使唐代以后的画家们最终放弃了对透视技法的探索，而把精力用于笔墨趣味的追求上。因此，虽然唐代在空间表现上曾经达到极高的水平，但后世并未加以发扬，随着中原地区隋唐寺院壁画的消失，这样的表现技法也渐渐被遗忘。从敦煌壁画的经变画中，我们可以重新认识唐代绘画在空间构成上的重要成果。

如前所述，唐代经变画往往以建筑群来表现佛国净土世界，这些建筑都是以中轴对称的形式表现的，中央描绘一座大殿，两侧又有数幢殿堂，建筑物之间以回廊相通，通常在画面下部还要绘出平台。当然，这里表现的建筑群也并不是唐代建筑的完整再现，可能仅仅是那时佛寺的大殿及相关的建筑。画家们主要是通过这些建筑来表现佛说法的场面，并以此来象征佛教净土世界。因此，虽然也有写实性，但也有很多想象的成分，相对于忠实地表现建筑，画家更多是从绘画构成的角度来表现建筑的形体及其位置。但自隋入唐，建筑画逐渐写实，向三度空间发展，成为一个大趋势。

一、三段构成

初唐的经变画大体还保留着说法图的构成形式，但比起说法图，空间的范围大大扩展了，三段式构成就是说法图扩展以后的产物。经变画中，按水平线分成三部分：中段是说法场面；下段描绘净水池和平台，平台上往往有乐舞形象；上段象征天空，有飞天等形象。

如莫高窟第221窟南北壁分别绘出净土变，两壁的构成一致都是三段式。中央部是画面的中心；平台上绘出说法的佛及环绕的菩萨圣众；下部为净水池，上部为天空。中央的平台前有栏杆，把中段的画面与下段隔开，类似这样的三段构成在初唐的经变画中十分流行，其中三段的内容却在逐渐变化。如为了表现舞乐的场面，下部的水池往往用池上的平台来代替。

如莫高窟第334窟北壁的阿弥陀经变，上部描绘天空，中央部画出平台上的说法场面，下部也在池上的平台中描绘舞乐场面（图5-14）。这样的构成在莫高窟第331窟、335窟、340窟的净土变中都能看到。中央的说法图总是经变的主体，要占据很大的画面，下部的舞乐和上部的天空所占比例则有所不同。如莫高窟第329窟的阿弥陀经变，天空的部分就很小，中心部说法的场面较大，建筑物画得也较高，最下部舞乐的场面也较小。可是盛唐以后，舞乐场面所占的比例就越来越大了。

说法和舞乐的场面都离不开建筑的背景，而通过这些建筑背景就表现出了远近空间的关系。在三段的最上部，通常是象征天空的，如莫高窟第321窟北壁的净土变，在佛说法的平台以上的画面用深蓝色绘出天空，还绘出很多飞天飞来飞去，使人感到空间的无限辽远。

二、鱼骨式构成①

如果按照透视分析的办法来分析唐代的经变画，就会发现画面中的消失点不止一个，而是沿中轴线形成无数的线条，这样的线条连起来，就像鱼骨一样，因此，也有人把它称为"鱼骨式构成"。

我们以盛唐莫高窟第172窟北壁的观无量寿经变为例，来看唐代壁画中的鱼骨式构成是怎样形成的。首先，在画面的中央画出一根中轴线，由下而上，

---

① "鱼骨式构成"这个词最早是西方美术史家用来指文艺复兴时期佛罗伦萨画家杜乔的作品所表现的空间处理方法。日本学者小山清男氏在对日本古代曼陀罗画（经变）分析时，把它用于东方美术的分析。见小山清男主编《幻影としての空间》，东信堂，1996。

这条中轴线贯穿了小桥、平台、佛像、大殿等建筑，中轴线两侧的建筑都呈对称排列，再把两侧的建筑形成的斜线向中轴线连接起来，就形成了鱼骨的形式（图5-15）。中轴线两侧的斜线大体上是平行的，不同的斜线与中轴线连接而形成的交点有很多，说明作为透视的消失点不在一个点上，而是不断地推移，这就是鱼骨式构成的特点。比起科学的透视法而言，它还不完善，但在科学的透视法还未发现之前的8世纪，鱼骨式构成就是表现空间远近关系最有效的办法。欧洲从13世纪开始研究远近表现的方法，到了文艺复兴时代产生了科学的透视法，而中国在8世纪前后就已产生了鱼骨式的处理方法，从而在绘画中熟练地表现空间关系。

鱼骨式构成在表现经变方面取得了巨大成果，在唐代很快就得到普及。从莫高窟盛唐以后的经变就可以看出，大部分经变画都采用了鱼骨式的方法，莫高窟第45窟、171窟、148窟等窟的经变画中，都有成功的描绘。这种以中央殿堂为中心，两侧配置宫殿楼阁等建筑形成对称的经变画，在当时成为流行的绘画方法。

鱼骨式构成的方法，其消失点沿中轴线向上延伸，说明视点在逐渐上升，但问题还在于经变画中视点的移动并不是按一定的规律移动，于是就产生了很多矛盾，而当时画家的出发点是构图比透视更优先考虑。由于经变画中人物众多，景物也较丰富，画面的构图就很重要，这也就是《历代名画记》把它列为"六法"之一的"经营位置"，所以我们在画面中看到的人物或建筑物可大可小、可远可近，其配置的原则并不在于远近透视关系，而在于构图的需要。

如果仅从构图的角度来看，鱼骨式构成也可以理解成中轴对称的方法，但二者是有区别的，鱼骨式构成意在表现远近的空间关系，而中轴对称则可以不管远近透视。结果唐代后期的经变画虽然有一些在透视方面更为进步，但更多的经变则是发展了中轴对称构图的形式，而把透视关系放在次要的地位。

三、视点的问题

如果从科学的透视法来看，唐代经变画的透视表现有时是很混乱的。比如同一建筑物的上半部好像是仰视的角度，而下半部可能就描绘成俯视的角度，结果其消失点并不在同一点上。

图5-14 莫高窟第334
窟北壁 阿弥陀
经变（初唐）

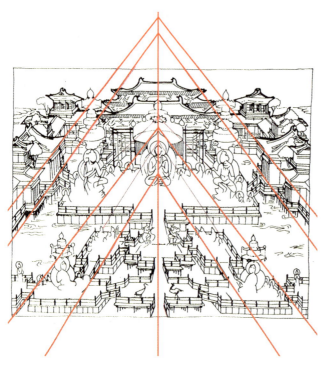

图5-15 鱼骨式构成
示意图

从初唐的建筑画中，可以看出画家们对建筑的描绘手段尚未成熟，多刻画单体建筑，或将这些单体建筑简单地连接起来，显得有些不自然。如莫高窟第225窟南壁龛顶的净土变，两侧的建筑好像从极高的视点向下看，而中央的建筑则像是仰视所见的样子；而位于建筑当中的佛像的视点，既不像中央的建筑也不像两侧的建筑，于是画面中至少出现了三个明显不同的视点。

　　莫高窟第45窟北壁的观无量寿经变较为特别，中央的建筑物在透视方面有着明显的矛盾，但如果我们的视点稍微改变一下，就可以看懂画面的远近关系了。比如当你看画面左半部时，视点就在左侧；看画面右半部时，视点就在右侧。如果要按科学的透视法，只能确定一个视点，那么，左右的透视关系就是矛盾的。但画家并没有科学的透视方法，他们是以构图的需要来安排这些景物的。盛唐以后，经变画中的建筑，视点逐渐协调统一，形成俯瞰的视点，如莫高窟第172窟、148窟的观无量寿经变就是代表之作。

　　在以建筑为主干的经变画中，人物的组合与排列也同样表现着某种空间关系，最单纯的是一些说法场面的人物排列成"八"字形而形成一定的远近关系。如莫高窟第45窟正面龛顶上部描绘的释迦多宝佛说法的场面，两侧的菩萨较多，形成了二重的"八"字形排列。莫高窟第205窟南壁的净土变也是以佛像为中心形成二重或三重的"八"字形，通过这样斜向排列的群像而表现出一定的空间感。此外，如莫高窟第148窟的涅槃经变中描绘释迦为佛母说法的情节，释迦被描绘成半侧面的形象，在释迦身后的一组人物面向右，与之相对的一组人物则面向左，两组听法的人物正好形成"八"字形排列，由此显示出一种空间关系。

　　在人物众多的经变画中，群像往往以佛为中心呈圆形组合，表现出更为丰富的空间层次，盛唐以后的净土经变画中出现较多。莫高窟第45窟北壁的观无量寿经变、第217窟北壁的观无量寿经变都可以见到。这种圆形排列进一步发展，尊像（人物）更为增加，经变画中形成了多组群像。每一组中都以某一佛像或菩萨为中心，其余的尊像或近或远，或聚或散，但都向着中心的尊像，好像星云一样。盛唐经变画规模较大，常常在上部描绘三组群像，又在下部两侧各绘一组以佛像为中心的群像，形成五组的构成。如莫高窟第148窟东壁的观无量寿经变和第172窟南北壁的观无量寿经变就是其例。

　　通常而言，对佛、菩萨的描绘，往往视点稍低于水平线，以利于表现其崇高的形象，而对建筑的描绘一般是从俯视的角度更能表现出其复杂的结构。

　　如上所述，从透视学的角度分析，唐代不少经变画都存在透视的矛盾，使画面有不自然之感，但是所谓"不自然"其实是现代人因为受到透视学的影响而产生的感觉，古代人并没有这种感觉，他们已经习惯了这样"不科学"的处理手法，那时的画家们所追求的也并不是像摄影那样的真实感。唐代经变画成功地以鸟瞰的视觉来表现规模宏大的建筑群和众多人物，把雄伟的建筑与众多人物协调在一起，体现出一个理想的、完整的佛国世界，而且在画面中可以感受到一种佛教的庄严与净土世界的欢快气氛，这应该就是那个时代人们所希望的"真实"。

第五节   山水的境界

除建筑物以外，山水风景也是最能体现空间关系的要素。唐代以后，山水风景常常出现在经变中，使经变画的空间表现更为丰富，但是山水景物的空间构成关系与建筑不太一样，在壁画中的表现也有很大差异。叙事性经变往往在画面中有机地配置一些与故事相关的山水景物，如莫高窟第332窟的涅槃经变中，山水风景就起着很大的作用，从某种意义上说，这铺经变的内容就是在一幅大型山水图中展开的。莫高窟第148窟的涅槃经变也是以山水画来构建经变的成功之作，画面用连绵的山水组成巨大的背景，而其中的每一项内容都在这个山水图中描绘出来。这样的构成，体现出山水画在佛教壁画中的作用。

净土图式的经变中，主要以建筑物作为背景，由于建筑物都有明确的轮廓线，通过这些线而形成的诸如"鱼骨式构成"等方法，表现出远近关系。部分西方净土变和药师经变等以建筑为主体的经变中，有时也用山水来作为配景，在建筑物周围描绘一定的山水树木，把建筑物没有完成的一些空间补充完整。如莫高窟第172窟北壁的观无量寿经变，在建筑物后面画出一些远景山水，给人以无限辽远之感。这样的方法弥补了初唐那种舞台式背景的不足，使画面的空间表现达到完美。中唐以后，综合处理山水与建筑的经变较多，通常以建筑物作为近景，山水作为远景，把远近空间有机地联系起来。如晚唐莫高窟第85窟南壁的报恩经变就是把净土图放在画面靠前的位置，而在建筑的周围则是山水景物，空间显得十分辽阔。

弥勒经变在盛唐以后多以山水作为背景来表现，并形成了固定的形式。莫高窟第445窟北壁、第446窟北壁的弥勒经变都是以山水为中心描绘的。莫高窟第33窟弥勒经变在中央绘出须弥山，山上绘出宫殿，象征须弥山和兜率天宫的景象，而在须弥山下部的周围绘出绵延的小山，山与海的景象仿佛是从宇宙的高空向下俯视，给人以无限远、无限辽阔的空间感。

这样的描绘符合佛经的记载，但与通常的山水画不同，不是为了表现某一风景，而是要在视觉上造成一种空间感，把须弥山的世界（天国）和人间世界这个"两重世界"统一在一个画面中，这样的表现倒是符合古人所说的"以大观小"之法。这种方法在盛唐莫高窟第446窟也可以看到，如中唐莫高窟第231窟北壁东侧的弥勒经变没有绘出像莫高窟第33窟那样带有神秘色彩的须弥山，却描绘出云环雾绕的兜率天宫，近景中也是十分写实的山水风景，近处是平原，其中还描绘出动物在安静地或走或停的场面。同样是天界与人间都描绘在同一画面中，而人间的现实世界特征更强一些（图5-16）。

图5-16 莫高窟第231窟北壁东侧 弥勒经变（中唐）

其他的经变画中，以山水风景为主体的还有十轮经变、金刚经变、楞伽经变等。从经变画表现佛国世界的目的来看，山水的表现就是要在画面中营造一个宏大的空间，从中展开众多人物的活动。莫高窟第321窟的十轮经变、第23窟的法华经变、第45窟的观音经变，以及第33窟、445窟的弥勒经变等等可说是成功之例，盛唐山水画的成熟，也使一部分画家不由自主地要表现较完整的山水画面。如在莫高窟第217窟和103窟南壁经变画中就表现出相对独立的山水图①，似乎从经变画中央的净土世界分离出来。这样从整体上看，实际上背离了经变画表现的初衷，因为经变需要表现的是一种宏大的境界，如果山水的表现太实，境界就小了。如中唐莫高窟第369窟南壁的金刚经变、第112窟的金刚经变与报恩经变，均以山水为背景，画家对山水的表现也比较成功，尤其是第112窟，可看出水墨技法应用的成果（关于山水画艺术的分析，参见第七章），但这样的表现失去了净土世界的那种境界。

印度、中亚的佛教美术虽然也表现背景，但主要是以人物为主，尤其是雕刻作品中几乎看不出对空间的表现。而中国自南北朝以来，对于山水自然的品评与欣赏，促成了山水画的发展，同时促进了画家们对空间深度表现的探索。东晋顾恺之及南朝宋代的宗炳、王微等都是以山水画见长的画家。隋代以后，建筑画也发展起来了，董伯仁、展子虔便是以台阁（建筑画）而著称的。

山水和建筑的表现都必须考虑空间远近关系，敦煌壁画的经变画可以说就是对空间表现的技法探索的重大成果。敦煌的经变画从隋代开始出现，唐代兴盛起来，在空间表现方面形成了人物群像、建筑、山水等综合表现的方法。初唐起，在处理群像的同时，注重建筑物的描绘；盛唐以后，形成了鱼骨式构成的空间表现法，使净土图式经变画中的建筑艺术达到极盛，山水风景的运用也在表现佛国净土世界中体现了其宏大的空间优势。建筑画和山水画的成熟使唐代的经变画构成臻于完善，经变表现的是佛国之境，然而，这些建筑、山水则是人间的风景，它反映了中国人对风景审美的需要。

从敦煌的经变画中，我们可以感受到唐代佛教艺术与中国传统绘画的相互促进。中国传统山水画、建筑画的发展成果，使佛教经变画在大空间表现上取得了重大突破；而也正是由于佛教对佛国净土世界表现的强烈需求，促使画家们利用传统绘画的各种手段来表现这样一个宏大的理想空间——净土世界。于是，产生了成熟完美的经变画，这是完全中国式的佛教艺术，是唐代绘画的杰出表现。经变画的构成一直影响到后来宋、元、明、清时期，并影响到朝鲜半岛和日本。

---

① 莫高窟第217窟与第103窟南壁的经变画，最初由贺世哲先生定为法华经变，后来有学者质疑，认为是佛顶尊胜陀罗尼经变；但近年来，施萍亭先生对这些内容重新考察，认为既非法华经变，也非佛顶尊胜陀罗尼经变。此图的主题内容仍有待研究。

|第六章| 人物画艺术

　　人物造型在敦煌壁画中是最重要的方面，宗教绘画是造神的艺术，而神（这里指佛、菩萨、弟子及诸天等）的形象总是与普通的人密切相关。在人类历史上，不同的宗教总是会想象出各种各样超越自然人的神灵，然而不论把神灵想象得如何离奇，当人们以视觉形象来塑造神时，也始终不能完全脱离人的形象。因为在社会生活中，能够与人交流、共同生活的，依然是人，所以造神实际上是把人的力量和才智加以理想化的结果，最终表现在视觉形象上，神依然是人的形象。

　　佛陀释迦牟尼本来是历史上真实存在的人，他从一个王子通过修行走向了成佛的道路。古代印度的修行者相信每个人通过艰苦的修行，最终都会修成正果（于佛教来说就是成佛），所以佛教艺术中的佛陀和菩萨从一开始就充满了人性。在古代印度早期佛教雕刻与绘画艺术中，佛就是修行得道者的形象，菩萨兼有贵族人物和出家修行僧人的形象。后来，由于佛教教义的发展，佛的"神性"在不断增加，佛教诸神也在发展，除了菩萨、佛弟子之外，还有天王、药叉、天龙八部等诸天形象，菩萨的形象也出现了一些超出常人的特征，如六臂、十一面、千手千眼的菩萨等，但作为佛与菩萨或天人的基本形象，仍然具有普通人的特点。因此，佛教绘画中的佛像、菩萨像造型，实际上反映了人物画的造型特征。

　　既然在敦煌壁画中，佛、菩萨、弟子、天王等形象是为数最多、表现最为精彩的，那么，我们在讲人物画时，就不能不讲这些神（人物）的造型艺术特点。

第一节　早期壁画中的"西域式"人物画

在汉代，甚至汉代以前，中国的人物画已经有了较长时期的发展，但我们还没有发现画家对人体表现（特别是对人体结构的表现）出某种规律性的技法，只有对外形轮廓的线描，直到魏晋时期的墓室壁画中，这一点仍然没有看到有所突破。

佛教绘画的传入，无疑是第一次传入全新的绘画手法，尤其是在人物画上，出现了相对准确的画法。当时的佛教绘画理论没有流传下来，但从克孜尔石窟、敦煌石窟的早期壁画中，我们可以看出与汉晋中国人物画传统不一样的画法。虽然外来的人物画法并没有完全被中国画家们所采用，但是通过佛教艺术传入的冲击，画家们意识到了人体结构的重要性，他们开始探索人物画的规律，在对外来艺术表现手法兼收并蓄的情况下，渐渐形成了中国式的人物表现方法。

《建康实录》曾记载了南齐谢赫说过的一段话："连五十尺绢画一像，心敏手运，须臾立成，头、面、手、足、胸、臆、肩、背亡遗失尺度，此其难也，曹不兴能之。"[1]这是古代画论中极少出现的与人体结构相关的言论，说明在谢赫那个时代，画人物开始讲究尺度，而有关头、面、手、足等如何安排是一个难题。以佛画著称的曹不兴在这方面是很擅长的，在那个时代，佛教艺术传入中国的时间不长，曹不兴擅长佛教绘画，必然会受到外来绘画技法的影响。

汉末以后，佛教大举传入中国，佛教雕刻与绘画艺术也同时传入中国。在各地的佛教寺院与石窟中必然要造很多佛像，这些佛像是中国的画家、雕塑家们以前所没有见到过的。可以想象，一方面，当时从宗教的要求来说，一定要按照从印度、西域等地传来的样本进行模仿制作；另一方面，由于当时传入中国的佛像绘画样本有限，在样本不足的情况下，只能由本地的艺术家们根据佛经的要求，通过自己的想象来创作。因此，在最初的壁画和雕塑中，一定会出现外来的艺术与本土艺术杂糅的状况。如炳灵寺第169窟就可以看出对西域传来的技法尚未完全掌握，又带有浓厚的本土风格。

敦煌由于地接西域，随着丝绸之路的繁荣，佛教很早就在这里发展了，到了莫高窟开凿的时代，已形成了较成熟的壁画与彩塑艺术。从时代最早的北凉

---

① 张彦远：《历代名画记》卷五，人民美术出版社，1963。

第268窟、272窟、275窟可以看出洞窟的彩塑与壁画有着完整的构思和细腻的刻画，只是由于时代久远，大部分壁画颜色已脱落或变色，这种褪色或变色后的面貌，常常给人一种稚拙、粗犷的错觉，从第275窟、263窟等洞窟中重层壁画底层剥出的未变色的原貌看，可以帮助我们了解最初的壁画效果。

从莫高窟第275窟西壁的胁侍菩萨，我们可以很容易地看到画家对人物的表现：菩萨上身裸露，下半身着裙，左侧略出胯，上身微向右侧，面朝左，使站姿微微呈"S"形（图6-1）。上半身晕染部分变色成为粗黑的线条，晕染的层次也看不出来，但这些粗线条，正可以帮助我们了解当初画家们对人体结构表现的一些技法因素。通过敦煌研究院美术工作者的临摹图（图6-2），可以看出人物面部造型，以眼睛为中心进行晕染，晕染的范围一直延续到面颊，沿面部轮廓边沿进行晕染，上部发际边沿可以看出卷发的形式。上半身的晕染，脖子上有两道晕染，胸部分为两个块面，腹部形成一个圆形块面，胸部以下以一个"U"形的弧线把腹部的块面与胸部两个块面连接起来。这样，上半身形成四个块面：胸部两个近似方形的块面，以及腰部较大的半圆形块面和腹部的圆形块面。无论身体如何动作，都可以分出这四个块面，这样就保证了人体躯干的基本造型。本窟南北壁故事画中的人物形象以及站立的菩萨、天人等形象，基本都是这样一种躯干的造型。四肢的形象是以关节部位为单位进行晕染的。需要说明的是，由于手指动作较细腻，通常只对手形做一个总体的晕染，在变色后的今天，往往只看到晕染的粗线条而看不到细部一个个手指的造型，这样也会使人产生错觉，误以为当时画得较粗犷或稚拙，其实并非如此。

莫高窟第272窟菩萨像，在晕染方法上与第275窟有所不同。如龛内南侧的胁侍菩萨像，头部的晕染大体一致，但上半身的块面分割有较大差异，脖子部分只有一道晕染，胸部分成两个较大的圆形进行晕染，以乳头为中心进行圆形的晕染，腹部形成较大的椭圆形，是以肚脐为中心进行晕染的（图6-3）。但像第275窟菩萨那样连接胸部与腹部的半圆弧形的晕染却没有了。从肌体块面的分割来看，第272窟菩萨像上半身虽然也是有四个部分，却形成了与第275窟菩萨完全不同的效果，胸部不是方形，而是较大的两个圆形，腹部的圆形扩大了，胸部与腹部之间不再是半圆形，而只剩下不规则的形状。同窟的供养菩萨均采用同样的方法造型和晕染。北魏以后，莫高窟第251窟、254窟、257窟、263窟等菩萨、天人的形象，大体与第272窟的晕染方法一致，只是身体逐渐拉长，身体结构的简化和形式化是一个总的趋势。第275窟的人体结构和晕染方法再也没有出现过。

图6-1　莫高窟第275窟西壁
　　　胁侍菩萨（北凉）

图6-2　莫高窟第275窟西壁　胁侍
　　　菩萨（北凉）　马玉华线描

图6-3　莫高窟第272窟西龛南侧
　　　胁侍菩萨（北凉）

西魏以后的敦煌石窟壁画中出现了中原风格与西域风格并存的状况①。莫高窟第272窟、251窟、254窟等壁画中那样的人物造型依然存在，但身体逐渐拉长，人物变得较瘦削是这一时期总的特征。北周以后，以莫高窟第428窟壁画为代表，西域式的人物造型成为主流，人物的身体结构及晕染技法等方面，与北凉莫高窟第272窟壁画的人物一脉相承，只是在菩萨头冠、服饰及飘带等方面，表现出新的时代特征。

但是，北周的大部分洞窟中，人物画法已经采用了中原式与西域式结合的技法，那种纯粹的西域式晕染法逐渐减少。隋代以后，新的晕染技法完全取代了早期的西域式晕染法。

在克孜尔石窟较早的第77窟、38窟等壁画中，可以看出菩萨、天人形象的晕染方法与莫高窟第275窟菩萨十分相似。克孜尔石窟第77窟东甬道外侧壁的伎乐天人，面部晕染是完全一致的，上半身的结构就是胸部分成两个近似方形的块面，胸部以下像一个倒梯形并与腹部连接起来，形成胸部较宽、腰部较细、体魄强悍的特点。不过，在克孜尔石窟壁画中，这样的人体结构形成另一种趋向，从第77窟后室券顶的伎乐天人就可以看出，上半身分割成六个块面，胸部已形成两个方块，虽然腰部略有收缩，但从小腹上部或是肚脐部分形成一个十字线，正好把这部分分成四个块面，这样的形式在克孜尔石窟壁画中十分流行。在克孜尔石窟第17窟、38窟、80窟、110窟等窟壁画中都可以看到，尤其是一些洞窟变色以后，人物上半身的六个块面非常明显，如第17窟的菩萨形象以及故事画中的人物（图6-4）。这种人物肌体表现的方法，近源于北印度的犍陀罗地区，远源于古希腊、古罗马的造型艺术。

从犍陀罗的雕刻佛像中，我们可以看到较多的例证。如一件犍陀罗雕刻梵天劝请（图6-5），中央的佛像上半身斜披络腋，肌体大部分可以看到，从胸部到腹部大致分为六个块面。从大英博物馆所藏的一件约公元1世纪的古罗马青铜宙斯像上，也可以看出上半身明显分为六个块面的情况（图6-6）。在古希腊、古罗马的雕刻中，类似这样的裸体雕像十分常见，这样的人物造型手法被犍陀罗所吸收，并应用在佛教雕刻和绘画中。虽然有的雕刻并不明显地分为六个块面，但上半身的造型特点仍可看出来自古希腊、古罗马的影响。而克孜尔石窟中的人物造型，在继承了犍陀罗艺术的人物造型手法之后，逐步变得程式化了。

---

① 段文杰：《十六国北朝时期的敦煌石窟艺术》，载敦煌文物研究所编《敦煌研究文集》，甘肃人民出版社，1982。

图6-4　克孜尔石窟第17窟　菩萨

图6-5　犍陀罗雕刻　梵天劝请（2世纪）

　　　　德国柏林国立博物馆藏

图6-6　古罗马雕刻宙斯像（1世纪）

　　　　大英博物馆藏

　　莫高窟第275窟菩萨的晕染方法与克孜尔石窟壁画中菩萨的晕染方法并不完全一致，如把胸部以下至腹部的结构以圆弧形晕染代替，克孜尔石窟壁画中菩萨身体那种明确块面的分割，就显得较为模糊了；即在全身的人体比例上，缺乏龟兹壁画中那种严格的块面结构。莫高窟第275窟壁画中的人物形象相对来说，比例上存在着参差不齐的情况，如南壁的故事画中，右侧的人物显得短促，不合比例，上部的天人形象，上半身与下半身也不协调。总的来说，第275窟的壁画人物显然是在模仿龟兹壁画的技法，只是并未全部掌握，显得有点概念化，但这样的技法表现出来的菩萨、天人等形象具有体格强健的特点，在一定程度上体现了龟兹人物画的风格。

　　然而，莫高窟第272窟北魏以后洞窟的菩萨形象再没有出现第275窟的菩萨晕染法，而是按照某种已有的形式发展，使我们感到来自龟兹的人物画法并没有被全部接受，而是产生了改变，这种改变是怎样形成的呢？敦煌以东的石窟炳灵寺石窟、天梯山石窟、文殊山石窟等处尚存少量的壁画。

　　炳灵寺第169窟时代较早的第2龛，残存一身菩萨，面部短而圆，左手提一净瓶，上半身晕染采用了西域式晕染法，肌体块面的分割类似莫高窟第272窟菩萨的画法，胸部分割成近似两个方形，腰部没有收缩，腹部却有近似菱形的晕染痕迹，但身体总的结构画法与莫高窟第272窟菩萨画法是一致的。

　　炳灵寺第169窟第12号龛的壁画，佛和菩萨的形象也采用了西域式晕染法，在鼻梁、眉棱等处以白色打底，只是表层晕染部分的颜色已经看不到了，但残存的白色与龟兹壁画和敦煌壁画人物面部的画法是一致的，但是胁侍菩萨的造型并没有按龟兹的画法，且大部分包裹在衣服中，看不出身体的结构了。左上侧的二身飞天，上半身结构胸部块面的分割较高，类似莫高窟第275窟的画法，但由于褪色，无法看到晕染，也无法断定是否有过像敦煌壁画那样的晕染。

　　炳灵寺第169窟有西秦建弘元年（420年）的题记，但在这个自然形成的大型洞窟中，不同的龛壁，完成时代以及绘画水准存在着很大差异。从第2龛残存的壁画以及第6龛佛背光中绘制的天人等形象来看，画家对人物表现技法掌握得十分熟练，但在第11号、12号龛等处的壁画中，不论是佛、菩萨形象还是供养人像的表现都显得技法不精、造型不准，而且中国传统的画法与西域式画法并存，表现出内地石窟初创期的特征。

　　天梯山石窟，有的学者认为就是北凉沮渠蒙逊所开的凉州石窟①，从考古

―――――――
　　① 敦煌研究院、甘肃省博物馆编著《武威天梯山石窟》，文物出版社，2000。

调查来看，确实有一些洞窟属于北凉时代，具有北凉时代河西石窟的一些特点。从天梯山第4窟中心柱东向面和南向面的菩萨形象来看，造型上体格较瘦小，溜肩，胯部向前倾，身体近似"S"形，下半身较长，全身显得较苗条，手臂与腿部较僵直，与现存的龟兹壁画中菩萨的形象有很大差异。从晕染形式看，南向面的菩萨，胸部分为两个方块，腹部形成较大的圆形，如果把胸部看作一个块面，上半身似乎等分成了三个部分，但从外形来看，除了肩部较宽以外，上半身没有明显变化（图6-7）。

图6-7　天梯山石窟第4窟　菩萨　（北凉）

　　天梯山石窟第4窟壁画的菩萨形式，与上述莫高窟第275窟和第272窟都不完全相同，但从第275窟南壁的一列小菩萨的形象上，我们发现与天梯山石窟十分接近的特征。笔者在考察早期菩萨像的裙饰时，曾提到过天梯山石窟第4窟菩萨的裙饰与莫高窟第275窟南壁菩萨像的一致性[①]。

　　莫高窟第275窟南壁故事画下部的这一列菩萨，与北壁故事画下部的一列供养人相对绘出，这些菩萨的画法与西壁及南北壁上部的菩萨及天人画法稍有不同，人物面部呈鹅蛋形，体形较为苗条，溜肩，肌肉的晕染并不强烈，与南北壁上部龛两侧菩萨那种强健、敦厚的体格相比，显然是另一种风格（图6-8）。这一列菩萨所占壁面不大，特别是每一身菩萨的体量较小，无法与南北壁上部佛龛两侧的菩萨形象相比，在全窟壁画中算不上是主要形象，这样的画法显然也算不上是主流，但是这种菩萨形象的出现，反映了在以龟兹人物画法为主的莫高窟第275窟存在着另类的风格，同时与天梯山石窟的菩萨造型和表现手法类似。

图6-8　莫高窟第275窟　菩萨（北凉）

　　① 赵声良、张艳梅：《敦煌石窟北朝菩萨裙饰》，《敦煌研究》2005年特刊，第64-76页。

　　如前所述，北凉莫高窟第272窟的菩萨与第275窟的不同，身体轮廓较圆，晕染也是形成圆形的特点。这一点与天梯山石窟壁画中的菩萨有些接近，只是比起天梯山石窟壁画中的菩萨，第272窟的菩萨显得强健、厚重一点——这正是西域菩萨的特点。在北魏以后的莫高窟洞窟中，如第251窟、254窟、263窟等窟壁画中的菩萨、天人形象，是沿着第272窟的菩萨造型方法而发展的，其中无疑接受了凉州壁画人物造型方法的影响，形成了普遍的画法。

　　其主要特征是：上半身胸部形成两个较大的块面，腹部以肚脐为中心形成椭圆形，胸部与腹部之间肌体稍有收缩，但总的来说，身体轮廓由胸部到腰、腹的变化不大，没有龟兹壁画中的菩萨那样，身体曲线起伏较大，但菩萨立像往往身体较长，尤其是双腿长而僵直，甚至有些夸张，胯部前倾，身体大体呈"S"形，形态也更加灵活多样，上身半裸，晕染厚重。

　　也有部分坐姿的菩萨表现出较多的西域风格或是印度风格，如莫高窟第254窟的尸毗王形象就是典型的一例。第254窟北壁的尸毗王本生故事中，尸毗王的形象是画面的中心，这是画家精心绘制的主要人物。尸毗王左腿盘起，右腿自然下垂，这种"游戏坐"式表现出人物从容自然的神态，上半身微微向后倾，左手扬起，似乎为挡住正在追逐鸽子的老鹰，右手托着鸽子，整个身体呈"S"形。尸毗王的身体经过了精心晕染，变色后的今天，依然可以感觉到色彩层次的丰富和刻画的细腻（图6-9）。尸毗王面部鼻梁和眼睛有白色，沿眼睛周围，变黑的颜色依然可见晕染的渐变过程，上半身的晕染突出胸部的两块圆形肌肉，腹部可见弧形的晕染带。这样的块面分割在北凉莫高窟第272窟也已出现，但以坐姿表现的菩萨，在造型上这样完美的，在莫高窟并不多见。

　　类似的造型，我们在克孜尔石窟第110窟佛传故事画面中也可以看到，但在躯体上的晕染部位是完全不同的，克孜尔石窟壁画中，人物上半身是按六个块面进行晕染的，较为准确地表现出人体结构，而且表现出健硕有力的体态。但莫高窟第254窟的尸毗王形象显得更为自然，体现了一种雍容亲切的精神面貌。与印度阿旃陀石窟壁画相比较，在人物形态、结构及身体肌肉的晕染方法上，敦煌壁画的尸毗王形象与阿旃陀石窟第1窟壁画中的莲花手菩萨等形象非常一致（图6-10）。当然，由于色彩成分的不同，变色情况也完全不同，印度壁画中看不出像敦煌石窟或克孜尔石窟壁画中沿人体轮廓等部位形成的晕染带，这可能是由于印度壁画所用的颜料与中国壁画有较大差异，晕染技法也存在细微差别。

图6-9 莫高窟第254窟北壁
尸毗王像（北魏）

图6-10 阿旃陀石窟第1窟 菩萨
（6世纪前半叶）

与阿旃陀石窟壁画的人物造型相比较，可以看到，不论是龟兹壁画还是敦煌壁画，在人物造型或晕染方法上，虽然受到印度的影响，但都不同程度地形成了形式化的方法。龟兹壁画中，如前所述，人体上半身以六个块面分割进行晕染，在很多洞窟中普遍存在，在敦煌壁画中则形成了与龟兹壁画不同的晕染方法，也在北魏到西魏期间十分流行。对人体这样分块面进行晕染，不论是龟兹式的晕染法还是敦煌式的晕染法，都不是印度本来的方法，但它们都可以追溯到印度。如果把龟兹壁画作为一种标准的西域风格，那么，敦煌北凉北魏菩萨表现出的画法特征，则是在接受西域风格的同时，受到了来自凉州壁画的强烈影响，从而形成与龟兹有别的画法。

第二节　早期壁画中的"中原式"人物画

敦煌早期壁画中的佛、菩萨及佛教诸神像的绘制，经过了对外来样式的模仿、改造，最后形成新的艺术形象。对人物（佛、菩萨等）的表现，反映了在本土传统画法的基础上不断地吸收外来画法的过程，这个"外来"的画法，实际上包括了来自西域（包括敦煌以西的龟兹、于阗以及中亚和印度等地区）和中原的画法。

如果我们把明显带有西域因素的绘画归入"西域式"画法，那么，除了西域式画法外，还有两个方面的绘画因素：一是汉晋以来流行于敦煌地区的人物画法，二是北魏晚期从中原传来的新样式。因此，我们在讲中原风格的同时，不能忽略汉晋以来已经在敦煌地区形成的人物画法。

敦煌自汉代建郡以来，强大的汉文化源源不断地传入敦煌，并在敦煌形成了较深厚的文化积淀，为后来敦煌石窟艺术的产生奠定了文化基础，这一点前人已有深入的研究①。从敦煌出土的魏晋墓以及汉代以来与敦煌属于同一文化圈的酒泉、嘉峪关等地出土的魏晋墓中，就可以看到不少壁画遗迹，如敦煌祁家湾369号西凉墓出土的宴饮犊车图壁画砖：上部表现墓主人夫妇坐于帐内，前面有一人在表演杂耍；下部表现一女子坐于篷车上，前有驭者赶车。壁画中色彩较少，主要以线描造型，线条的粗细可以看出用笔力度的变化，反映出中国传统以软毛笔绘画的特征。大部分壁画砖都表现出打猎、骑射、庖厨、饮

---

① 史苇湘：《丝绸之路上的敦煌与莫高窟》，载敦煌文物研究所编《敦煌研究文集》，甘肃人民出版社，1982。

食、燕乐等生活场景，富有浓厚的社会生活气息，但由于这些壁画砖都是置于墓室，一旦封闭，就不可能再有人见到，因此，一般不会进行细腻的表现，而往往是以简单的笔触勾出大体的形象，色彩也较单一。然而，画家往往能通过寥寥数笔把握住人物的动态和精神面貌，体现出生动的形象，这一点正是中国传统绘画的一大特点，即以线描为主要特征，以表现人物的精神气韵为最高目标。

　　佛教艺术传入敦煌，并在敦煌逐步形成了颇具规模的石窟艺术，不可能全盘按照外来的彩塑和绘画样式创作。从洞窟建筑形制等方面，我们已经知道覆斗顶窟的形式、中心柱窟的人字披顶、斗拱装饰，以及阙形龛形式等，都是传统样式对外来艺术形式的改革①。那么，在壁画绘制方面，是否也有传统绘画样式呢？北凉时代莫高窟第275窟的壁画，体现出较浓厚的外来样式特征，由于大部分壁画变色严重，难以对具体的色彩和线描进行分析；但在南北两壁的中部，以前有宋代砌墙挡住的部分，在搬迁宋代墙壁后，即可见一道北凉原作的色彩鲜艳的壁画，从这些未变色的壁画千佛、菩萨像、供养人像等形象上，我们可以看到虽然以西域式晕染法对身体肌肤进行了由浅到深的晕染，但其中的线描仍可以看出中国式的笔法。这些由中国的毛笔绘出的线条，具有粗细变化，并表现出画家用笔时轻重缓急等不同的特征。线条不是形体的附属物，线条成为造型的重要手段，这一点与印度或西域式绘画不同。

　　如前所述，莫高窟第275窟的壁画人物，总的来讲还是西域式画法，虽然在笔法上流露出传统画法的习惯技法，可以把它理解为佛教壁画初期的特征。在北魏诸窟中，以劲健的铁线描配合凹凸晕染法表现出来的西域式人物特征就很成熟了。但在整个北朝时代的石窟中，往往在描绘佛像、菩萨像时采用西域式晕染法，而在画供养人形象时采用传统画法。莫高窟第263窟是建于北魏的一个中心柱窟，窟内大部分壁画都被宋代重绘的壁画所覆盖。近代不知何时，部分宋代壁画被揭起，露出了下层的北魏壁画，其中南、北壁东侧下部和东壁下部均有供养人画像。这些供养人主要以线描造型，虽然色彩较厚重，但基本是平涂颜色，没有采用表现立体感的西域式晕染法，特别是面部表现，以粗细变化的墨线表现出眼睛和嘴角的微妙特征，从而体现出人物的感情世界。而在这些供养人上部的千佛，尽管每一身佛像形体都很小，但画家依然按西域式的方法，对佛像肌肤部分进行了严谨的色彩晕染，表现出富有立体感的千佛形象。显然，当时的画家是把佛像与供养人像分成两个类型来处理的，佛像是必须以外来的手法表现的，而供养人本来就是本地人物，人们已经习惯了传统人

---

　　① 参见第二章。

物的绘画形式，所以采用了与佛像不同的处理方式。

北魏晚期到西魏的莫高窟石窟壁画中，出现了新型的人物画法。北魏莫高窟第260窟、263窟已出现了菩萨形象较为瘦削的特点；第435窟南北壁的菩萨像，更是身体较长，而飘带和衣裙表现出飘举的动态，同窟的人字披顶部飞天的形象也比较清瘦，长裙和飘带在上部形成有规律的飘扬状态；第249窟佛龛两侧的菩萨也可以看出，身体修长，较为夸张，头与身长的比例接近1∶8。但以上诸窟的壁画菩萨像均采用西域式画法，仅在形体结构上有所变化。

莫高窟第285窟的壁画中出现了全新的佛像造型，在洞窟北壁、东壁的说法图、南壁故事画以及窟顶壁画中，不论是佛、菩萨形象还是世俗人物形象都一改北魏以前的作风，完全以中原式的人物面貌出现（图6-11）。这种新风格的突出特征在于人物造型修长、衣饰繁多，就是所谓"秀骨清像"与"褒衣博带"的特征。在绘画技法上，注重笔法，通过线描的变化来表现人物的肌肤和衣服、装饰物等的质感，特别是面部造型，对眼、眉、嘴唇的细微特征有细腻的表现，体现出中国人的性格和气质。此外，还有如下一些特点。

图6-11　莫高窟第285窟东壁门南 说法图（西魏）

　　第一，衣饰表现的装饰性是中原新风格在外观上的最大特点。这时的衣服、飘带往往注重形式感，衣裙垂下的边缘和飘带末端都形成了尖角。这些尖角与实际衣饰已经相去甚远，显然不是写实性的表现，而成了一种装饰的需要。这些衣角与飘带形成有规律的排列，造成了形式上的独特美感。从绘画表现来说，与西域式画法讲究写实的立体感正相反，此处追求的是一种平面的装饰美。

　　第二，对动态与"气韵"的追求，往往通过眼神的变化、手势的动态以及袈裟垂角飘举的形态来表现（图6-12）。菩萨有的身体向后仰，有的仅画侧面，显示出身体的动作，而嘴角的弯曲、眼睛的神态，更体现出细致微妙的神采与动态。配合人物精神因素的，还有衣饰的飘动感，菩萨长裙下摆向两侧铺开，从身上垂下的飘带也在身体两侧形成很多尖角，这些尖角仿佛是在风中飘扬起来的样子，以此衬托出一种飘飘欲仙的感觉。至于在说法图上部和窟顶飞动的飞天等形象，则在其周围描绘出大量的云气和飘散的花朵，以表现其在天空中飞舞的动态。

图6-12　莫高窟第285窟北壁　菩萨（西魏）

　　第三，注重线描造型，用笔劲健，体现出力量感。在窟顶表现天空的天人、神仙等画面中，以流畅的线描表现出行云流水般的效果，飞天的飘带和衣裙在天空飞动，东壁和北壁的说法图与供养人像中，也能看出对不同的对象通过线描的轻、重、疾、徐表现出的不同质感和性格。总的来看，以线描的力度表现出一种"动"的气氛，是本窟壁画的一大特色。西壁的"西域式"人物中，除了色彩晕染采用西域手法外，在表现人物面部造型以及衣纹的线描上，依然可以看到流畅而充满力量感的线条。

　　莫高窟第285窟有大统四年（538年）、五年（539年）的题记，与北魏晚期东阳王元荣出任瓜州刺史的时间最接近，因而推测极有可能是元荣从中原带来的新风格。关于北魏末至西魏时期敦煌壁画中出现的新风格，段文杰先生等曾做过深入的研究，他在《敦煌早期壁画的时代风格探讨》一文中把这种中原风格的人物造型总结为"人物面相清瘦秀丽，额广颐窄，尖下巴，鬒髻飘飘，鬓发长垂，眉目疏朗，嫣然含笑，头顶花冠，脚登方头履，衣裙飘举"，并采用了中国式晕染法[1]。关于这种中原风格的来源，较多的学者笼统地将其归结为受顾恺之、陆探微的影响。如李文生先生在《中原风格及其西传》一文中列举南朝画像砖之例时，指出"这些都是顾恺之、陆探微'秀骨清像'一派风格的作品"[2]。段文杰先生则认为中原风格是"始于顾恺之、戴逵，成于陆探微"，但是顾恺之生活在345—406年间，而陆探微生卒年不详，但他作为一位画家较为出名的时代大约在宋齐之时（420—502年），这两人的时代相差近百年，二人的画风也不可能完全一样。

　　"秀骨清像"一词，本来是唐代评论家张怀瓘对陆探微绘画风格的描述。全文如下："陆公参灵酌妙，动与神会，笔迹劲利，如锥刀焉。秀骨清像，似觉生动，令人懔懔，若对神明，虽妙极象中，而思不融乎墨外。夫象人风骨，张亚于顾陆也，张得其肉，陆得其骨，顾得其神。"[3]这段评语是最得张彦远认同的，由于陆探微的作品没有一件流传下来，我们无法分析其艺术特点，但根据画史的评语，我们可以大致看到两个重要特征。

　　一是用笔技法极高。陆探微的成就主要体现在他的用笔方面，"笔迹劲利，如锥刀焉"是最符合从谢赫到张彦远诸家的评价标准的，所以从南朝到

　　① 段文杰：《敦煌早期壁画的时代风格探讨》，载段文杰主编《敦煌石窟研究国际讨论会文集 石窟艺术编》，辽宁美术出版社，1990。

　　② 李文生：《中原风格及其西传》，载段文杰主编《敦煌石窟研究国际讨论会文集 石窟艺术编》，辽宁美术出版社，1990。

　　③ 张彦远：《历代名画记》卷六，人民美术出版社，1963。

唐代诸家都一致推崇陆探微。《历代名画记》中还记载了书法家王献之曾作"一笔书"而著称，作为画家的陆探微"亦作一笔画，连绵不绝，故知书画用笔同法"。

二是人物造型清瘦，即"秀骨清像"的特征。除了前述张怀瓘对陆探微的评价外，谢赫、李嗣真、张彦远都没用太多的笔墨记录和描述这位画家具体的绘画作品。大约是由于艺术成就太高，已经无法用语言来形容了，陆探微画的人物清瘦而有神，则是被公认的特征。

崇尚清瘦，是魏晋以来流行的审美风气。顾恺之曾在瓦棺寺画维摩诘像，有"清赢示病之容，隐机忘言之状"①，论者多以为这就是"秀骨清像"风格的源头。但从顾恺之的全部作品来看，恐怕清瘦并非其主要倾向。时代较早的文献如《古画品录》《建康实录》等书所记并没有讲顾恺之人物画的清瘦问题，只是说画完之后"光耀一月余日"或"光明照寺"，是指顾恺之画完维摩诘像之后华丽灿烂的效果。虽然欣赏"秀骨清像"之美是从东晋到南朝一个总的审美倾向，但在绘画中表现成熟并形成一种流行的技法，可能还是到陆探微时期才形成的，而且由于陆探微的特点是"笔迹劲利"，可以说达到了"骨法用笔"的最高境界。

陆探微成名的时代与北魏孝文帝改革大举学习汉民族文化的时代较近，在孝文帝改革的形势下，以陆探微为代表的南朝艺术便传入北方，先是在北魏首都洛阳产生影响，继而在东阳王元荣赴瓜州之时，便传入了敦煌。问题是由于陆探微的作品没有保存下来，我们依然缺乏认识陆探微一派画风最直接的材料。南方也曾出土类似竹林七贤图等砖雕，龙门石窟及洛阳周边的佛教遗迹也基本上是雕刻，虽然在一定程度上可以反映人物形象及表现风格，但毕竟不等于绘画。所以敦煌壁画中出现的"中原式"新风格仅仅是从当时的文化历史发展背景来看应属于陆探微一派风格，至于陆探微的绘画究竟是怎样的形式，就无从得知了。

从南朝到北朝，从中原到敦煌，一种绘画样式的流传到底在多大程度上保持了原来的样式风格，也就无从得知了。从莫高窟第285窟壁画中所见的人物来看，形象的清瘦、飘逸的神态、线描的强劲等特征，无疑是与《画史》所载陆探微的风格一致的。但是，第285窟壁画中也表现出了过分形式化的倾向，如衣服和飘带出现的有规律的尖角，与服饰实际形成的褶皱相距甚远，这种过分形式主义的特色，反映了当时在对新样式的模仿中，由于对原作的理解不够

---

① 张彦远：《历代名画记》卷二，人民美术出版社，1963。

而产生的形式化追求，说明对当时中原新风格要达到真正消化吸收，还需要一定时间。

第三节　中原式与西域式画法的融合

于莫高窟而言，虽然第249窟、285窟大规模地出现了中原样式的画法，但西魏的其他洞窟并没有那样集中地表现出新风格，多为旧有的西域样式与中原样式并存，而且往往是西域样式占主导地位。北周以后，大部分洞窟都表现为西域样式与中原样式同时并存的局面，而此时的中原样式出现了一些微妙的变化。

佛、菩萨等形象，完全按西域样式来表现的仍占主要部分（如第428窟），但出现以新画法表现的菩萨、天人等形象，如第461窟西壁佛龛两侧有十大弟子及菩萨，这些形象没有完全采用西域式晕染法，而是采用西域式晕染法与中原式晕染法结合起来的新方法（图6-13）。中原式晕染法在第285窟已经出现，西域式晕染法是"染低不染高"，即在周围染出深色，在中央以高光突出立体部位，而中原式晕染法正好相反，是"染高不染低"，因为面部呈白色，就在高光部位染色，表现出面部红润的样子。中原式晕染法也见于北朝的墓室壁画中，在西魏的洞窟中仅出现在一些供养人像和飞天形象中，尚未普及。北周已开始用中原式晕染法表现正壁的佛、菩萨形象，但画家似乎并没有完全放弃西域式的办法，而是将两种方法结合起来使用。第296窟、297窟、299窟、301窟等窟中都可以看出在正壁佛龛内及龛两侧重要位置上的菩萨、弟子等形象都采用了这种新型的晕染法。

在飞天等形象的表现中，较引人注目的是西魏那种过分形式化的表现已经改变。西魏第285窟等窟壁画中人物的衣饰往往以整齐的飘带以及末端形成的尖角来表现，北周时期的壁画中，不论是飞天还是世俗人物，服饰和飘带表现得更为柔和而近于写实，如第461窟、290窟、296窟等窟的飞天，线描更注意流动、变化，那种为了强调其力量感而有意造成尖角的情况再没有出现。

线描表现的深化与成熟，反映出线描不再是那种有规律的排列形成的装饰风格，而是根据人物身体的变化、服饰不同的质感而产生转折变化，形成富有生命力的东西。这一点在第290窟人字披顶的佛传故事画和第296窟窟顶与南北壁的故事画中表现得最为典型与丰富。

图6-13 莫高窟第461窟西壁 菩萨（北周）

北周时期部分洞窟并没有采用新的中原式画法，又恢复了西域式的晕染法，如第428窟等壁画中的西域式画法与北魏时期壁画也不完全一样，人物头部较圆，色彩晕染比起北魏的壁画也有简化的倾向。有的学者认为，北周壁画的人物是张僧繇"面短而艳"的风格，恐怕有些附会。一是南朝画家张僧繇的作品没有保存下来，难以比较；二是六朝至唐代的评论家对张僧繇的作品评价极高，却未言及具体的人物如何，仅有"顾得其神，陆得其骨，张得其肉"之说，主要是与顾陆相比较而言道出三人绘画的倾向。讲张僧繇的人物"面短而艳"是宋代人讲的①，张僧繇作品在唐代已较少见，宋代能见到的更少，仅从一两幅画上的某一特征而言，是不能代表张僧繇风格的。为此，敦煌壁画与张僧繇画风之间很难找出二者的关系。

北周以后开始融合中原式与西域式画法，这一趋势一直发展到隋代，人物面部和肌体的用色非常厚重，尤其面部晕染可以看出在采用西域式晕染的同时，也有中原式的晕染。菩萨身上的衣饰变得繁多，璎珞、臂钏等装饰物也十分丰富。为了表现其华丽，还往往以贴金的办法来表现璎珞。隋代的塑像也有细致而华丽的彩绘，以表现菩萨身上衣饰的花纹。服装纹饰中出现大量的菱格纹、圆环联珠纹、狮凤纹等来自波斯的纹样，反映了隋代与中亚、西亚诸国的交流，可以说隋代文化具有国际化的特征，在人物画法上，兼采中国传统技法与西域技法。

在第419窟、420窟、427窟等窟的壁画中，不论是佛、菩萨还是佛弟子像，都有厚重的晕染，由于变色严重，已很难得知其原貌，但从变黑的程度仍可看出其晕染的技法，正是融合了西域画法与中原式晕染手法而成。

除了有相当一部分隋代壁画是采用色彩厚重的晕染法绘成，还有一部分隋代壁画却是采用了以线描为主、色彩较淡的办法来表现的。第276窟可以说是一个典型代表，此窟西壁佛龛两侧分别画出维摩诘与文殊菩萨做对谈状。隋代的维摩诘经变中，通常在维摩诘与文殊菩萨身旁都有众多人物，画面比较拥挤，但此窟的维摩诘经变仅画出主人公形象，没有一个多余人物，人物画得较大，龛北侧的维摩诘手持麈尾，嘴唇微启（图6-14），正面向文殊菩萨做谈话之状。与之相对的文殊菩萨站于莲台上，双手在胸前打着手势，好像正与维摩诘讨论问题。

---

① 米芾《画史》载："张笔天女宫女面短而艳。"类似的评语却不见于唐人或更早的画论，故米芾所见的作品恐怕有点偶然性，并非张僧繇作品普遍的风格倾向。

图6-14　莫高窟第276窟西壁北侧　维摩诘像（隋）

画家以简练的笔法，表现两位智者的对谈。人物以土红线描勾勒，衣服及头光等仅用了土红、赭石、石绿、黄色等几种颜色。面部和肌肤基本不加色彩的晕染，面部轮廓及须发、嘴唇与身上的衣饰等，完全通过线描的粗细、用笔的疾徐变化来表现不同的质感与效果，反映出画家在笔法应用上极高的造诣，这一点正是中国传统绘画非常推崇的"笔才一二而象已应焉"的效果。同窟南北壁的大型说法图也是人物画得较大，以线描造型为主，薄施彩色。如南壁的说法图中，迦叶一手托钵，一手持花，面侧向佛，嘴唇微张，形象鲜活；北壁说法图中，菩萨像面朝佛像，头微低，一手托举莲花，一手持净瓶，表现出恬静而虔诚的神态。总之，此窟的人物形象完全以线描为主来表现，画家通过人物的细微动态来表现其精神世界，色彩成了线描的补充形式，人物的传神是通过笔法来体现的，这正是中国式绘画的艺术特征。不过，像第276窟这样以线描为主、色彩简淡的人物画在隋代并不多见，这样的绘画风格到了唐代才进一步发扬光大。

第四节　写实精神与初唐人物画

阎氏父子（阎毗、阎立德、阎立本）在隋唐之际对中国艺术史产生过重大影响，因为他们都不是单纯的画家，还在建筑设计、器物设计与制作方面具有很高的造诣，并在朝廷中担任重要职务。

隋文帝时，阎毗以"技艺侍东宫"，深得皇帝喜爱，后来官至朝散大夫、将作少监，是朝廷中负责宫殿建筑、仪仗、服装等方面制作的官员。阎毗善于制造，对于隋代的辇辂车服制度有很大贡献，他也曾参与征辽的战斗，立下军功[①]。

阎毗之子阎立德，完全继承了父亲的才干，他熟悉典章制度，能按规矩为皇帝制作衣服及相关的腰舆伞扇等物，为时人所称道。

阎立德之弟阎立本，于显庆年间继立德之后任将作大匠和工部尚书，但在此前他已经体现出卓越的绘画才干。太宗曾让他画《秦府十八学士图》及《凌烟阁功臣图》。唐初的评论家彦悰说："阎师与郑，奇态不穷，像生变故，天下取则。"[②]他把阎立本与郑法士相比，认为他们是天下绘画的楷模。李嗣真认

---

① 魏徵：《隋书》之《阎毗传》，中华书局，1973。

② 张彦远：《历代名画记》卷九，人民美术出版社，1963。

为，二阎自北朝杨子华以后，"象人之妙，号为中兴"，指的就是在人物画方面，二阎是开创了一个时代的巨匠。按《唐朝名画录》载，阎立德、阎立本共同创作了如《职贡图》《卤簿图》等图，阎立本还奉诏"写太宗御容"[1]。由于阎立德、阎立本兄弟在宫廷中的地位，他们可以接触帝王和大臣，可以画出符合相关制度的人物形象；而在接触国外使节方面他们也有优势，可以画出《职贡图》中这样的人物，使他们的作品具有典范作用。他们绘出《历代帝王图》《职贡图》后，粉本就会流传于各地，以至于远在敦煌的佛教石窟中也可以看到当时流行的帝王图和外国人物图。

初唐莫高窟第220窟（贞观十六年，642年）、332窟（圣历元年，698年）、335窟（垂拱三年，687年；圣历二年，699年）等窟的维摩诘经变中，都画出了帝王图（图6-15）与外国王子图。

图6-15　莫高窟第220窟东壁北侧 帝王图（初唐）

---

① 朱景玄：《唐朝名画录》，温肇桐注，四川美术出版社，1985。

这些图如果与波士顿美术博物馆藏《历代帝王图》比较，人物神态及绘画风格都存在相近的特征。帝王均着衮冕，左右有众多大臣簇拥，尤其值得注意的是帝王服装上的所谓"十二章"纹样。按《周礼》，十二章包括：日、月、星辰、山、龙、华虫、宗彝、藻、火、粉米、黼、黻。自周代以来，十二章纹样用于皇帝和大臣的朝服，至于在朝服上绣哪几种纹样，则是各朝有所不同。即使是天子之服（包括大裘冕、衮冕、毳冕等六种），也根据用途的不同，而对纹饰有所增减①。在冕服的发展中，我们注意到隋代在承袭了北周的冕服九章制度时，增加了日、月、星辰的纹饰。"于左右髆上为日月各一，当后领下而为星辰，又山、龙九物，各重行十二……"②初唐承隋制，衮服绘十二章纹样正好在敦煌壁画中体现出来。

莫高窟第220窟东壁北侧帝王的衮服上，可以看到在其两肩的位置上各画一个圆圈，一侧圆圈内有鸟形，另一侧圆圈内则画了兔子。可知圆内有鸟为金乌，表示太阳，圆内有玉兔表示月亮，这是自汉代以来绘画中表现日月的基本样式。服装上还可以看到有山岳和龙纹，在前襟部分，有很多花纹，为藻纹，另外，白色的小点形成小花形图案的，为粉米。在袖口位置有类似"亚"字形的，为黻。这样我们至少可以判断有"十二章"中的七种纹样，即日、月、山、龙、藻、粉米、黻。

除了第220窟外，初唐洞窟中出现帝王图的还包括第332窟、334窟、335窟。第335窟北壁帝王服饰上，表现了"十二章"中的八种纹样；第332窟有五种；第334窟的帝王图较特别，是画在龛内塑像后面壁上的，帝王未戴冕旒。在波士顿美术博物馆藏的《历代帝王图》中，冕服上画"十二章"纹样较多的是晋武帝，包括了日、月、星辰、山、藻、黼、黻七种，另外，如吴主孙权、蜀主刘备、后周武帝的冕服上各有五种纹样，汉光武帝和隋文帝的冕服上各有两种纹样③。这样看来，帝王图中可能无法全部画出"十二章"纹样的情况，当然，从历史记载来看，有些纹样本来就是绣在服装背后的，显然只表现正面形象的帝王图是看不到所有"十二章"纹样的。

以第220窟壁画比较阎立本《十三帝王图》（图6-16），特别是晋武帝形象，其衮冕形制以及衮服上的所谓"十二章"纹样，都可以看出一致性。

① 阎步克：《服周之冕——〈周礼〉六冕礼制的兴衰变异》，中华书局，2009，323-326页。

② 魏徵：《隋书》之《礼仪志》，中华书局，1973。

③ 陈文曦：《阎立本的十三帝王图初探——以冕服十二章纹饰为基准》，台湾艺术大学《书画艺术学刊》第四期，2008年，第529-553页。

晋武帝司馬炎

图6-16　阎立本《历代帝王图》　美国波士顿美术博物馆藏

按第220窟绘制的时间看，阎立德、阎立本兄弟已在朝廷任职，阎立本还未担任右相，但其绘画已深得太宗欣赏，时时令其绘画，在武德九年（626年），他已为太宗画出《秦府十八学士图》。这样的大作绘出，无疑会极大地提升阎立本在当时社会的影响力。当时，二阎都有可能画帝王和外国人物图，以他们当时的影响力，这些图画的粉本很快就会流行于民间，甚至在佛教寺院和石窟中都表现了出来。因此，假如《历代帝王图》原本为阎立本所作，就应该作于7世纪前半期，从而影响及于敦煌，而不应该是敦煌反过来影响内地。

帝王的形象是普通民间画工难以想象的，一定有从宫廷中传出的粉本，才能知道其衣冠服饰的规矩。《太平广记》载："立德创《职贡图》，异方人物，诡怪之状。立本画国王，粉本在人间。"[①]这便反映了阎氏兄弟绘画在民间的影响力。古代封建帝王把外国使节的来访看作是朝贡，对这类重大外交活动，也常常让画家画出图像。现在传为阎立本的《职贡图》藏于台北"故宫博物院"，这幅画是否为阎立本的真迹，尚有较多疑问，但阎立德、阎立本兄弟画过《职贡图》这样以表现外国人为主的绘画，则是毫无疑问的。在初唐敦煌石窟壁画中，出现帝王图的同时，也出现了外国人物的形象，这不是偶然，伴随着新形式的维摩诘经变从中原传到敦煌，应该是受当时在长安一带深受推崇的阎氏兄弟的画风影响，二人绘画的标志便是帝王形象和外国人物形象。

敦煌壁画中帝王图的出现，意味着初唐二阎的绘画影响到了敦煌，而二阎的绘画并不止于帝王图，实际上代表了初唐的人物画风。从这个意义上讲，在初唐敦煌石窟壁画中，人物画的成就反映了这个时代在中原画家影响下的绘画精神，包括对人体结构的总体把握和表现的多样性，对人物精神面貌表现的重视，通过对人物面部神态的细微表现来刻画人物性格特征，以及对色彩的成熟运用等等。而敦煌石窟在唐贞观年间出现了阎氏风格的帝王图与外国人物画，表明了敦煌在初唐时期与中原绘画的密切关系。在这个时代，敦煌一地的绘画绝不是一种地方风格，而是与中原完全一致的当时流行的风格。

虽然我们不知道唐代是否有像今天写生的办法，但画家要描绘当时的人物，这是毫无疑义的。秦府十八学士、凌烟阁二十四功臣都是当时的人物，太宗皇帝为了表彰功臣，让画家把他们的形象画在殿堂壁画上，没有充分的写实功夫，很难胜任。当皇帝有接见外国使节等重大活动时，常常会叫画家画出当

---

① 陈高华编《隋唐画家史料》，文物出版社，1987，第40页。

时的人物情景，就像今天的新闻摄影一样。在没有摄影技术的时代，绘画担负着形象纪实的重任，而这种历史记录，对绘画的写实能力要求很高，如果没有这种能力的人，也就无法进行现场写生了。

从中国人物画的发展来看，唐代是一个重视造型的时代。"气韵生动"是六朝以来中国画家所追求的目标，但在这个时期，气韵是靠造型来表现的，所以李嗣真称赞阎立本"象人之妙，号为中兴"，强调的还是"象人"，也就是绘画的写实性。二阎之后，从初唐到盛唐间，按《历代名画记》记载，尚有王知慎（师从阎立本）、陈义、殷参、殷季友、法明等画家，都很善于"写貌"，并在宫中画人物而知名。

对人体结构以及动态的表现，是唐代以后人物画发展的一个重要特征。维摩诘这个佛教界的重要人物深受中国人的喜爱，自东晋时代顾恺之就因画维摩诘形象而著称。唐代的敦煌石窟壁画中，维摩诘完全是一个中国文人形象。莫高窟第220窟的维摩诘，画家从其身体姿势的表现，面部的细腻刻画，特别是眼神的勾描中，反映了一个睿智长者正在张口辩论的情景；与之相对的文殊菩萨则是在安详的坐姿中，通过手的姿势和面部表情表现着丰富的内心活动。两位主人公的身旁画出了帝王和各国王子等众多人物形象，雍容华贵的帝王仿佛正向前行进，而前呼后拥的大臣们都有着不同的面部表情。表现各国王子的一组人物，有的神情专注地倾听，有的则窃窃私语，这些形象不同、神情各异的人物（图6-17），与早期西域（印度）式人物在表现手法上的最大差异在于基本抛弃了西域式的凹凸法，而是以线描为主，配合相应的色彩晕染；而对于面部的细微表情与动态，主要靠线的轻重变化来表现，有时往往不用色彩，充分展示出中国画线描的优势。画在文殊菩萨和维摩诘身旁的菩萨、天人形象，也与下部的世俗人物体现着同样的精神风貌，其画法同样。

人物面部表情，是画家尤其着力刻画之处。通过人物嘴唇、眼睛的细微变化，表现出神态逼真的精神面貌，一颦一笑都富有个性。

除了莫高窟第220窟外，很多初唐洞窟的壁画人物，特别是对菩萨、弟子的表现，也与世俗人物无异，体现出画家以形写神的成就。如第57窟南壁说法图中的菩萨和佛弟子像（图6-18），画家十分注重人物眼神的刻画，或微向下视，或侧目轻睨，眼神的变化又与面部表情、身体动态结合，使人物形象呼之欲出。第209窟、401窟等窟的菩萨像，不再是僵直站立的，而是身体略侧向一边，手与腿部的动作搭配，辅以飘带的变化，表现出如在行走的姿态，人物

就此变得活泼。画家不仅仅在人物整体形象、动态的表现上追求神韵，而且在
具体的面部五官、手臂、手指、双腿等方面的表现都达到了写实而生动的程
度，尤其是眉、眼、口、鼻等细微之处，体现出画家高超的线描技巧。第71窟
经变画中的菩萨、第329窟东壁的说法图及供养人画像、第322窟的菩萨像等
等，初唐莫高窟壁画中可以举出一大批表现人物的成功之例。

图6-17　莫高窟220窟东壁　外国人物（初唐）

隋代以来，西域式晕染法渐渐与中原式晕染法相结合，画家对色彩的运用
十分熟练，而到初唐，画面上已很难看出晕染之法，色彩只是随着线条而渐次
过渡，画家不再刻意表现色彩，却能使色彩按人物的肌肤以及不同的服饰表现
出应有的效果。总的来说，线描成为画面中的主导，但这一切仍然是建立在对
人物形态整体掌握的基础之上。

图6-18　莫高窟第57窟南壁　菩萨（初唐）

第五节　吴道子的笔法

隋唐以后，画家们更进一步通过形态、表情来揭示人物的内心世界。一般来说，佛陀作为崇拜的对象，保持着一贯庄严而慈悲的形象，而不同菩萨的形象则表现出不同的个性。唐代营建的洞窟很多，其中的水平也不免参差不齐，但有相当一批洞窟由当时的高手完成，不论是塑像还是壁画，都代表着一个时代的水准，也成为我们认识唐代人物画艺术的重要资料。

莫高窟第217窟是盛唐洞窟的代表，根据考古研究，此窟建成的时代为705—706年间①，正是莫高窟由初唐进入盛唐的时期，其中的人物画也表现出新的风格。西壁佛龛北侧的观音菩萨身体略呈"S"形，一手持花在胸前，一手提着净瓶；南侧的大势至菩萨两手交叠于腹前，神情雍容。二身菩萨的衣饰都相当华丽、色彩丰富，尤其是纹样丰富的长裙，体现一层层透明的质感，肌肤的晕染色彩较厚重，但变色严重，不过从变色之中，仍能看出其面部眼眉勾勒细致而严谨的笔法。佛龛内的塑像已失，而在头光图案之间画出的菩萨、弟子形象，同样表现出高超的技艺。龛内北侧迦叶的形象，通过头部、脖颈的线描明晰而有力，眼睛的表现稍显夸张却表现出老僧睿智的神情（图6-19）。背光旁边的一个弟子头像，绘出长长的眉毛，而在睫毛之间露出的眼神，炯炯有神。南侧的阿难则是眼睛微闭，如在遐思。画在上部的菩萨像，用色较淡，因而变色不太严重，面部的色彩与线描仍清晰可见，有的嘴唇微启，似欲言说，有的双目半闭，面目慈祥。

莫高窟第45窟的龛内也有类似的菩萨形象，成为塑像的补充。菩萨的面部丰盈，神情慈祥。值得注意的是，不论是第217窟还是第45窟的菩萨、弟子等形象，画家在以线描表现人物形象与神态时，除了通过笔法的灵活变化来表现质感外，还特别注重线条的颜色变化，有的地方用浓墨，有的地方用淡墨或其他颜色。如眉毛和眼睑上部通常以浓墨勾线，而对面部其他部位则用较淡的颜色勾线，嘴唇的中心也以浓墨勾线，配合红色的嘴唇，以强调其质感。

---

① 贺世哲：《从供养人题记看莫高窟部分洞窟的营建年代》，载敦煌研究院编《敦煌莫高窟供养人题记》，文物出版社，1986。

图6-19 莫高窟第217窟西壁龛内 迦叶头像（盛唐）

莫高窟第172窟的人物造型也与前述两窟的风格接近。龛内的菩萨和弟子像也画得十分精彩，但由于此窟变色非常严重，不仔细观察，很难了解其人物形象的细部特征。此窟南北壁的观无量寿经变也是十分著名的，其中的建筑及其在空间构成方面取得的成果，前面已有详细分析。从人物画艺术来看，两铺经变画中的菩萨、天人造型也同样取得了较高成就。如第172窟北壁观无量寿经变中的菩萨，她们或神情专注、听佛说法，或窃窃私语、目光顾盼，或手舞足蹈、做欢喜雀跃状等，不一而足。

莫高窟第103窟的维摩诘经变中的人物描绘，体现着盛唐人物画的最高水平（图6-20）。此窟东壁南侧绘维摩诘坐于帐内，身体前倾，手持麈尾，目光炯炯，嘴唇微启，仿佛正与文殊菩萨论辩的样子。这一人物形象虽然在很多洞窟都有表现，但在此铺壁画中，画家强劲的线描，把人物神情与姿态表现得如此鲜活，十分难得。人物面部的轮廓及衣纹的线条充满韵律，包括表现胡须的细线，似乎都与人物的精神密切相关。显然画家对自己的线描笔法极有自信，为了突出线的韵味，除了衣服上有赭色、黑色和绿色染出外，身体大部分都不用色彩。与维摩诘相对的文殊菩萨则是神情安详，右手持如意，左手伸出二指，表现出从容对谈的姿态。如果说在维摩诘的描绘上显示出一种强烈外张的力量，那么，文殊菩萨的形象则要松弛得多，安静、从容似乎更符合菩萨的个性。而这一张一弛，在对称的画面中，也形成一种平衡。

在维摩诘下部的外国人物与文殊菩萨下部的中国帝王及大臣形象中，同样也构成一种对比。外国人物排在前列的都是半裸身体，仅着短裤，肌体外露。由于服装不统一，画面结构相对来说较松；而中国帝王及大臣们都衣着整齐，华丽的服装、衣纹形成了有规律排列的线条，在视觉上造成一种紧密的气势。这一松一紧的对比，与上部两位主角的对比相呼应，使画面构成疏密相兼、松弛结合、层次丰富而完整。

这种以线描造型为主，在画面中造成完整气势且具有感染力的人物画，令人想到唐代画家吴道子的风格。吴道子被称为"画圣"，唐代以来的画论中，对于吴道子没有不推崇备至的。

> 景玄每观吴生画，不以装背为妙，但施笔绝踪，皆磊落逸势，又数处图壁，只以墨踪为之，近代莫能加其采绘。凡图圆光，皆不用尺度规画，一笔而成。

> ——朱景玄《唐朝名画录》

> 唯观吴道玄之迹，可谓六法俱全，万象必尽，神人假手，穷极造化也。所以气韵雄壮，几不容于缣素。笔迹磊落，遂恣意于墙壁，其细画又甚稠密，此神异也。

> ——《历代名画记》之《论画六法》

> 国朝吴道玄，古今独步，前不见顾陆，后无来者，授笔法于张旭，此又知书画用笔同矣。张既号书颠，吴宜为画圣，神假天造，英灵不穷，众

皆密于盼际，我则离披其点画；众皆谨于象似，我则脱落其凡俗。弯弧挺刃，植柱构梁，不假界笔直尺。虬须云鬓，数尺飞动，毛根出肉，力健有余。

——《历代名画记》之《论顾陆张吴用笔》

图6-20 莫高窟第103窟东壁门南 维摩诘像（盛唐）

从上述这些记载中可以看出，吴道子绘画最受推崇的，也是他的画中最具特色的，就是用笔。他能够不用圆规直尺而在墙壁上画出圆光和建筑，说明他运用毛笔的功夫很深。更重要的是，他能够不满足于"象似"，而追求神韵的表现，从而达到绘画的最高境界。吴道子的作品绝大部分都见于寺院中的壁画，《唐朝名画录》引用《两京耆旧传》中说："寺观之中，图画墙壁，凡三百余间，变相人物，奇踪异状，无有同者。"可惜一千多年之后的今天，长安、洛阳的唐代寺院都没有保存下来，吴道子的作品我们也就无从得见。

而在敦煌壁画中，如莫高窟第103窟维摩诘经变这样的人物画风，却反映出类似吴道子的风格。在那个丝绸古道贸易交往频繁的时代，出于佛教寺院与石窟营建的需要，必然有长安、洛阳等地的画家到敦煌作画，或者敦煌的画家到长安学画之后，回到本地作画的情况。没有文献记载过吴道子到敦煌作画之事，但是吴派的画家，或者受吴派影响的画家到敦煌作画的可能性还是有的。

当我们对照《唐朝名画录》《历代名画记》以及《酉阳杂俎》等唐代文献时，发现在唐代的长安、洛阳等地流行的那些经变画，在敦煌壁画中也是很流行的。而这些中国画家创作的经变样式，只能是从长安影响到敦煌。既然唐前期那些由长安一带的画家们创作的经变画源源不断地影响到了敦煌，那么，在寺院壁画中具有那样广泛影响力的画家，他们的艺术技法与风格必然也会随着这些经变画而传入敦煌。因此，我们可以借敦煌的壁画反观唐代长安寺院壁画辉煌的状况，从中自然也就可以找到类似吴道子等画家的艺术风格。吴道子画风的意义在于，线描不仅仅是用于造型的技法，线描本身的力量、流动之美也表现着一种气韵和精神。

在莫高窟第103窟、217窟、199窟、158窟、159窟、112窟等唐代的代表洞窟壁画中，都可以看到线描艺术的成功之作。如中唐第199窟龛外北侧的菩萨像（图6-21），面相丰圆，身体略呈"S"形，手托一玻璃碗中的莲花。人物主要以流畅的土红线描画出，肌肤的色彩较淡，仅飘带与服装用石绿和石青染出，突出了衣饰勾勒的曲线，从而使人物充满活力而又显得十分典雅。第158窟南壁表现涅槃经变中的众弟子举哀场面（图5-2）及北壁表现各国王子举哀图（图6-22），都体现出线描的气势与形象的感染力。有人把吴道子画风总结为兰叶描，其实吴道子的绘画绝不仅仅是一种描法，更可贵的是在线描中体现出来的精神气度。

图6-21 莫高窟第199窟龛外
北侧 菩萨（中唐）

图6-22　莫高窟第158窟北壁　各国王子举哀图（中唐）

第六节　雍容华贵的唐人风韵

莫高窟第130窟为大像窟，主尊是高达26米的大佛，其中的壁画也画得气势非凡。窟内壁画大多为西夏重绘，但在甬道南北两壁保存了晋昌郡都督一家的供养人像。北壁为晋昌郡都督乐庭瓌及三个儿子的供养像，乐庭瓌手持长柄香炉虔诚向佛，头戴幞头，身着圆领长袍，腰系革带，足踏乌靴。前面两个儿子身着褐色圆领袍，持笏而立，小儿显然还未成年，穿白色圆领袍，双手合十。后面侍从四人各持物且跟随在后。南壁为都督夫人太原王氏及女眷的供养像（图0-6），夫人着华丽的红花长裙，肩上有帔帛，双手拢在袖中抱持香炉。身后女儿十一娘双手持花；次女十三娘双手拢在袖中，头上一支凤形步摇引人注目。次女身后的侍女达九人。这两组供养图中，主要人物形象的高度均超过2米，乐庭瓌及儿子的供养像体现出一个地方官员的气势，都督夫人供养图中，一家人华丽的着装、雍容的气质，体现着唐代贵族的风度。

像这样规模较大的供养人画像，在唐代前期洞窟中并不多见，盛唐洞窟如莫高窟第45窟、217窟等窟的经变画中，可以看到类似的人物表现。如第45窟南壁观音经变中就有体态丰盈的妇女，而北壁观无量寿经变的未生怨故事中韦提希夫人的形象，也是唐代贵族妇女的形象。第445窟北壁弥勒经变中表现妇女剃度的场面，也可看到丰满的妇女，与第130窟都督夫人供养图中的妇女形象相似。

虽说一部分壁画中的人物表现出丰肌腻体的特征，反映了"唐人以丰肥为美"的时代特征（唐人的丰满造型也可以从各地出土的唐代陶俑、唐三彩等中得到印证），但壁画中的人物也并不是那样单一的。从盛唐到中唐、晚唐，从供养人的形象上看，以第130窟晋昌郡都督一家的供养人为代表的画法，对后世影响很大，到晚唐时期，如第156窟、196窟的供养人都画在甬道两侧，人物形象高大，表现出雍容华贵的气质。而在经变画中的菩萨、伎乐天人等形象，中唐以后却趋于小巧精致的画法，脸型较圆而丰满，嘴唇较小，双目有神。莫高窟第112窟、159窟及榆林窟第25窟就是代表。

榆林窟第25窟西壁的文殊变、普贤变中仍可看到盛唐时期吴派画风那种豪放而流利的线描（图6-23），但人物的神态则相对趋于静态。同窟的弥勒经变与观无量寿经变中，菩萨、天人的造型，脸型丰圆，体态娇小，线描严谨，色彩淡雅。莫高窟第112窟是一个小型洞窟，却在南北两壁各绘了两铺经变画，画中人物都很小，却表现得十分细腻、精致，人物造型与榆林窟第25窟相类似，在人物神态、动作的处理上更为生动。第159窟经变画中的人物形象，既刻画出了不同动态、不同表情，又体现出了圆熟的线描功力。如西壁文殊变中的伎乐天人，或专注，或喜悦，或沉思，通过一举手一投足，不同的姿态、不同的风韵，表现出画家高超的技法。

图6-23 榆林窟第25窟西壁 文殊变（中唐）

从唐代女供养人的造型与神态表现看，论者往往将其同传为周昉的《簪花仕女图》等作品中的人物相比较，两者神态与风韵非常相似。周昉的人物画，当时称为"周家样"，《历代名画记》将周昉与曹仲达、张僧繇、吴道子并举，称为"佛画的四大家"①。然而，莫高窟第130窟的营建时代为开元九年至天宝初年（721—746年）②，周昉活跃于画坛则是在大历至贞元年间（766—805年）③，我们很难说第130窟的风格为"周家样"。《唐朝名画录》中说"画士女乃周昉之伦，其贵公子、宫苑、鞍马，皆称第一"，但《画史》又载周昉"初效张萱，后则小异"。张萱于开元天宝年间供职于内廷，成为宫廷画家，《画史》对张萱的记载较简略，但大体都强调他善于画妇女和儿童。张萱的作品今已不传，但有北宋摹本《虢国夫人春游图》与《捣练图》传世，这两幅作品虽为宋人摹写，但从中仍然可见唐代人物画的风采。

莫高窟第130窟的时代正与张萱时代吻合。都督夫人供养人像体现了当时中原地区流行的张萱仕女画风。从张萱到周昉，唐代的人物画表现出体态丰满、雍容华贵的特点。而作为佛教绘画中独树一帜的"周家样"，恐怕也正是把这种世俗的人物画引进了佛教绘画中，形成了新的佛教壁画风尚。《画史》还记载周昉"妙创水月之体"，也就是水月观音菩萨像，这是以中国式的审美精神和绘画形式来表现佛教艺术的又一创新。北魏到唐代的菩萨像，通常都表现出庄严或慈悲或矜持的形象，因为是供人膜拜的，必须要有神圣庄严的特点。而水月观音则是把观音菩萨置于有水有月亮的一种自然山水的环境中，仿佛是中国式文人的吟风弄月，这样的一种表现，显然是把观音菩萨作为中国式的士大夫（文人）来看待了。而这样的观音像一经创立，很快就在全国流行开了，说明深受中国人的喜爱。敦煌壁画中保存下来的水月观音，时代最早的为五代莫高窟第6窟、124窟。从藏经洞出土的绢画中，水月观音也有很多件，其中时代最早有纪年的是后晋天福八年（943年）的绢画。

结合《画史》来看，"周家样"对于佛教绘画的意义就是用中国式的审美精神来创作佛教艺术，这是佛教艺术的进一步中国化。从敦煌壁画的人物造型来看，早期的壁画中，佛像、菩萨像、天人像等与世俗的供养人像有很大区别，不光是形象不同，连画法也不同。而到了唐代后期，佛、菩萨、天人的形象与世俗人物的区别越来越小，把菩萨、弟子等形象画成了与普通中国人没有两样。在佛教艺术的这个转变过程中，阎立德、阎立本兄弟及吴道子、张萱、周昉等画家都曾起过重要的作用。

---

① 张彦远：《历代名画记》卷五，人民美术出版社，1963。

② 贺世哲：《从供养人题记看莫高窟部分洞窟的营建年代》，载敦煌研究院编《敦煌莫高窟供养人题记》，文物出版社，1986。

③ 余辉：《中国巨匠美术丛书 张萱·周昉》，文物出版社，1998。

本章针对敦煌壁画人物画发展中有重大影响的问题略作分析，希望通过与画史上一些重要画家的比较，让读者深入了解敦煌人物画在不同时期取得的重要成就。本章涉及的仅仅是敦煌人物画的极少部分，还有很多内容是需要深入研究的。而当我们通过画史所载的古代画家风格来比较研究敦煌壁画时，实际上面临着较大风险：因为像陆探微、吴道子等画家的作品基本没有保存下来，现存传为顾恺之、阎立本等少数画家的作品，也基本是后人临摹的。那么，如果贸然认定某些壁画就是某个画家的风格，可能会出现错误。因此，我们必须从具体作品的风格出发，结合相关文献记载去了解一个时代的绘画特点，通过相关的历史事实推导敦煌壁画中新风的来源，并谨慎地应用那些可能是后世临摹的名画家作品进行比较。如果同时期在内地有相关的出土文物（壁画或者绢、纸本绘画），就可以进行有效的比较研究。尽管如此，墓葬壁画与寺院、石窟壁画也有本质不同，因为墓葬壁画仅仅是为死去的人所画，只要其后人认可，即可封闭，别人看不到；而寺院和石窟的壁画则是供人们随时观瞻、礼拜所用。两种不同的目的，决定了出资者对作品的要求不同，画家对作品所付出的努力也大不相同。

第七章｜山水画艺术

在世界古代绘画中，把山水自然景观作为一项独立的绘画主题，并形成一套特有的技法，可能只有中国。西方虽然也有风景画，但西方画家开始致力于风景画是在17—18世纪，到了以柯罗为代表的法国巴比松画派出现，英国产生风景画家透纳和康斯坦布尔，已经是19世纪的事了。尽管如此，西方绘画的主流仍然是人物画。

而在中国，早在4世纪的两晋南北朝时期，就已经出现了独立的山水画，并有专门画山水的画家。隋唐以后，山水画得到很大发展，到五代以后，山水画就成了中国绘画的主流。山水画的形成并发展，还伴随着中国传统思想中的山水审美意识的发展，中国特有的山水审美思想的发展，这些都促进了中国绘画中山水表现技术的成熟，可以说山水审美是中国传统思想中的一个重要方面，它强烈地体现着人与自然和谐相处的意识。

第一节　中国传统山水审美意识

中国自古以来就强调人与自然和谐相处，绘画中往往喜欢把人物放在一定的山水背景中来表现，文学作品中描写人物、故事，也往往要以一定的山水风景来作为陪衬。所谓寓情于景、情景交融，这样的例证在古代文学艺术中比比皆是。先秦时代的绘画我们很难看到了，但从《诗经》等文学著作中，是可以感受到人们对于自然景物以及空间距离形成的美感认识的。

> 蒹葭苍苍，白露为霜，所谓伊人，在水一方。
>
> 溯洄从之，道阻且长，溯游从之，宛在水中央。
>
> ——《诗·秦风》

在这首脍炙人口的古诗里，一句"在水一方"，意境十分深远。诗中描绘了一幅画面：近处是一片芦苇（蒹葭），上面还有一些白色的露珠，芦苇的后面则是一条宽阔的河流（或湖泊），而最美的那个人，正在水的那一边。因为在水的一方，由这种距离产生的若即若离的美感，让人回味无穷。在屈原的《离骚》《九歌》等诗篇中，同样可以看到写景的诗句。以《诗经》为代表的先秦文学中，已经大量使用所谓"比""兴"的手法，就是要通过自然景物来引发作者的思想情感，而不是直白地讲出作者想要讲的东西，从而使诗歌有了更深的文学性。汉代乐府诗中也有大量以景来表现作者情感的诗句。

> 青青河畔草，郁郁园中柳。盈盈楼上女，皎皎当窗牖。
>
> ——《古诗十九首·青青河畔草》

> 涉江采芙蓉，兰泽多芳草。采之欲遗谁，所思在远道。
>
> ——《古诗十九首·涉江采芙蓉》

我们从这些文学性的描写中，似乎可以看到一幅幅富有田园气息的风景画，从这些风景中也看到了人物，是人物与景物相交融且富有情趣的画面。这种因山水景物与人物情感交织在一起所形成的美感，在中国传统的审美意识中特别受到重视。情景交融，也许是传统诗文中所追求的较高境界，文学中因此而特别讲究对景的描述，如山水、树木、花草等。而在绘画中，中国绘画就不只画人物，而总要把人物放在一定的环境之中。汉代的绘画（包括画像砖、画像石），在画面中总是把人物的形象画得较小，而把山水、树木、房屋等构成景物的东西完整地表现出来。也许在中国画家的眼里，人物只是山水风景中的一个要素而已，把人放在一定的环境中来表现——这样的思维定势，贯穿了中国古代绘画史。

敦煌石窟是作为佛教信徒修持和礼拜的场所而开凿的，敦煌壁画都是与佛教相关的内容，但在北朝至元代的壁画中，大量的山水图像作为人物活动的背景或洞窟中的装饰而绘制出来，反映了中国传统审美思想强烈地渗透到佛教绘画之中。敦煌壁画中，山水画面数量之多、描绘之精、时代延续之久，在古代艺术中是绝无仅有的，可以说展示出了中国山水画史的一个重要阶段。石窟这种形式，包括雕塑和壁画最初都是由印度经中亚传入中国的，在印度和西域壁画中，虽也画出一些植物和简单的象征性背景，但绝没有像敦煌壁画这样大量的山水画。敦煌早期石窟中，山水画多用于故事画的背景。唐代壁画中，随着经变画的流行，山水画作为经变背景的运用越来越多，很多经变画都以大规模的山水为背景，唐代后期屏风画开始流行，山水画也成为屏风画中不可缺少的元素。五代和宋以后，由于敦煌与内地的联系极少，中原山水画出现的新技法没有及时传入敦煌，壁画中没有反映出这一时期中国山水画产生的巨变。西夏时期的榆林窟壁画中出现了大规模的水墨山水画，真实地反映出两宋时代水墨山水画的一些特征，是石窟壁画中很难得的山水作品。

中国山水画的形成是在六朝时期，以顾恺之为代表的画家们开始创立山水画。南朝的宗炳、王微均以山水画著称。到了隋唐时期，山水画便成为绘画的一个重要主题，名家辈出。唐代吴道子、李思训、张璪、王维等画家均对山水画的发展做出了重要贡献，形成了自己的风格。五代以后，水墨山水兴起，山水画发生了重要变化。隋唐时期的山水画色彩丰富，被称为"青绿山水"，到唐末及五代以后，水墨山水逐渐成为山水画的主流。北宋以后，画论中出现了"着色山水"这个词，说明那时大多数山水画是不用色的，如果用了色，就得专门强调是"着色"的。水墨画兴起后，唐代流行的那种"青绿山水"渐渐失传，宋代以后仿唐的所谓"青绿山水"，往往与唐代的"青绿山水"风马牛不相及。由于时代久远，隋唐时期的寺院、殿堂基本已经不存，唐代那些绘于宫殿或寺院的壁画名作早已湮灭，而现在传世的绘画作品中，较早的多为五代及北宋时期的，唐代绘画罕见。在唐代及以前的名家山水画作基本无法见到的今天，人们对当时画作的认识十分不足，而敦煌壁画提供了大量北朝到唐、五代的山水画例证，对中国山水画史而言，正好填补了一项空白。

第二节　北朝至隋代的山水

敦煌北魏洞窟基本是中心塔柱窟，多在四壁下部画金刚力士，金刚力士的脚下画出一排起伏的山峦，通常用土红、石绿等色以粗线条画出轮廓，或全部平涂。这样的山形一直延续到隋代。此外，在说法图中，还画出了象征佛所居的灵鹫山，如在莫高窟第254窟西壁的白衣佛、南壁的降魔变，以及第263窟的降魔变等画面中，还可以见到魔军手托山峦的形象。这一类山峦的样式和画法，与汉代画像石、画像砖中的山峦非常接近。

在北魏时期莫高窟壁画中，如山岳出现较多的第251窟、254窟、248窟等窟中，山峦的画法几乎都是近似三角形的形式，一面平滑，一面有两三道波形线，山头与山头相连或叠压，并分别以红、黑、白、绿、蓝等色染出，色彩在这里仅仅起装饰作用。由于它的形状像连续的驼峰，有的学者把这样的山峦称作"驼峰式"山峦。

值得注意的是，就是在这些看似千篇一律的山峦中，画家们却在努力表现一种空间感。从第254窟北壁的金刚力士脚下的山水画面可以看出，在山与山之间有水隔开（图7-1、图7-2），这样，近景的山与远景的山就有了区别，山峦就分出了层次。无论如何，这是画家们对山水空间层次表现的一种尝试。

图7-1　莫高窟第254窟北壁　山水（北魏）

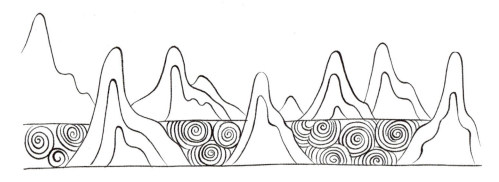

图7-2　莫高窟第254窟北壁　山水（北魏）　线描图

北魏莫高窟第257窟西壁画有著名的九色鹿本生故事画（图4-4）。在表现九色鹿从河里把溺人救出等情节的同时，背景绘出了山峦和河流，在长卷式画面的下部是一排长长的山峦。画面的左侧因烟熏而模糊，但仍能看出一条河自左上部向右下侧流淌，河水用线描出波纹，并以青绿色晕染。河水中，九色鹿背负溺人向岸边走去，沿河两岸各画出一排斜向排列的山峦，画面中部也画出几排这样斜向的山峦。从故事画的意义来说，这些山峦在横长的画面中分隔出一个个场面，用于表现故事发展的一个个情节；而从山水画的意义来看，斜向排列的山峦与河流，是为了表现出纵深的空间感。

北魏末至西魏，中原的山水画新风也传入了敦煌，莫高窟第249窟、285窟的壁画就体现出了从中原传来的新风格。

西魏第249窟窟顶四披除了画出阿修罗外，还画出了中国传统的东王公、西王母形象。阿修罗王身后是高大的须弥山，须弥山的形状很独特，上部较大，下部较小。在须弥山上有一些宫殿，表现的是帝释天所居的忉利天宫。这样的须弥山形，最初出现在克孜尔石窟中，北魏时期云冈石窟第9窟、10窟的浮雕中也能看到。第249窟的须弥山大体与云冈石窟的样式一致。本窟窟顶四披下部描绘出连绵不断的山峦，比起北魏时期的故事画来，这里的空间更大，山水树木得到更为自由的表现。对山头的晕染则通过同类颜色的深浅变化来表现山峦的层次，这种深浅递进变化更富有装饰性。窟顶北披画出一群活动于山中的野猪，野猪的上部又画出三座山峰，与下部的山峰相对，表现出一定的远近关系。在西侧的狩猎场面中也有类似表现。第285窟窟顶画出伏羲、女娲等中国传统神话题材中的人物形象，其中的山水布局与第249窟十分接近，也是在窟顶四披的下沿画出山水树木。在这里，主要为表现在山中修行的禅僧，画出僧人们在草庵里坐禅的形象，草庵外是起伏的山峦和树林，山中还有走兽出没，树木茂密，树叶连成一片，像一顶顶帽子，罩在山峦上部的丛林上，具有浓厚的装饰意味。

第285窟南壁的五百强盗成佛图，描绘出五百强盗在山林中活动及听佛说法的情节。用斜向排列的山峦分隔出一个个空间，表现各个场次，这样的手法在北魏第257窟已经出现，但在这个洞窟中，山峦排列所表现的空间更具体可感，而且画家有意从侧面的角度及房屋建筑的空间将其反映出来。第285窟南壁这幅故事画的山峦所占空间较大，树木大量出现了，如摇曳多姿的杨柳、亭亭玉立的竹子，使山水景物变得丰富多彩。画家还在山峦和树林的旁边画出水池，池中碧波荡漾，水鸟嬉戏其中，别有情趣（图7-3）。这样的画面已不单纯是为了表现故事的背景，而是出于一种山水审美的需要，可见山水自然之美开始在绘画中受到重视。

北周以后，横卷式故事画高度发达，作为故事画背景的山水也得以大量表现，如莫高窟第428窟的萨埵本生（图4-5）和须达拿本生（图7-4）便是代表作。这两铺故事画都是以三道横长的画面相连续，详细地表现故事情节。作为背景，画出了连绵不断的山水和树木。连续的山峦斜向排列，在横长的画面中形成波浪式起伏，同时把画面分隔成一个个小小的单元。山头用石青、土红等色平涂，这些错落起伏的山峦从画面整体看有一种装饰性。树木穿插于山峦之中，表现各种不同的样式。

与西魏莫高窟第285窟南壁故事画中的山水场面相比，第428窟的山水表现似乎有点倒退，差不多回到了汉画传统的山峦形式，说明这些故事画意在表现故事内容，而无意于山水景物的描绘。

北周故事画中，山水画描绘较为详细的有莫高窟第299窟的窟顶北披的睒子本生，描绘了睒子在山中侍奉父母，却不幸被进山打猎的国王误射而死，由于睒子的善行感动了帝释天，终于被天人救活。这幅画主要表现睒子在泉水边取水，被国王误射的场景：茂密的树林中，一条小溪流过，睒子在溪边取水，画面左侧国王及侍从骑马奔驰而来。一边是幽静的山林，一边是奔驰而来的人马，这一静一动的对比，烘托出富有戏剧性的气氛，完美地表现出这个动人的故事。由此看出，色彩浓烈的山水画作为故事画的背景，显示出十分重要的作用。

隋代壁画中故事画更多，表现手法也更细腻精致。在长卷式故事画中，山水景物被广泛地描绘，其中树木刻画之精细与繁复却是前代所无法比拟的。隋代故事画继承了北周的传统，依然用山水树木作为背景，但山水树木在画面中所占的比重越来越大，人物相对来说画得较小。

开凿于开皇四年（584年）的莫高窟第302窟，在人字披顶上画出了横卷式故事画萨埵本生和福田经变，作为故事的背景，以赭色的山峦、绿色的树木分布在素面的墙上，显得质朴而淡雅。这一时期不像北朝故事画那样把人物形象挤满画面，而是留出一定空白，画面上部还有天空中飞翔的小鸟，这些富于想象力的表现，使画面产生了一定的空间感。

图7-3　莫高窟第285窟南壁 山水（西魏）

图7-4　莫高窟第428窟东壁 须达拿本生（北周）

隋代莫高窟第303窟在四壁及中心柱的下沿横卷式画面中，稀稀落落地分布着山峦和树木，山林中还画出鹿、羊等动物，或在觅食，或在奔跑，表现出山林自然的气息。山林的表现也很有趣味，有的整齐排列，有的则枝干弯曲，呈现出如舞蹈般的动态，树叶大都具有装饰性。驼峰式的山头也体现出不同的形态，山峦的用色简单而和谐，除了赭红色以外，就是黑色、白色。山峦上由深到浅的着色方法，似乎类似于后来"皴法"的特点。北魏以来，在洞窟中的这一位置通常是画金刚力士的，山水是金刚力士的背景。而在这个洞窟中，第一次描绘出了没有佛教内容的山水画。看起来最初是由于佛教的需要而画出山水作为背景，但这里则已经把本来固有的佛教内容抛开，成为纯粹的山水画了。尽管山峦形象及色彩的表现依然是汉画的古老传统，但这个洞窟的山水画标志着山水画的审美意识已超越了佛教主题的需要。

莫高窟第419窟在窟顶人字披两侧画出须达拿本生和萨埵本生故事画，第420窟在窟顶画出法华经变，这两窟的画法非常相似。在山岳的表现上，比起北周那种光秃秃的山头画法来，隋代壁画中的山峦层次画法更为丰富。如第419窟的萨埵本生故事画中，在山峦的上部往往画出一层绿色的植物，就像一顶帽子，在其中画出细密的线条，如草，如苔。山峦重叠时，层次就变得非常丰富（图7-5）。这一手法，一直影响到唐代壁画中的山水表现，如盛唐莫高窟第217窟的山头上就有类似的表现。这两窟的山峦都用石绿、石青、赭石等多种颜色混合染出。由于时代久远，壁画大多已经变黑，但当初的颜色一定是十分绚丽的。

莫高窟第420窟窟顶西披，表现法华经变中群鸟听法的场面，佛坐在高台上说法，前面有很多鸟伸长脖子在聆听佛法，前面有山丘，后画有水池，水池中也有很多水鸟面佛静听，佛的身后是长长垂下的柳树，环境优美，衬托出佛法的庄严。

在同窟窟顶东披还画出观音救难的场面，右侧一条河流由远而近流淌，河中有人遇难，河边画出慈祥的观音菩萨向河里伸手，正在搭救溺水者。曲折的河流上部细、下部宽，体现出远近的空间距离。左侧是大海中有人遇难的情景，左边画出数人乘小船航行于大海，遇大风浪，有危急状况，右边也画出数人乘船航行于大海。画家似乎还未掌握描绘大海的技法，画出的大海仍像水池一样，在水池中还画出了莲花。左边描绘海浪，令人想起彩陶纹饰中的波浪纹，此类图案化的绘画方法仍是一脉相承的。

图7-5　莫高窟第419窟窟顶东披 山水树木（隋）

　　隋代壁画的另一大特色是房屋建筑大量进入了故事画的背景之中。从佛经
故事的内容来看，除了在野外山林中的故事外，还有很多情节是发生在宫殿房
屋内的，在早期壁画中也有少量的建筑出现。隋代壁画中的房屋建筑已成为背
景的重要内容，表明壁画表现出写实化的倾向。同时，建筑物在构图中起着重
要的作用。在莫高窟第420窟法华经变中，房屋的作用突破了横卷式构图的约
束，由建筑物的转折而形成了"蛇行线"，把画面分成一个个单元，构成一种
独特的空间格局。山水风景中，山峦通常都是圆弧的形状，而建筑则往往是直
线和角形，山峦与建筑相结合，直线与弧线使画面刚柔相济、丰富多彩。隋代
画家展子虔等都很擅长画宫殿楼阁[①]，在敦煌壁画中也可以看出隋代的建筑画
很发达，反映出受中原新画风的影响。

---

　　① 张彦远《历代名画记》卷八载："僧惊云：'触物留情，备皆妙绝，尤善台阁、人物、
山川，咫尺千里。'李云：'董（伯仁）展（子虔）同品，董有展之车马，展亡董之台
阁。'"这段话说明当时的画家展子虔、董伯仁均以画台阁、车马见长。所谓台阁，即指宫
殿楼阁等建筑。

图7-6 莫高窟第276窟北壁 菩萨与山岩（隋）

隋末莫高窟第276窟在南北两壁与西壁交接处附近，分别画出了奇绝的山峰，如北壁西侧菩萨的旁边，最下部是一个山坡（图7-6），上部画出坚硬的岩石，顶部岩石向右翘出，显得很险峻，岩石用赭红色线条勾勒，在有的部分染出石青和赭红色，表现出岩石的阴阳向背。在岩石上，还画出了一些树木。第276窟岩石与树木的画面表明，画家不再停留在对山峦概括性的描绘上，而是把山岩作为近景来刻画，强调岩石细部的质感。第276窟南北两壁的说法图中，还可以看出树木的具体刻画。北壁的菩萨身后的松树体现出挺拔直立的特点；西壁的梧桐表现出枝繁叶茂的特征，每一片树叶都用线描具体地勾出轮廓；南壁的树类似槐树，树叶采用"介"字点法。在每一棵树粗壮的树干上，都仔细地画出了树的纹理。总之，第276窟的山峦表现具有划时代的意义，画家试图对近景做更为细致的表现，以区别于远景山水，这样，空间关系的表现又进入了一个新阶段。

第三节　青绿山水的原相

唐前期，唐王朝积极开拓西域，敦煌成为控制西域政治、军事的要地。随着中国与西域诸国的频繁交往，处于丝路要冲的敦煌已成为一个佛教文化的中心，长安、洛阳的艺术风格很快就能传到敦煌，敦煌壁画的发展差不多与中原同步。

文献中记载的长安、洛阳一带佛教寺院壁画的经变画等内容，绝大多数都能在敦煌壁画中找到，说明当时敦煌壁画艺术与中原寺院壁画艺术密切相关。在当时，如吴道子、朱审、韦偃等画家都曾在寺院壁画中画出了独立的山水画。敦煌虽然没有出现完全独立的山水画，但如莫高窟第103窟、148窟、217窟等窟的壁画中的山水画已具有相对独立的意义了。

初唐莫高窟第209窟南壁西侧、西壁和北壁西侧的故事画，都采用纵向布局的形式，作为故事画背景的山水景物画得很大。南壁西侧，右边一重山占了将近四分之一的画面；左边主要画了三重山，其间以曲折排列的树木相连；近处是大河前横。两组说法图，分置于山与山之间，远处画了三座小山表示远景，云霞飘动，显示意境深远。树的形式，主要作为装饰，沿山的轮廓线画出，远处高大，近处矮小，甚至有的如小草一般。

大约画家是为了突出人物，又要考虑山、树的装饰作用，所以画树不按比例。这种山和树的装饰性，仍然是承袭了早期山水画的特点，但已注意到了山水景物的空间层次感。色彩上改变了早期那种青绿相递叠染的方法，而用大面积的绿色染出，又以赭色相间，以表现层次。第209窟西壁佛光两侧，还保存着以赭红色线条勾出的山石轮廓，对照隋代莫高窟第276窟的山水画，可以看出它们的一致性。大面积的青绿染色，烘染出草木朦胧的效果，使山水意境也更加完美。

莫高窟第323窟南壁中部均画佛教史迹画，但画家没有像以前画故事画那样按故事发展的顺序来构图，而是以山水统摄全图，在山水画分隔出的空间里描绘一个个故事场面，山水画成为壁画构图中首先考虑的问题。

南壁共有三组故事画，画家用两组山脉把壁面分成三段。左侧的山脉呈"之"字形，左下部又有一组小山与之相呼应。右边一组山脉大体呈"C"字形且环抱故事画，壁画最右侧上部又有一组山崖与之相呼应（图4-11）。在两组山脉之间，还有一组山峰耸立，把两组山脉连接起来，这样，两组山脉在横长的画面中形成了稳定的结构，主宰着全壁，使山水连成一气，绵延壮阔。远景的山水则通过曲折的流水相连，由近景到远景，显得层次丰富而空间辽阔。

本窟山水画中最引人注目的是远景的画法。如北壁张骞出使西域图，近处描绘张骞辞别汉武帝的场面，人物画得很大，在左侧的山峦中，画出张骞与随从人员渐渐远去的身影，人物越远越小，人与山水的比例协调，表现出自然的空间透视感。南壁的石佛浮江故事，描绘的是西晋时期，吴松江①中有石佛浮于江面，风浪大作，当地人民乘舟接石佛供奉于寺院，随即风平浪静。

画面中表现了三组人物：上部的远景中，画出一些人看着闪闪的佛光，指指点点，这一组人物画得最小，只能看出大体形象，看不清面目；中部一群人在江边遥礼石佛，这一组人物比起远景中的人物要大一点；靠下部的近景中，人们迎接石佛的到来，人物画得较大、较具体。这样由远及近，通过江水连接起来，就表现出远近空间的关系，山、水、人物的比例都十分协调。由于山水的远近关系趋向合理，大大增强了画面的写实性，也使全壁的山水画具有了完整性。

看起来对远山的表现是画家的得意之笔，特别是远景中画出帆船颇有意境。本窟北壁康僧会的故事，上部表现康僧会从海上来的情节，画出大海中一叶扁舟，隐约可见舟中数人（图7-7）。南壁的故事画中，上部远景中几处画出了小舟，与山水相映成趣，表现了烟雨迷蒙的江湖景色，尽管线色脱落，但仍可看出近处的波浪和远处的河流，特别是远景的点点帆影，颇有"孤帆远影碧空尽"的意境。由于变色比较严重，山水及人物的轮廓线都看不清了，远山的颜色都变成了黑色，因此，有人误认为本窟壁画是"没骨画"，甚至认为是水墨画，这是不了解敦煌壁画的变色情况而产生的误解。当时的壁画中都染出了绚丽的色彩，而且按照唐人绘画的习惯，都是采用线描施彩的办法，笔者认为并不存在没骨画。

值得注意的是，第323窟还有几处表现云的场面。本来在早期的壁画中就已出现很多云，但大多是描绘佛、菩萨及天人等乘云来去的场面，那样的云是佛、菩萨、天人等的乘骑，带有很强的想象性，并不是自然风景中的云。在323窟北壁中，描绘了"佛图澄举杯洒酒化为雨，扑灭幽州城大火"的神异故事。画面中，高僧佛图澄举杯向上，一朵乌云向上升去，上部画出山峦的后面有一座城，城楼中火焰升天，上面的乌云化为大雨，倾盆而下。同窟南壁西

---

① 现应为"吴淞江"。

图7-7　莫高窟第323窟　海上远景（初唐）

侧，在远景中描绘出一朵云霞，由于变色，我们无法得知当时是什么色彩，但在远山中的一片云霞的确是很美的。南壁东侧，表现隋代昙延法师祈雨的故事，城内昙延法师坐于高台之上，正作法求雨，上部的天空乌云滚滚，向中央聚集，而中央部分的云中已降下了大雨。这些故事虽然充满了神话色彩，但画面是按现实中的自然现象描绘的。大火燃烧，烈焰熊熊，乌云翻滚，大雨如注，都可以形成独特的风景，唐代画家最早注意到并描绘出了这些自然奇观，这些都是中国绘画史上的珍贵资料。

　　建于唐大历十一年（776年）的莫高窟第148窟，是盛唐后期规模较大的洞窟，在本窟的巨型经变画中，山水画也达到了空前绝后的水平。特别是在西壁、北壁画出的涅槃经变和天请问经变中，成功画出了气势壮阔的山水，空间表现又与人物故事情节完美地结合起来，是佛教壁画中不可多得的山水佳作。

　　本窟的涅槃经变共画出10组画面，66个情节，人物数百，山水也极其壮观。其顺序先是从南壁西侧开始，由西壁全壁到北壁西侧，主要画面在长达16米左右的西壁上。西壁的南侧，表现释迦在双树林入般涅槃的时候，画面在空旷的原野中展开，远处有山崖耸立，中部引人注目的是画出了雄伟的城楼，表现拘尸那城的景象。这样高大的城楼与西安附近出土的懿德太子李重润墓壁画中的建筑很相似，虽然莫高窟第148窟比李重润墓壁画要晚70年左右，但那种雄强的盛唐风格是一脉相承的。

由这一组建筑形成了画面的一个高潮，城门外是一片开阔的原野，远景的山峦绵延相接，一直连到城楼后面，近景的缓坡也在这里交接，景物的远近空间关系表现得十分真切。北壁"分舍利"的场面，可以说是这铺经变画的高潮，众多人物围绕在堆放舍利的台前。背景的上部，山势表现得十分雄奇，在辽远的原野后面，危崖耸立，其中还画出一片白云把半山腰遮住。画面上部，与青绿重彩的山峦相对的是橙黄色的彩云，仿佛是夕照中的晚霞，具有一种动人心魄的力量（图7-8）。

从这铺涅槃经变中，我们可以看出唐代壁画表现故事不仅仅停留在把故事内容图解出来，而且注意到把壁画作为美术的一种视觉感受，充分调动山水画的技法来体现雄奇壮阔的意境，从而达到了画面美的顶点。

图7-8　莫高窟第148窟西壁　山水（盛唐）

莫高窟第217窟南壁西侧的壁画，旧说是《法华经·化城喻品》的内容，但近年来对此内容颇有争议①。不论其经典依据是什么，画家通过一幅山水画来展开故事情节是没有疑问的。画面的顺序大体是上部从右至左，再从左至右（图7-9）。右上角是危崖耸立，有二人骑马一远一近行进。透过山崖，可见远方曲折流淌的河流，境界辽远。中部两座高峰之间，一道飞瀑倾泻而下，山下的旅人被这大自然的奇景所吸引而驻马观赏。马匹半掩在山后。左部也是一条曲折的河流，在近处被山崖遮断。下面的山峰，悬崖突出，青藤蔓草悬垂。有三人仿佛是因长途跋涉而疲惫不堪，一人牵马，一人躺倒在地，一人在水边欲饮山泉。中间靠右是旅人向一座西域城堡走去，路旁桃李花开，春光明媚。画家渲染了一路曲径通幽、草木葱茏的秀丽景致，使之成为一幅可居、可游的游春图景。

这幅山水画，主要表现了四组山峦：左侧一组山刻画颇细，以石绿和浅赭相间染出，峰峦上的树形除了沿用过去那种装饰性的树形外，又相应地描绘了树的枝叶细部，还画了许多悬垂的藤蔓。右侧是潺潺的流水。中部是一组平缓的山丘，与左侧的山崖相映成趣，用很单纯的笔法勾描，平涂石绿色并刻画了不同的树木，花开烂漫，一片春色。右上一组山最引人注目，飞流而下的瀑布虽已变色，但仍使人感到充满生机，仿佛点睛之笔，是画面中最传神之处。左上部的远景，尽管不如前面几组富有特色，但在画面的构图上是必不可少的，它把左侧近景山崖与右侧一组山峦有机地联系在一起，在两组山崖之间还画出一行大雁飞向远方，使山水显得较有纵深感。

莫高窟第103窟南壁西侧的壁画主题显然与第217窟是一致的，而画面更像一幅独立的山水画（图7-10）。上部远景中，绘一群人从右向左前行，前面一人牵着大象，大象驮着很多行李，后面一人戴风帽，骑着毛驴，像一个贵族妇人，身后又有二人步行跟随。下部描绘近景山水，左侧是一座险峻的悬崖，上面垂下青藤翠蔓，岩石间一道山涧凌空流下，崖下是曲折的河流。与左侧的悬崖相对，右侧也是一座高耸的山峰，山脚下的人们在这里休息。

---

① 莫高窟第217窟南壁的内容与第103窟南壁的内容一致，最早由施萍亭、贺世哲先生定为法华经变［参见施萍亭、贺世哲：《敦煌壁画中的法华经变初探》，载敦煌文物研究所编《中国石窟 敦煌莫高窟》（第3卷），文物出版社、平凡社，1987］。2004年，日本学者下野玲子认为莫高窟第217窟南壁经变是佛顶尊胜陀罗尼经变（参见下野玲子：《敦煌莫高窟第217窟南壁经变新解》，《美术史》第157册，2004年10月）。其后，施萍亭、范泉又对此经变进行重新研究，认为其既非法华经变，也非佛顶尊胜陀罗尼经变（参见施萍亭、范泉：《关于莫高窟第217窟南壁壁画的思考》，《敦煌研究》2011年第2期，第12-20页）。

图7-9　莫高窟第217窟南壁　山水（盛唐）

图7-10　莫高窟第103窟南壁　山水（盛唐）

在莫高窟第103窟、217窟的山水画中，画家们充分调动了山水的各个要素，山峰、河流、瀑布、树木、藤蔓等都各得其宜，表现得十分协调，山峰有耸立的危崖，有平缓的小丘，有近景的岩石，有远景的峰峦。河流也各有曲折，远景河流细细如线，近景中波浪翻滚，还有山崖上喷出的瀑布、泉水，体现出透明之感。树木更是种类繁多，开花者如桃如李，近景中柳树婆娑、松树挺立，悬崖上青藤垂下、草丛茂盛。从野外到城里，人们来来往往。这一切构成了完美的山水人物图。

以这两窟为代表的山水画，线描细腻，以青绿色为主，画面绚丽灿烂，这样的山水画也就是画史记载的"青绿山水"。唐代李思训、李昭道父子以画青绿山水著称，《唐朝名画录》盛赞李思训"山水绝妙""国朝山水第一"，《历代名画记》说李思训"其画山水树石，笔格遒劲，湍濑潺湲，云霞缥缈，时睹神仙之事，窅然岩岭之幽。时人谓之大李将军其人也"①。

从这些记载中，我们看到李思训一派山水画的特点在于，一是注重以线描勾勒，二是注重明亮色彩，这两点也就是青绿山水的一般特点，这样的山水画在唐代是很受欢迎的，所以李思训赢得了较高声誉。唐代前期敦煌壁画的山水画在画法上与青绿山水是一致的，莫高窟第217窟约开凿于景云年间（710—711年），大致与李思训同期或稍晚，受到李思训一派山水风格的影响是很自然的，从敦煌壁画中我们也可以探索唐代青绿山水的发展状况。

莫高窟第172窟观无量寿经变中的山水画与别的山水画不同，在重重楼阁的两侧画出山水景物，不是画成高山的样式，而是画出一望无际的原野，其中有河流曲折地流下，画面上部留出部分空白。在象征着净土世界的建筑物后面，表现出了真实的空间透视感，体现出画家驾驭山水的熟练程度。在净土世界的两侧，还以条幅的形式画出了未生怨和十六观的内容，在两个条幅的上部往往画出山水场景，具有相对独立性。日想观是《观无量寿佛经》中所说十六种修行方法，即十六观之一，是通过对落日的观想，并进而使意念进入佛国净土世界，壁画中则通过描绘自然的山水景物来表现这样的思想场面。

第172窟北壁的日想观中，右侧画出高耸的山崖，韦提希夫人坐在山下，左侧一条河流环绕，上部画出淡蓝色的远山及彩云。青绿色画出远景中的原野，与近景中赭红色的山崖形成强烈的对比，华丽而不流俗，充分显示出唐代山水画的高度成就。同一内容，在本窟南壁也有成功的表现，另外，在盛唐莫高窟第320窟北壁表现的这一内容，也可以看到完整的山水场景（图7-11）。

---

① 张彦远：《历代名画记》卷九，人民美术出版社，1963。

图7-11　莫高窟第320窟北壁　山水（盛唐）

　　第172窟东壁北侧的文殊变上部山水也表现出了相似的空旷风景。图中共画出三条河流，由远而近流下，在近处汇成滔滔洪流，左侧是一组壁立的断崖，中部是一处稍低矮的山丘，右侧是一组山峦；沿山峦，一条河流自远方流下，近处则表现出汹涌的波涛，远处河两岸的树木越远越小，与远处的原野连成一片，表现出无限辽远的境界。河流的表现引人注目，特别是汹涌澎湃的波涛，具有大江大河的气势（图7-12）。

图7-12　莫高窟第172窟东壁北侧 山水（盛唐）

　　盛唐石窟的青绿山水大多是从中原传来的粉本，或丘峦秀丽、绿树环合，或烟霭雾锁、山水迷蒙，或大海扬波、舟楫帆影……敦煌的画家们受到内地山水审美意识的深刻影响，自觉或不自觉地把西北的风光融入了青绿山水画中，尽管经过了美化加工，但仍能寻其端倪。

　　如第172窟的山水对于辽阔原野的表现，显然不是南方的自然风光，仔细观察沟壑的特点就会发现，这种仿佛断裂的沟壑，在西北很多地方都可以看到，敦煌附近就能找到类似的景观，只是由于干旱，现在没有那样汹涌的流水了。而在唐代，莫高窟附近曾有过"左豁平陆，目极远山，前流长河，波映重阁"①的景色，这就为当时的画家们提供了素材，并激发了他们的灵感，进而创作出这种富于地方特色的山水画来。

第四节　恬静淡泊之景

经过盛唐的发展和完善，山水画在中唐以后更加丰富了，几乎每个洞窟都画有山水景物，能够表现山水的地方，画家都尽量画出相应的山水。尽管山水仍然是人物活动的背景，在佛教石窟里始终没有取得独立的地位，但这一时期，山水画大量普及，已经成为壁画中不可缺少的部分。一些经变如观无量寿经变、法华经变、金刚经变、楞伽经变等已经形成了与佛经内容相适应的固定的山水模式；同时，盛唐时期取得很高成就的全景式青绿山水画，在这一时期得到进一步发展。

这一时期，水墨画技法传入敦煌，给壁画中的山水画艺术带来了新的气息，这些具有水墨画特征的山水画为我们探索唐代水墨山水技法的兴起和发展提供了重要的参考资料。唐代后期山水画描绘较多，且有特色的洞窟有莫高窟第112窟、154窟、361窟、369窟、468窟、9窟、85窟等。

莫高窟第369窟南壁西侧的金刚经变，主要表现佛在灵鹫山中说法的情景，周围环绕着众多菩萨和弟子。画面上部主峰耸立于正中，两侧层峦叠嶂，与主峰共同构成如金字塔一般的样子，充满了宗教的庄严感。同窟的南壁东侧经变画中，却把中央空出来，表现平缓的原野和丘陵，两侧分别画出山崖，形成平远的景色。这两铺经变画的构图形式，虽然在唐前期已经出现了，但本窟对山峰的表现十分突出，画家通过山峰表现出了佛教的气氛，把山水的境界与佛教的境界统一起来。比起唐前期的山水画来，那种鲜艳的青绿颜色用得较少，大多仅用赭色染出，线描也用极淡的色彩勾出，以至于在很多地方如果不仔细看，往往看不出轮廓线。这是唐代后期山水画的一个倾向。

莫高窟第231窟北壁的山水画也是这样，在北壁弥勒经变的上部两侧，分别画出山水景物；右侧是一组高耸的岩崖，在两道峭壁之间，有一条河水曲折地流出，近处的河道越来越宽，山脚下绘出供修行的草庐。靠近中部的山，阳面是一个缓坡，有几只鹿在悠闲地吃草，上部的远山也烘托出辽远的效果，左

---

① 莫高窟第148窟《唐陇西李府君修功德碑》，录文见于李永宁《敦煌莫高窟碑文录及有关问题》（一），《敦煌研究》试刊第1期，1981年，第64-66页。

侧的山峦较平缓，通过河流的曲折线条表现出苍茫的原野，远景中还有几只鹿。对于远景的处理，加强了写实性，表现出深远的意境。比起盛唐莫高窟第148窟那种气势壮阔且强烈的风格来，第231窟更多地表现出安详而宁静的风格。同窟南壁的法华经变及西壁的文殊变、普贤变中都画出了山水画。如文殊变中的山水，在文殊菩萨的身后，远方耸立着几座峻峭的山峰，峰顶都比较尖，山峰的顶部以石青色晕染，山峰之间还有白云缭绕；近处的原野上画出树丛，色彩明快。画面把平远与深远的景色结合起来，富有真实感。

晚唐莫高窟第85窟东壁门上部画出萨埵本生故事，这个故事是北朝最流行的题材之一，唐代以来单独画出的极少，此窟是作为金光明经变的一个部分画出的，却画在经变的旁边，采用了连环画的形式描绘故事内容，但没有像早期那样分段画成长卷形式，而是以山水为骨干，均衡地分布情节，山脉相连，很难分隔开来。山峦的画法与唐前期的山水画相比，有了一些微妙的变化：先是山的形状由圆润变为坚硬，山头多为角形，注重对岩石的刻画。在色彩上，唐前期以石绿为主，而这里则以石青为主。中唐以后，壁画的色彩趋向清淡，但进入晚唐以后，青绿重色再一次受到重视。尽管如此，色彩简淡的倾向似乎是难以阻挡的潮流，同样是青绿山水，唐前期那种色彩丰富而绚丽的气氛及山势雄浑的境界不复出现。如莫高窟第9窟的壁画中，在窟顶经变中也画出了连绵的山峦，但山峰与山峰之间的联系显得不太自然，由远景山峰到近景平地间也缺乏一个有机的过渡；但峰峦显得坚硬，近景岩石的表现也加强了，这是新的倾向。

中唐莫高窟第112窟是一个小型洞窟，在南北两壁各画出了两铺经变，北壁的报恩经变和南壁的金刚经变里都画出了山水画。报恩经变上部画的是《报恩经·论议品》中鹿母夫人的故事。左侧画出一座山，山中有一大石窟，窟中有一人在修行，窟外有一鹿正在饮水。右侧也画出石窟内有一人修行，窟外有一女子在行走，她身后有很多莲花，前面有一王者正骑马经过。画家着意刻画了山崖和岩石，体现出一种幽静的气氛（图7-13）。

这里的山水则是全新的样式，山头几乎都是尖锐的角形，轮廓线转折强烈，似乎表现出岩石的特征，颜色也极为清淡，仅用少量的石绿。值得注意的是，在墨线勾勒之后，又用淡墨渲染，这是水墨画的特征。莫高窟第154窟也有同样的表现，该窟东壁门北侧的金刚经变及北壁观无量寿经变中，山水都以水墨画出，虽然也用石绿染出，但颜色并没有遮盖墨线，这种特征在中唐的代表窟榆林窟第25窟壁画中，也可以明显地看出。

图7-13　莫高窟第112窟北壁　山水（中唐）

　　敦煌壁画中的水墨山水画显然是受到长安一带画家影响的产物。从藏经洞出土的唐代绢画中，水墨山水画之例也很多，如大英博物馆所藏的一幅有公元836年题记的药师经变，右上角的峰峦较尖，为水墨晕染，薄施青绿色，显得浑厚凝重。另一幅时代大体相近的报恩经变，画面构图与敦煌壁画一致，即中央画出净土图，两侧以条幅的形式画出佛教故事画，图中描绘须阇提父母从山间走出，左侧是峻峭的山崖，二人行走在山下的平地上。山崖以浅赭色染出受光面，阴面以水墨晕染，与莫高窟第112窟的画法一致。

　　由于壁画与绢的质地有差别，绢画更能体现出水墨画的优点，而且从绢画中，我们更能清楚地看出运用笔墨的方法，所以从绘画的效果上看，绢画的水平往往高于壁画。大英博物馆藏品中的另一幅佛传故事画中，山水的表现具有盛唐时期的很多特征，如山峰以圆润的线条勾出轮廓、青绿色较重等。在构图上，画面左半部画出耸立的山崖，右侧画出远景，山势的布局与盛唐莫高窟第320窟北壁山水等壁画山水的构图完全一致（图7-14），但轮廓线表现出转折顿挫的笔意，墨色有浓淡渲染的效果，以及山峰上面树丛的样式，显示出新的时代特征，同时还可以清晰地看出皴法的运用。与敦煌石窟壁画相比，壁画的渗透效果较差，颜色往往涂得很厚，而绢画的颜色相对较淡，往往露出起稿的线条，或者当时就是一次起稿后不再描线。反过来受其影响，中原以后的壁画也往往用较浓的墨线起稿后施淡彩，不再画定形线。

图7-14　敦煌绢画佛传故事（唐）

第五节   屏风画中的山水

中唐以后的经变画通常在上部表现净土世界，下部以屏风的形式表现经变中的具体故事或相关细节，这种形式称为"屏风画"。屏风画为山水画的表现提供了新的场所，虽然壁画都是以连屏的形式来描绘佛经故事的，但每一扇屏风都具有一定的独立意义，画家可以利用屏风自由地进行山水布局，于是屏风画的山水呈现出无限丰富的状况。

莫高窟第159窟五台山图的屏风画是比较独特之例（图7-15），把金字塔形的五台山图画在屏风的中央，这是否就是当年吐蕃到内地求得的《五台山图》呢？由于屏风画形式呈纵向的画轴形式，通常都把画面分隔成几段来表现故事情节，但也不是截然分开，而是用山水把全画面有机联系起来，从山水画的角度来说，这在构图上更趋向于完整了。

图7-15   莫高窟第159窟西壁北侧 五台山图（中唐）

如莫高窟第231窟龛内表现萨埵舍身饲虎的屏风画，实际上有三个场面：一是下面画出萨埵在山中见到饿虎的情节；二是中央画出萨埵舍身饲虎的场面；三是上部画出亲属为萨埵起塔供养的情节。

由于人物较小，山水成了壁画的主体，屏风画的中心在于萨埵饲虎的场面，山水也是以此为基准，下部的场面为近景，上部的画面处理为远景，中央则详细描绘山水景物，右侧是突兀的悬崖，悬崖下面是一片平地，地上画出众虎围绕萨埵啖食的场面。画面左侧画出一组低矮的山峦，中央这部分的山水布局显然是延续了盛唐以来的样式。

这幅壁画在山水构图上十分完整，山与树木、人物十分和谐。在色彩的运用上，山崖的顶部有较淡的石青色，下部的山坡和原野都用石绿色画出，其中又以赭色相间表现阴阳向背。大量的石绿色把画面统一起来，造成均衡的效果，虽然不像盛唐山水画那种鲜明、强烈而富有感染力，但对山水细部的处理则有所进步，不论是对岩石的皴笔还是淡墨的晕染都比较自然，形成了一种新的山水结构。

从构图上来看，通常每一扇屏风中要画出2至4个情节，因此，往往利用山水或建筑分隔出一个个小环境，从中描绘故事情节。莫高窟第231窟龛内南北西侧的屏风画表现报恩经变中善事太子入海求宝的故事，共有四个情节，通过自上而下呈"S"形的一条河流，把画面联系起来，在河的两岸画出山峦，从全画面来看，体现出山水画的构思。

莫高窟第238窟龛内南壁的屏风画中，也是表现善事太子入海求宝的故事，构图较疏朗，通常一扇屏风里描绘三个场景。如龛内西壁南侧的屏风画中，下部表现一群牛走过，中部是山丘和树木，上部在山崖旁有二人做对谈状，最上部是远山及远景的树丛（图4-14）。分开来看，可以看作是两个场景；合起来看，山水风景由近及远，又是一幅完整的山水画。这样的屏风画，数量不少。

相比之下，情节较少的屏风，山水布局相对较为完整。如莫高窟第54窟内西壁的屏风画，只有两组说法场面，画面左侧画出山峰及树木，右侧则是平缓的山坡，上部画出远山，色彩极其简淡。莫高窟第468窟龛内的屏风画是较为成功的例子，这里每一扇屏风都画出两组说法图，没有雄伟高大的山崖，在说法场面中只画出一两棵老树，两个场景之间以曲折流下的河流分隔开来，画面最上部画出远山，由远及近画出疏疏落落的树丛，这样自然和谐的山水意境就代表了这一时代的风格。

中唐莫高窟第154窟龛内两侧的屏风画大多没有画出人物情节，似乎是没有佛经内容的山水画。当时，龛内曾有一些菩萨和弟子的塑像，这些屏风式的山水画是作为菩萨或弟子的背景画出的，现在塑像已失去，壁画完全暴露了出来，往往左侧或右侧有一半的空白，使山水画看起来不完整，由此我们知道在唐代后期的确出现过没有佛教内容的纯粹的山水画。在莫高窟第156窟的维摩诘经变中，我们还可以看到在维摩诘像的身后画出一组屏风，屏风上绘有山水画，这大约是当时生活的真实写照。屏风在唐代贵族家庭中十分流行，而屏风中画山水则是十分普遍的现象。

第六节　五台山图

五代到北宋，正是中国山水画由着色山水向水墨山水转变的重要时期，但这一时期由于西北地区的政治形势非常严峻，敦煌与中原的往来十分困难，文化艺术的发展处于相对停滞状态。曹氏统治者仿照中原王朝在敦煌设立了画院，这一时期壁画都由画院的画工们制作，从而形成了一种敦煌地区的"院体"画风，也使这一时期的绘画具有一定的保守性。

这一时期值得一提的是莫高窟第61窟的五台山图。五台山位于山西省境内，山有五个顶，称为"五台"。由于五台山海拔较高，山中气温很低，即使在盛夏也很凉爽，这些特点与佛经所记载的文殊菩萨所居的清凉山十分一致。

早在南北朝时期，佛教信徒们就把五台山与文殊菩萨联系在一起，产生了种种传说，这样就使五台山的佛教寺院越来越兴盛。到了唐代，高宗还专门派使臣会颐去五台山检验佛迹，会颐命随行人员画出了《五台山图小帐》带回。于是，《五台山图》连同五台山信仰就在全国传播开了，远在西南的吐蕃赞普也曾派人到唐朝求取《五台山图》。日本遣唐高僧圆仁曾专门访问过五台山，在他回日本时，还把《五台山图》带回了日本，可见《五台山图》流传之广。

敦煌壁画中最早出现五台山图是中唐时期的莫高窟第159窟、361窟等，可能与文献记载的吐蕃遣使求取《五台山图》有关，这几幅五台山图都画成了屏风画的形式，也许就是模仿唐代会颐所创的《五台山图小帐》。五代时期榆林窟第19窟、32窟中的五台山图都是作为文殊变的背景画出的，山水的面积很大，全图具有了山水画的意味。榆林窟第32窟的文殊变是以文殊菩萨在五台山化现为中心画出的，中央画文殊菩萨骑狮子从云中化现，四周则画出五台山和山中的寺院，与之相对应的普贤变，也画出普贤菩萨化现于云端，周围画出山水及毗沙门天王决海的情节。两铺壁画都褪色严重，皴法及晕染效果已看不出来了。

　　莫高窟第61窟的五台山图可以说是五台山图在敦煌发展的最高表现，此窟开凿于947—951年①，本窟主要供奉文殊菩萨，所以也叫"文殊堂"。西壁配合文殊像，画出巨幅五台山图，全长13.45米、高3.42米。画中详细描绘了东起河北正定，西至山西太原方圆五百里的山川地形及社会风情。画面左侧为南台、西台，下部为从太原城至五台山的道路，上部画毗沙门天王、阿罗汉等赴会的情景，右侧为北台、东台（图7-16）。下部分别画出由河北道镇州（今河北省正定县）到五台山的道路。

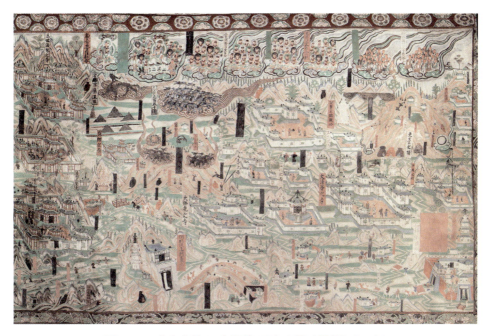

图7-16　莫高窟第61窟西壁　五台山图（局部）（五代）

　　① 关于莫高窟第61窟的开凿年代，参见敦煌研究院编《敦煌石窟艺术 莫高窟六一窟》，江苏美术出版社，1995。

全图以中台及其下的文殊真身殿、万菩萨楼为中轴线，两边各分布五座大寺，在东、南、西、北四台之间。南下角是太原城，靠近中部有河东道山门，与之相对的北下角是镇州城，靠近中部有河北道山门。这样通过大山和大型建筑构成骨架，使画面形成了一个基本对称的格局，这样的布局无疑是受到了经变画构图的影响。

山水画表现基本沿袭唐代以来的传统表现手法，五座主峰基本呈金字塔形，山头较柔和，令人想起董源山水画中常见的稳重而庄严的山峰。在近景表现中有所变化，画出尖锐的山峰，皴法则类似斧劈皴，笔力雄健。

在藏经洞出土的绢画中也有一幅五台山图（EO.3588，法国吉美博物馆藏），其创作时间大约在曹氏归义军晚期，画面中央是文殊菩萨，背景画满了山水，即五台山，这幅山水画是以着色为主的，山的轮廓线较柔和，山峦的形状较单调，以绿色晕染，树木的画法也有图案化的倾向。

第七节　西夏的水墨山水

敦煌石窟开凿的最后阶段即西夏至元代，壁画中极少出现山水画，但在榆林窟第2窟、3窟等窟中出现了山水画面，特别是第3窟的大型水墨山水画，标志着崭新的时代风格，代表了敦煌壁画晚期山水画的主要成果，并且从中可以看出敦煌艺术与中原艺术之间的某种联系，这对中国山水画史的研究来说，具有特别的意义。

榆林窟第3窟是一个大型洞窟，窟中央设佛坛，四周分别绘有观无量寿经变、阿弥陀经变、文殊变、普贤变以及密教的曼荼罗、千手千眼观音变等壁画。

洞窟西壁门侧的文殊变高375厘米、宽225厘米，画面的上部集中描绘了山水景物（图7-17）：中央主峰较为突出，呈"品"字形布局；在雄伟的山峰下画出寺院殿宇建筑，突出了宗教气氛；主峰的前面画出两峰相对如阙，右侧的山下有一个山洞，两道大门半掩，从中透出一道神秘的光来；在主峰右侧画出一道虹桥，上有七人徐徐前行。

这些景象都与五台山的各种传说有关，如在莫高窟第61窟的五台山图中，就有"化金桥现处""金刚窟""那罗延窟"等题记，本窟壁画所绘也应是类似内容。在主峰的右侧又辅以三重山峦，由远及近，使主峰显得厚重、丰富。右下部接近大海的地方，画出水滨浅滩上的岩石和树木。左侧的壁画有部分脱落，不过还是可以看出构图的意图。远处的山峰与中央的主峰相对，明显地形成主客对照，房屋建筑大多掩映在山峦和树木之中，并多为侧面描绘，与主峰下描绘的建筑相对，形成宾主揖让之势，左侧下部又突出一组山岩，把近景和远景联系起来。同时，又于近景和远景之间画出云雾和树木等，体现出迷茫的空间感（图7-18）。

图7-17　榆林窟第3窟西壁门北　文殊变中的山水（西夏）

图7-18　榆林窟第3窟西壁门北　山水（西夏）

门南侧的普贤变高365厘米、宽204厘米，上部主要画山水（图7-19）。这部分可以从中轴线分为两个部分，画面的左半部分以两座雄伟的山峰占据了主要位置，在两峰之间，有一道瀑布泻出。画面左侧在主峰后面可以看到作为远景的云雾缭绕着树丛，由远及近逐渐可以看到淡墨画出的山峰及流水。近处画出巨大的岩石，水从岩石上流下。在左侧下部则画出一片台地，其上画出唐僧取经图，又与上部的山水隔水相望。画面中央的一组山峦，看起来具有照应左右两侧的作用，在两侧的山岩下均画出巍峨的楼阁殿宇，在山峰左下部的山岩下，则画出简单的茅屋及有栅栏的院落。

右半部的山水较单纯，有一座山峰耸立，近处的山脉蜿蜒而上与其相连，其间崎岖的岩崖十分险峻。山左侧画出云雾中的树丛与画面左半部的山峰相接，在靠左侧的山峰中画出亭阁及殿宇，与这一片景色相呼应，其中又以淡墨画出溪水，具有深远之感。画面右侧用淡墨画出平远的景色，下部是绿树及茅屋、栅栏。通往这些房屋的小路旁可以看见岸边树丛，近岸边画出巨大的岩石。

图7-19　榆林窟第3窟西壁门南　普贤变中的山水（西夏）

　　若从全图来看，画中心虽是以文殊、普贤为主的菩萨及圣众，画面下部为近景，上部为远景，但画家并不限于一个视点，山水分别体现出一定的远近关系，表现出高远、深远、平远景色的不同特点，主要以水墨画成。

　　唐以来的山水多以青绿重彩绘出，在莫高窟还未出现完全的水墨画，不仅敦煌而且包括内地的寺院石窟壁画，水墨画也极为罕见，而这里的山水则完全是水墨画出，具有十分重要的意义。

　　普贤变中央主峰耸立的宏大构成是五代及北宋以来华北系山水画的主要特征。我们从五代荆浩的《匡庐图》、北宋范宽的《溪山行旅图》等作品中即可看出，即郭熙称之为"高远"的构成风格。类似的风格，由荆浩等画家所创的山水画样式在10世纪中叶，影响已及于华北地区，此后，西北地区仍沿袭这种构图方式。

　　普贤变左侧的那种纪念碑式的山峰构成及水边的巨石等，以及两峰之间流出瀑布的做法，与范宽的《溪山行旅图》十分接近。有文献记载范宽的作画特征是："峰峦浑厚，势壮雄强，枪笔俱均，人物皆质。"[1]"山顶好作密林，……水际作突兀大石。"[2]北宋以来，又流传"齐鲁之士，惟摹营丘；关陕之士，惟摹范宽。"[3]可见，范宽在西北地区的影响是很大的，榆林窟壁画的画家们学习继承范宽的方法，也是极自然的事。

　　而榆林窟的壁画显然还有许多新的手法，如在多重山峰中表现出的相互揖让、向背关系，以及从中体现出的深重、繁复的层次，又以山中的泉水、溪流，以及大海的波浪、森林的云雾等丰富的场景，有意表现出高远、深远、平远的复杂空间的做法，不见于范宽的作品，却与郭熙的手法接近。

　　郭熙是北宋华北画派的集大成者，其代表作《早春图》对于"三远法"的熟练应用取得了很高的成就。该图以主山为中轴线，山势主要呈"S"形走向，并在其中穿插，表现出高远、深远、平远的景色，山势错落有致，并以墨的浓淡来表现近景与远景的对比。山头如云雾般柔和而富有生气，是郭熙绘画手法的特征。普贤变中，主峰突出，右侧的山脉大体呈"S"形走向，山势蜿蜒。文殊变的左侧山峰与主峰的照应以及在山顶上小竖点的笔法等，都可以看出近似郭熙的方法。

　　但从普贤变山水全图来看，构图上却有"X"形特点。山水画中，"X"形构图是南宋李唐、马远、夏圭等画家作品中常见的构图形式[4]，所以从某种意

　　① 郭若虚撰《图画见闻志》卷一，人民美术出版社，1963。

　　② 米芾：《画史》，载沈子丞编《历代画论名著汇编》，文物出版社，1982。

　　③ 郭熙：《林泉高致集》，载宇安澜主编《画论丛刊》（上），人民美术出版社，1989。

　　④ 小川裕充：《宋元山水画における构成の传承》，东京大学大学院人文科学研究科《美术史论丛》13号，1997。

义上说，榆林窟第3窟的山水画具有南宋绘画的特征。

树木的画法则更多受到江南山水画的影响。普贤变左上部山水中，山峰左侧云雾中的树木与米家山水画法十分相似，从米友仁的《潇湘图卷》，以及题为舒城李氏所作的《潇湘卧游图卷》中，均可看到类似的树木画法。类似的表现手法，在元代李容谨《汉苑图》、佚名《明皇避暑宫图》等作品中也能见到，说明直到元代依然流行这样的画法。

同一洞窟门的上部维摩诘经变中还残存一幅山水小景图，堪称"没骨山水画"，纯用淡墨晕染。右侧画出山中有一所房屋，屋子前有曲栏，曲栏环抱的大约是水池。中央的两座山峰墨色浓重，画面左侧为远景。总的来说，这是一幅平远山水图，这幅画的风格与米友仁的《远岫晴云图》相似。

文殊变山水图中还表现有挺拔的树，笔法刚硬，画家较注重笔法的形式感，这种具有书法笔意的画法在南宋山水画中常见，如马远的著名作品《华灯侍宴图》中的树木，树枝的画法充满了书法趣味和舞蹈般的韵律。而这样的树也不完全是现实生活中的写生，恐怕是艺术家想象以及画面装饰性需要的结果，树木表现的趣味也十分相似。此外，如表现北方远景的画法，普贤变中表现《唐僧取经》场面的台地边沿，以及中部山中楼阁附近仅画出树的树干，以横长的点表现树叶，这种画法在传为李唐的《文姬归汉图册》中可见多处。

总之，从全壁山水的构图来看，具有五代及北宋山水画的特征，类似范宽和郭熙风格的气势宏伟的大山水。但从细部岩石、树木等方面看，又有很多南宋以后的新样式，表明其时代不会早于南宋。金灭北宋后，占领了北方大部分地区，北宋的画家有不少流落北方，虽然南方的山水画已经产生了很大变化，但郭熙画派在北方依然继续，直到元代以后，仍产生着广泛影响。金及元代的画家在学习郭熙派山水的同时，形成一种样式化的倾向，特别是元代以后，部分画家以北宋李成、郭熙为师，吸取其构图技法，但在很大程度上抛弃了写实的精神，而移入了主观的成分，表现出形式化的倾向，论者将他们称为"李郭画派"。榆林窟第3窟壁画山水反映的正是"李郭画派"的特征。

榆林窟第2窟西壁门两侧分别画出水月观音图。虽然不是直接表现山水的，但作为水月观音的背景，山水画成为画面的重要内容。值得注意的是，两幅水月观音图都采用对角线构图的方法，如北侧的画面中，观音菩萨坐在左侧的岩石上，面朝右上方，右上部画出一弯新月，下部是清澈的绿水，画面从左上部到右下部形成一条对角线，右上部是天空，十分空旷，左下部则是人物和岩石及树木等，画面很满（图7-20）。这样"虚"与"实"截然分开、对比强烈的风格，正是南宋马远、夏圭山水画的特色。马远、夏圭等画家探索出了"意到笔不到"的原理，充分发展了中国画的空白处理技法，使山水画更具有魅力，被当时的人戏称为"马一角""夏半边"。而壁画历来都是以"满"为特征的，很少留出空白，这两幅水月观音图却大胆地采用了传自南方的新技法，在画面中留出大面积空白，在中国石窟寺院的壁画中也是十分独特的。画中岩石和彩云都具有装饰画风，树木、竹、花草及流水的笔法都体现着南宋"院体画"的风格，说明这些壁画的作者绝不是边陲之地的普通画家，完全有可能是来自中原的高手。

图 7-20　榆林窟第 2 窟西壁北侧　水月观音（西夏）

敦煌壁画中的山水画，并不是独立的山水画，而是在佛教主题（故事画、经变画等）中作为背景绘出的，因此，不能作为独立山水画看待。画家的目的并不是画山水，而是满足对佛教内容的表现，山水只是处于"配角"的地位。由于唐及五代以前中国山水画传世作品极少，而在敦煌壁画中则有大量的山水画迹保存下来，从这些山水画迹的发展变化中，我们可以探寻出中国山水画发展变迁的重要信息。很多画迹又与绘画史上一些画家的风格相印证，从而使我们可以勾勒出一部4—14世纪线索相对明晰的中国山水画史，这也是敦煌壁画中山水画的重要价值所在。

第八章 | 装饰艺术

　　装饰艺术，广义地说，在石窟建筑中如何设计石窟的形制，如何安置其中的塑像，如何安排壁画内容等，都属于装饰的范围。从狭义的方面看，就是石窟中那些没有明确的宗教主题而纯粹作为艺术构成的部分。

　　庞薰琹先生说过："装饰画和绘画的分别，就在于装饰画是为了装饰某些东西的，它不是一种独立的欣赏性的作品。"①如龛楣、窟顶图案，龛沿或佛坛周围的边饰图案等。很多人把装饰艺术仅仅理解为狭义的装饰图案，实际上佛教石窟一经建立，就必须要考虑全窟的装饰问题，因为石窟是建筑、雕塑与壁画结合的艺术，如何使雕塑、壁画与建筑形制相协调，从艺术的角度营造出一个佛教的世界，这是石窟营建的重要环节。

　　佛教石窟是随着佛教在中国的传播而产生的，最初的石窟一定是努力取法于印度及西域的样式。但是石窟又不同于一幅画、一件雕塑，它不可能从印度或中亚带来。中国的工匠只能根据外来的僧人讲述的样子来再现印度的石窟。然而，由于地质环境的巨大差异，恐怕也只能因地制宜，造出中国式的石窟了，因此，在洞窟形制方面形成了敦煌本地的特点。随着佛教一步步中国化，佛教石窟艺术也在逐步形成中国特色，在敦煌石窟中，不同时期的变化都与中国艺术史的发展密切相关，反映着装饰艺术的时代精神。

---

① 庞薰琹：《中国古代装饰画研究》，上海人民美术出版社，1982，第126页。

第一节　早期石窟的装饰

一、佛教天国的理念

佛教认为，世界是由无数的大千世界组成的，所谓"三千大千世界"①，这些世界多如恒河之沙，而每一个世界的中心则是须弥山，往上就是天堂，也有很多层次，包括三十三天，往下就是人间，然后就是地狱，地狱也有不少层次，最下有十八层。佛教讲轮回，认为人死后总会不断地轮回，直到由于长期修行或行善事，达到一定的积累，便可进入极乐世界——佛教的天国。那时，人就会脱离人间的轮回，而永远地生活在天国，所以对于信众来说，佛教的天国就是最美好的地方。

因为佛陀和菩萨、天人（飞天）等就是生活在极乐世界的，所以寺院、石窟中除了雕塑或绘制佛像外，还往往要表现佛教的天国世界。在石窟的顶部，表现天国世界是最常见的。印度和中亚的石窟，窟顶除了一般装饰图案外，总是要表现佛、菩萨及天人等形象，并描绘出天象图景或天宫形象。巴米扬石窟的东大佛窟顶还画出了乘着马车的太阳神像，反映了古希腊、古罗马的影响。在克孜尔石窟中心柱窟的拱顶中部，往往画出天象图，如第17窟、38窟、80窟等。特别是第38窟可以清晰地看出日天、月天、风神、双头金翅鸟等形象，在拱券顶的两侧画出了菱格形中的本生故事和因缘故事，东壁和西壁的上部与拱顶相接处，还画出了天宫伎乐。显然，从东西两侧壁的上部到拱顶的绘画，表现的就是天与天国的景象。

敦煌石窟的建筑与克孜尔石窟完全不同，中心柱窟的后部以方柱为中心，前部在顶部造成人字披顶的形式。这种形式，实际上是以印度塔庙窟的理念，按汉族传统建筑形式加以改造而成的中国式支提窟。这样的洞窟中，窟顶后部平顶都以平棋图案加以装饰，前部人字披顶则往往绘出莲花与化生形象。化

---

① 据《观无量寿经》卷十二、《俱舍论》卷十一等佛经记载，一个小世界以须弥山为中心，周围环绕四大洲及九山八海，而上下从色界之初禅天至大地底下之风轮，其间包括日、月、须弥山、四天王、三十三天、夜摩天、兜率天、乐变化天、他化自在天、梵世天等。一千个这样的小世界，称为"小千世界"。一千个小千世界，称为"中千世界"。一千个中千世界，称为"大千世界"。这个大千世界因为是由小、中、大三种组成，而称"三千大千世界"。

生，是指从莲中化出而进入佛国世界的人，这是进入佛教天国的最初形式。在
洞窟四壁的上部与窟顶相接的地方，画出天宫伎乐形象，这一点可以看出是受
克孜尔石窟壁画的影响。

二、中国式的神仙世界

　　西魏以后，覆斗顶窟就渐渐成为敦煌石窟中最流行的形式。西魏莫高窟第
249窟可以说是一个标准的覆斗顶窟，窟顶为倒斗形，顶中心为藻井，有四面
披，洞窟正面开一大佛龛。令人瞩目的是窟顶的内容，除了佛教的须弥山外，
还画出了中国传统神话中西王母和东王公的形象，并有相关的风、雨、雷、电
诸神，以及朱雀、玄武等中国传统神怪形象。为什么要把中国传说中的神怪形
象绘在佛教的石窟中呢？实际上反映了古代中国人对天、对宇宙的认识观念与
印度传来的佛教宇宙认识论的一种交融现象（图8-1）。

图8-1　莫高窟第249窟窟顶（西魏）

　　同世界上许多文明古国一样，中国古代对世界的产生有很多神话传说，
如伏羲、女娲创造世界之说，人可以修炼而成神仙的传说，西王母、东王公

的故事也是神仙传说中比较流行的一种。汉代以来的墓室壁画及画像砖、画像石中就有很多关于伏羲、女娲、西王母、东王公等的形象。如画在墓室里的西王母，实际上是希望死者能够成仙，到西王母这样的神仙所在的地方去。

　　佛教传入中国后，佛教所说的天国世界，按中国人的理解，正与传统的神仙思想一致。如果比较莫高窟第249窟与酒泉丁家闸5号墓顶部的壁画内容（图8-2），就会发现两者在内容上和布局上惊人的一致。墓室中一边绘西王母，一边绘东王公，周围还有飞马、飞鹿、九尾狐等神兽，在四披的下部画有一排山峦。如果说山峦象征着人世间的现实世界，那么，山峦上部的天空显然就是天国世界了。莫高窟第249窟窟顶南披绘西王母，北披绘东王公，在四披的下部也绘出一排山峦，至于山中的动物等形象，也是汉代以来绘画中常见的形象和风格。在西魏莫高窟第285窟窟顶东披还画出了伏羲、女娲的形象，与第249窟一样，是中国式的天国景象与佛教天国的结合。

图8-2　酒泉丁家闸5号墓顶 西王母（东晋）

三、藻井形式的源流

佛教石窟要表现的是佛教天国，但天国的概念最终来自人们对人间生活的美化和想象，所以在洞窟的顶部，艺术家们还是按照古代建筑的形式来表现。北魏流行中心柱窟，窟室中心有一个中心塔柱，是象征佛塔的形式，前面的窟顶为人字披顶，后部为平顶。人字披是模仿中国传统建筑的屋顶形式而来的，平顶部分装饰着像棋格一样的图案，称为"平棋"（图8-3）。平棋图案的每一个单元都是仿照藻井的形式而绘。

图8-3　莫高窟第251窟窟顶 平棋（北魏）

西魏以后，中心柱窟减少，较流行的是覆斗顶窟，洞窟的顶为覆斗形，顶部中心为一个方形藻井，藻井四面以斜坡的形式延伸到四壁，这样，洞窟就形成了一个空间较大的殿堂形式。这种覆斗顶形窟成为隋唐以后洞窟最普遍的形式。

敦煌石窟中的藻井通常是在方形井心向内叠涩进三层。每一层内部的方形都相对外层转45°，称为"叠涩式藻井"。藻井的名称汉代就已出现，如张衡《西京赋》中叙及殿堂的装饰，就写道："带倒茄于藻井，披红葩之狎猎。"李善注："藻井，当栋中交木方为之如井干也。……孔安国《尚书》传曰：'藻，水草之有纹者。'《风俗通》曰：'今殿作天井，井者，东井之像也，菱，水中之物，皆所以厌火者也。'"①王延寿的《鲁灵光殿赋》中描绘鲁灵光殿中藻井："圆渊方井，反植荷蕖。"②可知汉代的宫殿建筑在顶部设置藻井。但从这些文献中，我们只知道藻井为方形，并绘有莲花等纹样，至于是否有45°转角的叠涩式结构等空间上的特征，却无法得知。从现存的考古遗迹来看，沂南汉代画像石墓中有方井内作45°角叠涩之例，但是在中原汉代以前的建筑遗迹中，叠涩式藻井并不是普遍存在的形式。

　　从考古发现来看，时代最早的叠涩式藻井是帕提亚王朝的尼萨（位于今土库曼斯坦的阿什哈巴德市附近）尼维亚宫殿遗址所存的藻井，时代约为公元前2—3世纪（图8-4）。印度山奇大塔附近的寺院遗址中，也可以见到顶部为叠涩式藻井的形式，该寺院建造时代较晚，大约为7世纪以后。

图8-4　尼维亚宫殿（复原图）

　　叠涩式藻井作为佛教石窟的装饰出现，最普遍的是巴米扬石窟，据樋口隆康等研究人员的调查，巴米扬石窟中为叠涩式藻井的洞窟有30多例③。大部分洞窟的平面为正方形，还有一部分平面为八边形；而藻井的形式，有相当一部

①　萧统编《文选》卷二，上海书店，1988年，第19页。
②　萧统编《文选》卷十一，上海书店，1988年，第153页。
③　樋口隆康编《バーミヤーン 京都大学中央アジア学術調査報告》第1卷，东京同朋舍，1984。

分叠涩式藻井的中央为向上突起的半圆形穹顶形式（图8-5），也有少数为平顶。藻井三层叠涩较多，也有相当一部分为四层叠涩的。巴米扬石窟中出现这么多的叠涩式藻井，一定与当地的建筑传统文化有着密切关系。

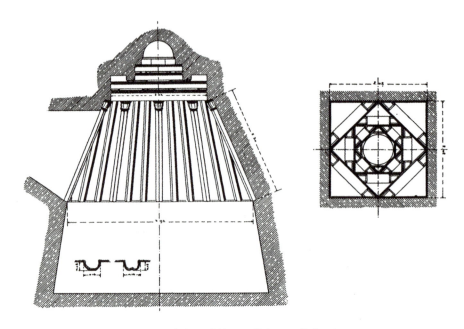

图8-5　巴米扬石窟第733窟立面及藻井平面图

　　克孜尔石窟中，也有很多洞窟的窟顶出现叠涩式藻井。有的虽是中心柱窟，但在洞窟前部的窟顶设置藻井，如第132窟、207窟等。有的是方形窟，窟顶藻井往往叠进六层甚至七层，如第165窟、167窟等。克孜尔石窟附近的克孜尔尕哈石窟也可以看到有叠涩式藻井的洞窟，如第32窟。按宿白先生的石窟分期研究，克孜尔石窟第132窟为第二期石窟，时代当在395（±65）—465（±65）年，最晚到6世纪[①]。

　　从上述例证来看，佛教石窟中出现的叠涩式藻井，其来源应是中亚，是随着佛教的传播而传入中国的。敦煌石窟接近西域，叠涩式藻井出现较多，到了中原的石窟中，就不是最普遍的形式了。敦煌石窟中除了北凉莫高窟第272窟和268窟的藻井为浮塑以外，其余各窟都是以绘画的形式表现叠进，没有空间

---

　　① 宿白：《克孜尔部分洞窟阶段划分与年代等等问题的初步探索》，载新疆维吾尔自治区文物管理委员会等编《中国石窟　克孜尔石窟》（第1卷），文物出版社，1989。

上的凸起；也就是说，敦煌壁画中的藻井已成为一种装饰，而不是建筑空间意义上随着叠进而逐步上升的藻井了。

中国传统建筑多采用大屋顶的两面坡形，屋顶形成人字形。在洞窟中，这样的建筑形式并没有功能上的意义，仅具有装饰性，但在外来的佛教石窟中，装饰人字披顶，反映了一种强烈的民族文化意识。人字披顶上仿照木结构建筑，浮塑出中梁和两边的椽子以及两头的斗拱等形式，使这种传统式建筑装饰更有仿真效果，同时在人字披的椽间通常描绘莲花、忍冬纹以及化生的形象。

四、天宫与天人

在四壁的上沿表现天宫的形式，从克孜尔石窟就可以看到，在印度和犍陀罗的雕刻中，也常常以建筑的形式表现佛国世界的天宫，这些建筑显然是世俗人间的产物，每个地方的人都会把自己所见的以及所想象的华丽高贵的建筑形式用于表现佛国世界的天宫形式，但在佛教的发展和传播中，最初出现的一些建筑形式往往会形成一种模式，而向外地传播。圆拱形门窗以及凹凸形的栏墙是早期佛教艺术中较为流行的表现天宫的形式，印度本土和犍陀罗的雕刻、壁画中都可见到这样的建筑形式。这种形式在克孜尔石窟中得到继承，又影响了敦煌的早期壁画。

北凉时期莫高窟第272窟的窟顶四边画出的天宫伎乐，就在一个个圆拱形的门窗中现出半身形象，下面是凹凸形的栏墙。在克孜尔石窟的每一个门窗中，伎乐都有二身，一男一女，相互眉目传情（图8-6）；而敦煌壁画中天宫伎乐每一个门窗中只有一身。克孜尔石窟中的天宫形式，拱门较低，人物仅露出上半身；而敦煌壁画中拱门较高，伎乐大多可以看到下半身的裙子。敦煌壁画中对拱门建筑的表现显得有些形式化，显然敦煌的画家对那种外来的建筑样式没有太多的感受。

北魏晚期到西魏时期的莫高窟第248窟、249窟、435窟壁画中的天宫形式，则出现了圆拱形与汉式屋檐交错的情况（图8-7）。在北凉莫高窟第275窟，就已出现了以汉式城阙的形式表现弥勒所居的兜率天宫。按中国古代礼制，阙是规格很高的建筑，通常用于天子的宫门，以阙表现天宫，反映了中国古人对佛教天国的理解，进而说明以中国式的建筑形式表现天宫伎乐所在的宫殿，也是佛教中国化的一种表现。

图8-6　克孜尔石窟第38窟　天宫伎乐

图8-7　莫高窟第435窟北壁　天宫伎乐（北魏）

　　克孜尔石窟中天宫伎乐仅露出上半身，实际上是一种写实性的表现，而这一点在敦煌壁画中也做了改变，人物露出了大部分，这样就可以把乐舞伎的动作大体看出来。中亚和西方的艺术受古希腊与古罗马的影响，强调的是写实性，即以眼睛所见的情况来描绘；而中国艺术讲究完整性，不论是风景、建筑、人物，都喜欢表现完整的形象，风景是全景式的。所以北周和隋代壁画中，天宫建筑的形式没有了，只剩下下部的栏墙，上部打通之后，伎乐变成了飞天，在天空中一边自由飞动，一边演奏乐器（图8-8）。按过去的习惯分类，把天宫伎乐与飞天伎乐分成两类。实际上，飞天就是指天人[①]，当她站在天宫中舞蹈的时候，就被看作是"天宫伎乐"，但当她飞起来时，就被看作是"飞天伎乐"，但她的天人身份并没有改变，改变的只是动作和姿态。而由站立状舞乐形式变成飞动形式，完全是由于天宫建筑的遮挡，不能完整地表现人物形象，当这些伎乐形象以飞天形式出现时，天宫建筑就不需要了，天人的形象保持了完整性，符合中国人的欣赏习惯。但下部的栏墙还保留着，因为它是天宫的象征，栏墙以上部分就是佛国的天界了。

图8-8　莫高窟第290窟北壁上部　伎乐飞天（北周）

---

① 赵声良：《飞天新论》，《敦煌研究》2007年第3期，第12—17页。

五、忍冬纹的变化

忍冬纹，国外学者多称为"茛苕纹"（Acanthus）或"帕尔梅特"（Pal-
mette，棕榈叶纹）①，最早源于古埃及和两河流域文明，可能是由棕榈树叶的
抽象化变形而成，在古希腊的建筑和陶器装饰上采用很多，后来随着佛教艺术
经中亚而传入中国（图8-9）。

在克孜尔石窟壁画中，这种纹饰出现很多，而且已有多种变形和组合形
式，如单叶波状忍冬纹（第67窟、77窟、163窟、198窟）、双叶波状忍冬纹
（第83窟、172窟）、双叶环抱忍冬纹（第227窟）、龟背状忍冬纹（第17窟、
192窟）等。这些丰富的忍冬纹样在敦煌早期壁画中都可以看到，表现出明显
的传承关系②。

图8-9　古希腊装饰陶罐（前4世纪）

大英博物馆藏

---

① 有关忍冬纹和卷草纹，前人研究颇多，日本学者立田洋司《唐草纹样》（东京讲谈
社，1997）较为集中地探讨了棕榈纹样经西亚及中亚的传播，并与印度莲花纹样等结合而传
入中国及日本的过程。中村元、久野健监修的《佛教美术事典》（东京书籍，2002）中也有
对忍冬纹的解说。近年来，苏州大学的诸葛铠先生也曾对此做过探讨。

② 赵声良、张春佳：《莫高窟早期忍冬纹样的源流》，《敦煌研究》2022年第1期，第
49-62页。

但是敦煌壁画中的忍冬纹远比克孜尔石窟的忍冬纹丰富得多，不仅在变形和组合的种类上丰富得多，而且在风格上产生了很大变化，说明敦煌在接受了这种外来图案纹样之后，进行了很多改变和创造，表现为以下两点。

　　一是吸收了汉代以来的云气纹那种轻盈、飘逸的精神，使龟兹壁画中那种体形较肥厚的忍冬纹变得清秀条长、舒展流畅，而这种加长了的忍冬纹的效果与北魏末到西魏初期人物画中流行的"秀骨清像"风格是一致的。在佛背光中也常常采用忍冬纹的变形形式，使它具有与火焰纹类似的效果，用以表现背光的光芒。

　　二是与莲花纹样相结合，创造出新的忍冬莲花形式，有时还把禽鸟等动物组合在忍冬纹中。由于莲花中常常要绘出化生的形象，忍冬莲花与化生童子的主题常被描绘在藻井、龛楣、人字披等位置（图8-10）。这样，忍冬纹就不仅仅是一种边饰，还作为主体内容描绘在人字披、龛楣等处。

图8-10　莫高窟第431窟　忍冬莲花纹（北魏）

第二节 隋代的装饰艺术

对于敦煌石窟来说，隋代是一个急剧变革的时代，旧的形式依然存在，而新的形式却不断出现。新旧杂陈，正显示出这个时代文化交融的复杂性与艺术家丰富的创造力。

隋代的洞窟虽然出现了不少新的形制，但石窟作为佛国世界的象征，这一主题并没有改变。莫高窟第302窟、303窟都是中心柱窟，然而，中心柱却改变为须弥山的形式。须弥山概念如前所述，在克孜尔石窟壁画中已出现了须弥山的形象，在云冈石窟第10窟也有浮雕的须弥山形，莫高窟第249窟窟顶西披也画出了须弥山的形状。而把须弥山作为一个洞窟的中心，却是前所未有的。隋代艺术家直接把中心柱的形式改为须弥山的造型，反映了把洞窟表现为佛国世界的思路。不过，这样的洞窟仅有此二窟。隋代莫高窟另外两例中心柱窟第292窟、427窟却是另一种情况。如第427窟洞窟规模较大，中心柱正面不开龛，塑出一佛二菩萨，在洞窟南北壁人字披下也各塑出一佛二菩萨的三尊像，与中心柱正面的佛像形成三组佛像。这三组佛像十分高大，给人以强烈的震撼力。配合这样的构成，四壁及顶部的壁画大多画密集排列的千佛，从而突出了彩塑佛像的存在感。

隋代大部分洞窟为覆斗顶窟，通常在正面开龛造像，也有部分洞窟为三壁三龛形式。还有的洞窟不开龛而贴壁建佛坛，把塑像置于佛坛上，同样是突出塑像的存在感。隋代壁画往往把内容较丰富的故事画、经变画绘于窟顶，而四壁多绘千佛，形成如图案般的效果，这样也是为了突出彩塑。部分洞窟以连续的佛说法图布满四壁，如莫高窟第244窟、390窟等。说法图的表现可以看作是千佛的扩大，是表现佛国世界的另一种形式。

综合隋代洞窟的装饰来看，艺术家显然十分注重突出主题，综合调动彩塑与壁画的布局效果，集中突出佛像的感染力，从而营造出强烈的宗教氛围。

隋代的藻井图案努力摆脱了对建筑藻井形式的模仿。有的藻井完全放弃了对叠涩式交木形式的表现，而是在四方形的结构中表现出莲花、飞天等形象。如莫高窟第407窟窟顶藻井，中心为一朵大莲花，花瓣共四层，花心则为三兔造型。环绕莲花有十二身飞天旋转飞行。藻井的四周为菱格纹，菱格纹外沿为垂鳞纹，最外沿为三角形垂帐纹。而在菱格纹、垂鳞纹、垂帐纹中都点缀着忍冬纹和莲花纹，细腻而精致的装饰，体现出华丽的效果（图8-11）。

图8-11　莫高窟第407窟　藻井（隋）

　　莫高窟第401窟的藻井则是以绿色为底，中心画一朵大莲花，周围有四身飞天和四只凤鸟（孔雀）旋转飞舞。四边有圆环联珠纹装饰，外沿则有垂鳞纹与三角形垂帐纹，在垂帐纹的四角又各画一身化生。这个藻井色彩明快，构成简练，形象活泼。莫高窟第314窟的藻井中央为大莲花，方井四面绘出四个摩尼宝珠，方井的四角各画一身坐在莲花上的化生童子。在这些莲花化生与宝珠之间，以忍冬纹相交错而连续。外沿则画出忍冬纹带饰和方格纹、三角形垂帐纹等。莫高窟第311窟的藻井与之相似。

　　从以上几例藻井来看，藻井中央以莲花为主，依然是装饰的固定结构；而在其中表现天人，通过天人来象征天国世界，是藻井装饰的主旨所在。化生，是刚从莲花中生出的天人，表现的是进入天国世界的过程。飞天，同样是天人。有的也会增加描绘凤凰、孔雀、龙等祥禽瑞兽，摩尼宝珠同样是佛国世界才有的景象。

　　莫高窟第427窟的人字披顶上有一条横贯窟顶的装饰图案带，其中描绘莲花及化生图案，莲花由翻卷的枝蔓连接，形成"S"线状延伸。莲花上有的托着摩尼宝珠，有的坐着化生童子，化生童子则演奏着不同的乐器。总之，藻井或人字披顶的图案有复杂，有简单，但其象征佛国净土的主题不变。

值得注意的是联珠纹图案，前人已做过很多研究，认为是来自波斯图案纹样，与之相关的还有菱格纹样、狮凤纹样，除了大量运用于边饰图案中，在一些菩萨的服装上也出现过这些纹样。如莫高窟第420窟彩塑菩萨的裙上，就有圆环联珠纹，在联珠纹中有蹲狮形象或猎人射虎的形象（图8-12）。莫高窟第427窟的彩塑菩萨的僧祇支及裙上有菱格纹样，菱格中有狮凤纹样。莫高窟第425窟的联珠纹中还有飞马图案。隋唐时期还有不少出土的丝织品中有类似的联珠纹图案，这些与联珠纹交织在一起的动物图案，同样受到来自波斯的影响。

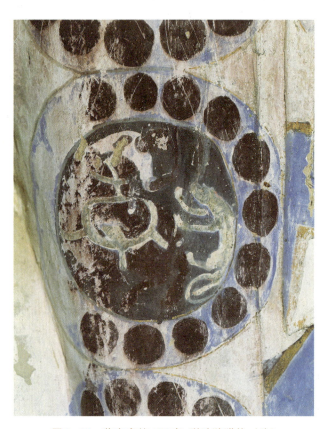

图8-12　莫高窟第420窟 联珠狩猎纹（隋）

隋代装饰图案的表现上，较引人注目的是色彩的运用。如莫高窟第427窟四壁及顶部的千佛，往往四身佛像形成一组，色彩由绿、白、蓝、褐有规律地上下之间交错排列，从而在整体上由这些佛像色彩的变化构成了斜向的色带，具有光线变化的效果。莫高窟第397窟、402窟、420窟等洞窟中都可以见到类似的千佛，只是色彩的排列会有相应变化，这样的表现本来是北魏以来壁画中常用的手法，而在隋代，由于所用色彩对比较强烈，而且如前所述，为了突出塑像等原因，往往在洞窟四壁和窟顶画出大面积的千佛，这样的光感给人留下了强烈印象。

莫高窟第404窟四壁上部表现了天宫栏墙上的飞天形象，背景的色彩以蓝色为主调，由浓到淡，上部颜色深，下部颜色浅，表现出类似天空光线变化的效果。莫高窟第419窟、420窟、427窟等窟中表现天宫栏墙上的飞天也用这样的手法，只是因为变色，大部分底色都已变成深褐色，但从变化之后的壁面上仍可以看出画家对底色的表现是有色彩过渡的处理。

头光的描绘更能显示出画家对光的表现。莫高窟第420窟南、西、北三壁佛龛内的佛光，以及第292窟与第427窟中心柱南、西、北三面佛龛内的佛光都反映出画家高度的色彩表现技巧。

莫高窟第420窟西壁龛内的佛光（图8-13），头光部分圆环中心为莲花形，外沿为石绿底色中的忍冬纹。石绿的底色由浅到深表现出一种变化，而忍冬纹则画成较细的叶片且呈圆形旋转的动态。向外第二层则画出红底色中的千佛形象，第三层又是忍冬纹，这一层底色为石青色到石绿色的过渡，忍冬纹依然表现为旋转的叶片。与圆形头光相连的背光纹饰也与前者相同，内层为绿色背景中的忍冬纹，第二层为千佛，第三层为蓝绿相间的底色中的忍冬纹。在每一层纹饰边缘的交接处都以金色画出，佛光的最外层为火焰纹，以石青、石绿、白色、黑色（可能是变色所致，原色难以判定）相间画出。这样的佛光改变了历来以红色火焰纹饰为主的佛光形式，显得金碧辉煌。尤其是石绿底色、石青石绿交错的底色的颜色过渡，表现出一种神秘的光感。或许这正是隋代画家所追求的效果。

莫高窟第427窟中心柱西向龛内的佛光也具有同样效果，其中有的部分以鲜艳的红色为底色，而以白色线勾出忍冬纹的图案带，随着底色的由浅转深，勾描忍冬纹的线条颜色也随之有深浅的变化，造成极为自然的光线变化。

图8-13　莫高窟第420窟西壁龛内　背光图案（隋）

第三节　唐代的装饰艺术

唐代是敦煌石窟艺术发展的高峰，不仅石窟营建的数量多，而且在建筑、雕塑、壁画艺术上都达到了很高水平。唐代石窟中由于经变画的流行，通过大画面的经变表现佛国世界成为当时壁画的时尚，洞窟整体与其说是表现佛国世界，不如说是表现现实社会。

成组的佛像在龛内排列，以佛为中心，两侧分别有弟子、菩萨、天王等形象，有的洞窟还塑出胡跪的供养菩萨。这样有等级、有秩序的排列，多少带有点封建制度中的等级意识。由于大部分洞窟采用覆斗顶窟的形式，洞窟的布局也已成为固定格式。

唐前期的洞窟，通常在南北两壁绘出整壁的经变画，在东壁，则于门的上部和两侧分别绘出说法图，或者绘出对称构图的维摩诘经变。这样，把佛像集中于洞窟正面龛内，南、北、东三面壁的经变都是描绘佛国净土的内容，全窟就营造出一个更为宏大的佛国世界。

唐代后期的洞窟在装饰效果上有了较大改变，正面的佛龛往往造成方形盝顶龛，这是对中国传统帐形的模仿。这样一来，佛像也相对塑得较小，而南北两侧壁的经变少则两铺，多则四铺或更多。在每一铺经变下部又有屏风的形式把经变的相关内容画在其中。于是，佛龛呈方形，四壁的经变画为一个个方形，其下部屏风画仍然是方形，全窟就统一在这严谨的方形构成之中。这样一方面有谨严而精致的效果，另一方面也体现着一种庄重的气氛。晚唐以后流行覆斗顶窟的中央设佛坛的形式，佛像也造得较大，佛坛上的雕塑就成了一窟的中心，壁画的单一装饰更突出了佛像的存在。这样的装饰风格一直延续到五代、宋代。西夏和元代的洞窟有所改变，主要是中心佛坛有的按曼荼罗式布局设计，增强了宗教的实用性。

唐代洞窟总的装饰风格较一致，壁画中经变画成为这个时代的主旋律，其他方面的绘画相对来说不太引人注目，而图案装饰则仅仅限于窟顶藻井和佛光以及龛沿等方面的边饰。尽管如此，唐代的图案也是各时期最为纷繁而富有创造性的。

一、藻井装饰

初唐的部分洞窟中，藻井的形式继承了隋代的样式，如莫高窟第329窟的藻井以莲花飞天为中心，中央为一朵大莲花，周围有四个飞天围绕莲花旋转，底色则以深蓝色象征天空，方井的外沿分别画出卷草纹、鳞纹和三角形垂角纹。虽然中央的莲花做旋转状，四角也画出莲花，但总的来说，与隋代的藻井结构非常相似。但是在垂角纹的外沿，又画了一道装饰带，四面各画三身飞天，与藻井内的飞天一样沿逆时针方向飞舞。于是，藻井似乎扩大到了帷幔外面的天空，这一点，比隋代的藻井显得更有空阔之感了。

莫高窟第322窟的藻井也有类似倾向，此窟的藻井中央为缠枝葡萄纹和石榴纹，外沿分别绘团花纹、鳞纹、联珠纹及三角形垂角纹。在帷幔的外沿，则在浅蓝底色上画飞天，白色的云朵与飞天悠然飞舞（图8-14）。在藻井外沿绘飞天装饰带的样式，在初唐较为流行，莫高窟第373窟、375窟、387窟等窟的藻井都有类似结构；而藻井中心的图案，除了旧有的莲花纹、联珠纹、鳞纹、垂角纹外，出现了不少新的纹样，如葡萄纹、石榴纹等，莲花纹也往往把莲瓣做了变形，变成桃形或卷云形等。莲花经过这样的变形，往往做放射状，形成花瓣丰富、色彩斑斓的一朵大花，却很难看作是莲花了。迄至隋代，一直很流行的忍冬纹已被缠枝卷草纹取代。

进入盛唐，藻井图案往往是用一朵大花填满中心，这时的花朵大体已失去了莲花的特征，花瓣越来越丰富，通常称为"团花图案"，或称"宝相花"。周围的边饰，除了卷草纹样外，多用一整二半团花、半团花。莫高窟第320窟藻井底色为红色，中央为团花图案，一层层的花瓣以蓝色、绿色与红色相间画出，层次丰富、色彩艳丽（图8-15）。藻井外沿依次为半团花纹、菱格纹、一整二半团花纹、鳞纹、三角形垂角纹、彩铃纹。比起初唐的藻井来，藻井更加图案化，形象的东西减少了，抽象的内容增加了。大部分盛唐的洞窟藻井都是类似的表现，这样的装饰可能还是为了突出洞窟中那些最有生气的经变画。藻井图案相对来说已成为洞窟中的陪衬。

尽管如此，有的藻井设计也体现着画家的匠心。莫高窟第172窟的藻井中心部分与其他洞窟一样，由团花纹等组成，而在外沿部分，则由彩铃纹与网幔组成，在边沿部分则易方为圆，形成一个很大的伞盖状，而在方形覆斗顶的四披，圆与方的交接处就形成了四个角，画家在四个角上各画了一身飞天。这样，圆形的伞盖与方形的覆斗顶之间的变化以及飞天的创意，使这个藻井显得格外活泼且充满生机。

图8-14　莫高窟第322窟窟顶　藻井（初唐）

图8-15　莫高窟第320窟窟顶　藻井（盛唐）

　　唐代后期的藻井大体延续前期的样式，没有大的变化，但图案往往做了简化处理，团花的花瓣也没有那样密集。部分洞窟的佛龛改为了盝顶形，顶部为长方形。盝顶通常以棋格团花的形式表现，一个方格画一朵团花，这也成为后代仿照的模式。

二、佛光装饰

　　隋代的画家们已经尝试把佛光画得有光感，唐代壁画中表现佛与菩萨、天王的佛光，也往往通过色彩的浓淡变化来表现光的效果，尤其是在经变画中，人物、景物众多的情况下，表现菩萨、天人透明的头光，在莫高窟第172窟、217窟的观无量寿经变及第103窟的维摩诘经变等壁画中都可以看到，但在同样的经变画中，对主要的佛像和菩萨像，头光往往以华美的图案来表现。

　　洞窟中龛内的塑像头光往往是精心绘制的。如莫高窟第217窟西壁龛内中央佛的背光：头光中心为莲花形，外沿一圈为团花图案，背光也为团花图案，最外层的火焰纹则由蓝、绿、红三色相间画出，每一层的边缘都以贴金来表现。龛两侧菩萨的头光，因塑像已失，得以看到全貌（图8-16）。头光中央为莲花，其外缘为桃形莲瓣组成的纹样，再外则为一整二半团花图案，最外缘为红色的火焰纹。

　　佛光的特点是要表现光，历代都离不开火焰纹，但唐代的佛光不像早期那样以火焰纹为主，而是以团花和卷草纹样为主，不强调火焰，主要还是为了突出一种华美的装饰性，即使是主尊佛像的背光，火焰纹所占比例相对较大，也是以青绿色与红色相间，减轻了火焰纹的动态，渲染的是一种典雅、华贵的气度。

　　莫高窟第320窟北壁经变画中主尊佛像的背光，甚至完全不用火焰纹，而采用方胜纹作为背光的外缘，以卷云纹作为头光的外缘，均以绿色染出。莫高窟第148窟、217窟、445窟等窟中的经变画中，都可以看到主尊佛像有类似的头光。也有部分洞窟经变画中主尊不绘头光者，如莫高窟第45窟北壁观无量寿经变。这一点，表明了唐代画家不拘泥于固定格式，充满创新精神。

图8-16 莫高窟第217窟西壁龛内 头光（盛唐）

第四节　晚期的装饰艺术

　　唐代以后，经历了五代、北宋、西夏、回鹘和元代。这个阶段对于敦煌石窟的历史来说，进入晚期，其时间跨度虽然较长，但洞窟的营建数量没有唐以前那么多。从装饰方面看，也有不少新的形式，反映着不同的时代特征。

　　晚唐五代的洞窟多在覆斗顶窟的中心设佛坛，佛坛后部有与窟顶相连的背屏。除了窟顶藻井与佛背光的装饰外，佛坛的装饰则是这一阶段的新形式。据相关研究，佛坛上最初装饰有木制围栏的①，但现在窟中无一保存下来，在佛坛的周围还装饰壸门，壸门内绘出伎乐天或花卉。

　　北宋到西夏期间的洞窟装饰有一个很大的变化，就是全窟的壁画包括经变画的建筑、人物等等都有图案化的倾向。如莫高窟第328窟为宋代重绘，南北壁均为经变画，但只在中央部位画佛说法的场面，周围则把听法菩萨均匀整齐地铺满画面。

　　莫高窟第16窟的甬道两侧画菩萨像，均形象高大、排列整齐，这样的壁画装饰，大多以石绿为底色，形象较少变化。唐代以来那种经变画的个性化表现都看不到，大部分洞窟壁画都显得大同小异，这样的装饰风格可能具有某种强烈的宗教因素，因此，可以使信众的目光集中于宗教表达的中心。

　　元代出现了完全以藏传佛教艺术表现的洞窟，如莫高窟第465窟，洞窟的形式也是在窟中央设圆形佛坛，这个佛坛最初是按曼荼罗的构成来表现的，但现在坛上的塑像已失，难以了解其详，而窟顶与四壁的壁画，全部是密教的曼荼罗艺术。仅从形象上看，曼荼罗是最具有装饰性的画面，但是在洞窟中，曼荼罗有着密教很多难以言传的意义。

　　晚期艺术中，藻井图案仍然是装饰艺术的重要方面。把中国人最喜爱的龙和凤表现在藻井中，是这个时期较流行的做法。早在隋代的藻井中就已出现龙的图案，如莫高窟第392窟的双龙藻井。但在隋唐时期，藻井中装饰龙还非常少。到了五代及北宋以后，藻井中画龙、凤就很平常了。有一条龙形成团龙图案的，如第35窟、76窟等，也有两条龙形成双龙图案的，如莫高窟第55窟、400窟等。

　　莫高窟第130窟的藻井则画了五条龙，是十分精彩的五龙藻井（图8-17）。

---

　　① 孙毅华：《莫高窟内中心佛坛原貌探讨》，《敦煌研究》1993年第4期，第108-115页。

中央的圆形花内有一条团龙，外面的四角各有一条龙，两条龙头向东侧，两条龙头向西侧，均呈对称形画出，五条龙采用浮塑并描金的办法表现，颇有立体感。藻井外沿则分别画出联珠纹、半团花纹、方胜纹、卷草纹等，藻井外的四披画团花图案。五龙藻井与唐代的大佛交相辉映。

莫高窟第16窟是晚唐所建的大型洞窟，壁画为宋代重绘，其中窟顶的藻井为龙凤藻井（图8-18）：中央莲花内有一只凤凰，四角各画一条龙，这四条龙均朝着一个方向呈逆时针旋转。龙凤均采用浮塑描金的办法绘出，中央的团花以绿色为底色，四周则以红色为底色，红、绿、金三色形成绚丽灿烂的效果。

图8-17　莫高窟第130窟窟顶藻井（宋）

图8-18　莫高窟第16窟窟顶 藻井（宋）

　　西夏榆林窟的装饰与莫高窟略有不同。榆林窟第2窟为团龙藻井，中央一条龙盘成圆形，环绕这条龙又画出一道五彩叠晕的圆环，这个圆环以锐角形套叠，造成一种旋转的趋向。在圆环外画出卷云纹，其外的图案有回纹、联珠纹、卷草纹、菱格纹等，图案一直铺满四披。

　　榆林窟第10窟四壁的壁画均已被毁，而窟顶的藻井却保存了下来（图8-19）。中心为八瓣莲花，每个花瓣上有一尊佛像，连同花中央的一尊佛像共九佛，由中心向外，一层一层的图案带一直铺满了窟顶四披，分别有回纹、禽兽卷草纹、龟甲套联纹、联珠纹、莲荷纹等。通常把那种按几何纹形式组成的回形纹样称为"回纹"，但这个藻井中没有组成"回"字，而是把"天"字和"国"字组合在回纹中，显然艺术家想表达"天国"的寓意。卷草纹也是唐以来最流行的纹样，但在这个藻井中，画家巧妙地把凤鸟、鹦鹉、翼马、狮、象等鸟兽都组合进图案中。此外，如联珠纹本来是较常见的纹样，但在这个藻井中，画家在每一个圆珠上都画出相应的曲线，使这个珠子具有了立体感，这个富有创意的藻井也反映了晚期石窟装饰艺术的重要成就。

图8-19　榆林窟第10窟窟顶 藻井（西夏）

第九章 | 藏经洞出土的绘画品

第一节 藏经洞发现的艺术品

1900年6月22日（清光绪二十六年五月二十六日），王道士（王圆箓）发现了藏经洞（即今莫高窟第17窟），这是我国近代史上影响深远的重大事件。藏经洞内出土了大量古代文献，主要包括佛教典籍、社会文书等写本和印本文书。此外，还有相当数量的刺绣、绢画等艺术品。过去发表的论著对藏经洞出土物的统计大多写为5万余件，主要是过去的研究者着眼点都集中在文献方面，且统计数据不全，主要以英、法、俄等国及国内几大收藏家的收藏为主。随着敦煌学研究的广泛开展，资料调查不断深入，包括英、法等国收藏机构也有不少新的发现，国内则除了国家图书馆外，各地的收藏也在逐渐被发现。据最新的调查，藏经洞出土文物，包括文献和纺织品等，总数超过7万件。

斯坦因是来到藏经洞的第一个外国盗宝者，他先后从藏经洞拿走的文献中，敦煌文献总计有17000多件，另有艺术品700多件，这些艺术品包括绘画品、丝织品、版画等。斯坦因拿走的文物分藏于大英博物馆、英国国家图书馆、维多利亚和阿尔伯特博物馆及印度新德里国家博物馆。

1908年，法国人伯希和从藏经洞拿走文献7000多件，另外还拿走绢画等艺术品400多件。文献部分藏于法国国家图书馆，艺术品主要藏于法国吉美博物馆。

1914—1915年，俄国奥登堡考察队到敦煌，获取敦煌藏经洞文献19466

件、艺术品300多件，分藏于俄罗斯科学院东方文献研究所和艾尔米塔什博物馆东方部。

以上三国是收藏敦煌艺术品较多的国家。此外，日本、美国等国也都收藏了一些敦煌文物。在国内，藏经洞出土物除了国家图书馆有大规模的收藏外，甘肃、辽宁、天津、浙江等地也有不少收藏。据相关统计，国内收藏敦煌文献26000多件，艺术品有120件左右。

20世纪初，敦煌藏经洞文物流失海外，引起不少学者的重视，因而兴起了国际性的学科——敦煌学。但在敦煌学最初发展时期，国内外学者们的关注点主要还是敦煌文献，因为是新发现的资料，在中外历史、文化方面，有很多十分珍贵的资料，引起研究者的重视，而对于艺术品的研究，则相对较晚。

第二节　敦煌画的调查与研究

斯坦因与伯希和分别在敦煌藏经洞获取了大量文物，其中就有相当数量的艺术品，主要是绢画、幡画等。其后，在20世纪20年代，斯坦因曾将从敦煌获取的部分绢画出版成图录，伯希和也编成《敦煌石窟图录》出版（但藏经洞的绢画未选入）。虽然出版了这些资料，但从研究方面来看，似乎没有多少成果，直到1937年日本学者松本荣一的《敦煌画的研究　图像篇》一书（图9-1、图9-2）的出版①，才算是有了较为全面研究藏经洞出土绢画的著作。

松本荣一（1900—1984），1923年毕业于东京帝国大学文学部美学美术史学科，1928年5月—1929年6月到欧洲调查研究斯坦因、伯希和、勒考克收集品，1930年任东方文化学院东京研究所研究员，他陆续发表了有关敦煌藏经洞出土的绘画作品的论文，对其图像内容、时代特征进行了考证。1937年，他出版了《敦煌画的研究　图像篇》一书，1939年以此书作为博士论文通过了答辩，并获文学博士学位，1942年又以此书获"日本学士院恩赐赏"。松本荣一历任东京帝国大学副教授、美术研究所所长、东京艺术大学教授等职。

---

① 松本荣一：《敦煌画の研究　图像篇》，东方文化学院东京研究所，1937。中文译本见林保尧、赵声良、李梅译《敦煌画研究》，浙江大学出版社，2019。

图9-1　松本荣一《敦煌画の研究　　　　图9-2　　《敦煌画研究》（中文版）
　　　　图像篇》

　　《敦煌画研究》一书通过图像学的方法，对敦煌壁画以及藏经洞出土的绢画内容进行了深入考证，涉及敦煌画中的各种经变画、佛传及本生故事画、尊像画（包括瑞像画）、罗汉及高僧像、密教图像等方面的内容，通过探寻其佛经依据，分析其表现形式，辨别其图像源流，可以说对敦煌图像考释具有开创性的意义，至今学术界对于敦煌壁画大部分内容的定名都可以追溯至松本荣一的这本著作。松本荣一终其一生没有到过敦煌莫高窟，因此，他的研究更多是依靠英法所藏的敦煌绢画和伯希和的图录，当然，他对佛教绘画具备深入的观察力，还得益于他对日本古代寺院壁画和日本传世佛画作品研究的深厚功底。在松本荣一之后，即使是在日本，也再未出现过这样深入透彻研究敦煌绘画的专家。

　　20世纪40年代，国内越来越多的学者开始关注敦煌石窟本体，特别是1944年敦煌艺术研究所成立后，学者们开始了对石窟的全面调查与研究，此后，敦煌石窟的研究不断深入。20世纪80年代以后，在中国改革开放的形势下，敦煌学研究得到快速发展，其中敦煌石窟考古和艺术研究的成果格外引人注目，特别是诸多壁画内容考释和时代风格鉴定的成果，对于藏经洞出土的绢画研究起到了直接的参考作用。而在这一段时期内，国外学者由于没有条件直接调查敦煌石窟，往往参考中国学者在石窟研究方面的成果，对藏于欧洲的敦煌绢画进行了深入的调查研究。

1982年，东京讲谈社出版了大型图录性著作《西域美术——大英博物馆藏斯坦因收集品》①，此书由韦驮教授主编，共分3册。第1至2册主要刊布斯坦因从敦煌藏经洞掠走的绘画品、刺绣及各类纺织品，第3册刊布斯坦因从敦煌及新疆地区掠走的绘画、雕塑及其他文物。每册前面均有篇专论。第1册《关于斯坦因收集品》，介绍了斯坦因在中国新疆和敦煌一带活动之事。第2册《关于敦煌绘画》，主要阐述了作者对敦煌绢画的主要内容和风格特点的看法，也体现了他对绢画的诸多研究成果，他把英藏的敦煌绘画分为几个阶段：初唐期（7—8世纪初）、盛唐期（8世纪）、吐蕃期（781—847年）、五代北宋期（10世纪），并对各阶段的特点及重要作品进行了分析。第3册《关于本卷收录的遗物和遗迹》，主要介绍该册收录的新疆一带文物的发现情况。韦驮先生曾在普林斯顿大学跟随方闻教授学习中国艺术史，并获得博士学位，1984年起任伦敦大学亚非学院教授，他对中国陶瓷有过深入研究，但其主要成果还是在敦煌艺术研究方面，著有《千佛洞——丝绸之路上的中国艺术》等，他长期研究大英博物馆所藏的敦煌绘画作品，可以说是欧洲学者中最了解敦煌艺术的研究者。

继《西域美术——大英博物馆藏斯坦因收集品》出版之后，东京讲谈社于1994年、1995年又出版了《西域美术——吉美博物馆藏伯希和收集品》2册②，主要刊布了法国吉美博物馆所藏的敦煌绘画作品。此书由日本学者秋山光和与法国学者雅克·吉耶斯共同主编，这2册图录在前各刊布了数篇论文。上册刊布了：秋山光和的《伯希和的中亚调查与敦煌画的收集》《敦煌画的样式与变迁》，吉耶斯的《8世纪中叶至11世纪初敦煌画的技法与表现（1）》《新发现大幅绘画"华严经变七处九会"与"华严经变十地品"》；下册刊布了：雅克·吉耶斯的《8世纪中叶至11世纪初敦煌画的技法与表现（2）》《伯希和探险队收集品所见的中亚遗迹和遗物》，克里希纳·里布的《敦煌的丝织品》。比起《西域美术——大英博物馆藏斯坦因收集品》来，《西域美术——吉美博物馆藏伯希和收集品》在研究方面更为细致全面，特别是对敦煌绢画的样式和变迁的探讨更为深入。

---

① 韦驮主编《西域美术——大英博物馆藏斯坦因收集品》（共3册），东京讲谈社，1982—1984。

② 雅克·吉耶斯、秋山光和主编《西域美术——吉美博物馆藏伯希和收集品》（共2册），东京讲谈社，1994—1995。

秋山光和（1918—2009）是日本著名的美术史专家，曾先后任职于金泽美术工艺大学、东京国立文化财研究所，1968年任东京大学教授。他在日本美术史和中国美术史方面都有较多著述，著作《平安时代的世俗画研究》获日本学士院奖，参与编纂《世界美术大系》（中国部分）。秋山光和从20世纪60年代起就研究敦煌艺术，发表有关论文数十篇。他花了数年时间在法国吉美博物馆潜心研究敦煌绢画，并吸取了敦煌石窟研究中的最新成果，在此书刊布的论文中有很多精辟的分析，对每一幅作品所写的说明都倾注了他的深入研究。雅克·吉耶斯（1950—2021）是法国艺术家、汉学家，长期在法国吉美博物馆工作，曾任馆长；另一位作者克里希纳·里布也是长期在吉美博物馆工作的学者，对纺织品有着深入的研究。

国内学者由于各种条件限制，对藏经洞出土的绘画、刺绣等艺术品的研究相对较晚，但进入21世纪后，中国学者对国外所藏的敦煌文物开始了系统和深入的调查研究，取得成果最丰富的就是赵丰先生。赵丰的团队用了数年时间对法国、英国以及国内各地所藏的敦煌丝织品进行了全面的调查，分别完成了《敦煌丝绸艺术全集·英藏卷》和《敦煌丝绸艺术全集·法藏卷》[①]。此后，又对国内收藏品进行调查，完成了《敦煌丝绸艺术全集》国内藏部分的调查和刊布。这项工作不仅对敦煌丝绸的研究，而且对中国丝绸史、纺织史的研究都可称得上是重大成果。此外，赵丰先生的著作《敦煌丝绸与丝绸之路》[②]以敦煌出土的自北魏到元代的丝织品（包括用织、染、刺绣几种基本技法制成的佛幡、经帙、残片等各种以纺织纤维为材质的文物）为主要研究对象，从历史、纺织科学技术、艺术等层面，对敦煌丝绸进行了综合研究。

第三节　敦煌画的内容与艺术

藏经洞里出土的敦煌画作为佛教绘画，最初都是与寺院的佛事活动密切相关的。大体可以分为如下几类。

第一类，张挂在寺院内或某些佛事活动的场地，用于礼拜或特别的佛事活动。其作用大体跟寺院或石窟中的壁画相似，这类绘画主要有画幅较大的说法

---

① 赵丰主编《敦煌丝绸艺术全集·英藏卷》，东华大学出版社，2007；赵丰主编《敦煌丝绸艺术全集·法藏卷》，东华大学出版社，2010。

② 赵丰：《敦煌丝绸与丝绸之路》，中华书局，2009。

图、经变画，以及单独的尊像画等。这些绘画都由供养人出资绘制，作为功德送到寺院，通常会有文字记录（功德记）和供养者的题名等内容。

第二类，幡画，在佛事活动时可以用幡杆支撑起来悬挂在佛坛的两侧，或者寺院等特定场所。幡有特定的制作方法，通常上部有幡头、三角形幡面，两侧有幡手装饰，中间为幡身，下部有长条形的幡足垂下。一个幡往往要用多种面料缝制而成，幡身主要部分多为绢绘，边缘则多用绫或其他材料装饰。斯坦因收集品中，有较完整的幡，如 Stein painting120，Ch.0025 号和 Stein painting134，Ch.004 号，两幡全长分别为 172.5 厘米和 187.5 厘米。法国藏的较大的幡，最长者达十米。藏经洞出土的幡画有一些保存十分完整，包括幡头、幡面、幡身、幡手和幡足。幡画的主题较单纯，通常以菩萨、天王、飞天较多，也有用佛传故事画为幡者。虽然幡也是供养人所献的功德，但并不一定会写出供养者的姓名。

第三类，佛经的插图，这类绘画纸本较多，往往是上部绘图，下部抄写佛经（或变文）文字。有的是正面绘图，背面写文字，如降魔变文、劳度叉斗圣变等；也有的以图为主，有少量的说明文字，如《十王经》等。

除以上三类外，还有一类作品，为印本佛画，可以看作是古代的版画作品。还有一些白描画，可能是画稿，或者学画的练习。这些作品将在下一章讲述。

一、说法图与经变画

藏经洞出土的绢画中，大英博物馆收藏的树下说法图（Ch.liii.001 号，图 9-3）是全部敦煌绢画中时代最早的，这一点目前在学术界没有异议。韦驮教授注意到这幅画采用了典型的凹凸法晕染，同时，供养人的服饰反映出初唐的服饰特点，因而把其时代定为 8 世纪初。与初唐莫高窟洞窟相比，如佛身后树的画法、菩提宝盖及莲花座的卷草纹装饰等，都是初唐时期流行的。

此图中，供养人形象也是有关时代的重要标志，这幅树下说法图左下部的女供养人，上身穿窄袖衫，下身着间色长裙，这是初唐妇女流行的服装，与初唐莫高窟第329窟东壁画的女供养人像相比，不论其服饰还是跪姿都完全一致。按樊锦诗、刘玉权先生对唐前期莫高窟洞窟的分期，第329窟的时代为第一期开凿未完成、第二期持续完成的[①]，则此窟的时代应在7世纪中叶，最迟也在7世纪后半叶，大概不会晚于8世纪。

---

① 樊锦诗、刘玉权：《敦煌莫高窟唐前期洞窟分期》，载敦煌研究院编《敦煌研究文集 敦煌石窟考古篇》，甘肃民族出版社，2000。

图9-3 树下说法图（初唐） 大英博物馆藏

　　与之相关的是法国吉美博物馆藏的一幅说法图（EO.1171号），可惜只保存了上半部。比起前述大英博物馆藏的那件说法图，这一幅绘画的时代可能会晚一点，《西域美术——吉美博物馆藏伯希和收集品》一书把它定为8世纪前叶。从菩提树的特征来看，仍是初唐流行的样式，但从佛像的画法、菩萨的头冠与发髻的特点来看，可以跟初唐晚期到盛唐初期壁画相比，所以推断为8世纪初应该没有问题。总之，这两幅说法图可以说是敦煌绢画中时代最早的说法图。

　　法国吉美博物馆藏一幅地藏菩萨的绢画（MG.17658号），由于《西域美术——吉美博物馆藏伯希和收集品》一书将此画排列在一批幡画之间，可能会使人误认为是幡画。但地藏菩萨上部横向排列的小佛像仅存一身，而右侧尚有部分佛光，可知此图右侧尚有较多部分已失，不像是幡画。左侧榜题中有文字"妻张一心供养开元十七年"，可知是绘于729年的幡画。此图经过修改，原作可能是头向右侧，后来改为正面像。由于长期磨蚀，表面的颜料脱落，露出了初稿的状态，于是就形成了现在正面像与侧面相叠在一起的状态。

经变画是唐代寺院和石窟中最流行的形式，从莫高窟壁画就可以看出各种题材的经变画逐渐发展成熟的过程，藏经洞出土的绢画经变画也反映了唐、五代及北宋时期的经变画特点。现存的绢画经变画通常高度在2米以内，这是便于悬挂的。可能在古代也是经常使用的，因而较多地出现破损，当然也有一些保存较好或局部看起来较好的作品，让我们能了解其有别于壁画的特点。藏经洞出土的经变画，从题材来看，大多是敦煌壁画中较流行的内容，如观无量寿经变、维摩诘经变、药师经变、报恩经变、观音经变等，但其选取的内容和绘制的特色也颇有不同，正好可以补充敦煌壁画的内容。

（一）观无量寿经变

斯坦因掠走的一幅绢画现藏印度新德里国立博物馆（图9-4），现存部分仅有净土世界的场景，两侧是否还有未生怨和十六观的内容，不得而知。中央净水池中表现化生的地方，尚存部分榜题，有"上品上生""上品中生""中品上生""中品中生"等文字，松本荣一将其定名为观无量寿经变。

图9-4 观无量寿经变（初唐） 印度新德里国立博物馆藏

值得注意的是，这幅净土图的构图，大体按三段式的表现方法：前段为平台，有听法菩萨坐在其中，平台后面有栏杆。中段为净水池，主尊佛和胁侍菩萨坐在水中生出的莲花上，水中可见化生童子。后段表现栏杆后面的花树、宝幢、菩提宝盖等，以及天空中乘云降下的佛、菩萨、天人等。

这样，三段式的构成与莫高窟第220窟、321窟、334窟等窟的净土图十分相似，可看作是初唐时期的样式。其中，佛、菩萨等形象的色彩晕染，也体现出印度式的凹凸法特征，与前述的说法图一致。

在初唐和盛唐的敦煌石窟壁画中，对未生怨的表现，通常只出现阿阇世太子囚禁国王、王后探望、太子欲弒母、二大臣苦谏、王后拜佛等情节。到了中唐时期，就增加了国王杀死仙人、猎杀白兔的情节（如榆林窟第25窟），反映出观无量寿经变发展中的阶段性特征。

在绢画中，大部分观无量寿经变则都画出了国王杀死仙人和猎杀白兔这两个情节，说明绢画的时代应在中晚唐或者更晚。

如Ch.00216号观无量寿经变，残损较多，但左侧的未生怨故事上部保存完整。上部第一个画面表现山中一草庐前站立一拄杖的老人，旁边题记文字有"此仙人是阿阇世前世之身"；第二个画面表现山间有一只兔子在奔跑，旁边题记写道："此白兔净饭王枉煞，讬在王宫为太子。"

法藏EO.1128号观无量寿经变保存较为完整，同样在净土图的两侧分别表现未生怨和十六观的内容。在未生怨故事的上部，第一个画面表现的是一草庐前，一人持剑正砍向一个赤裸上身的人；第二个画面表现一人骑马追逐一只白兔。这几幅绢画均为中唐时期作品。

此外，还有几件观无量寿经变，基本的构图和内容大同小异。法国吉美博物馆藏一幅五代时期的观无量寿经变（图9-5），构图较为特别：上部为净土图，下部分两段，上段描绘未生怨和十六观的内容，下段则是八身供养比丘像。其中，未生怨故事中也画出了国王杀仙人及猎杀白兔的画面。这种经变画的结构，使人想起在敦煌石窟中，中唐开始流行的构图方式：上部画净土图，下部用屏风画的形式表现经变的各类情节。

图9-5　观无量寿经变（五代）　法国吉美博物馆藏

（二）药师经变

药师经变在唐代是十分流行的题材。在初唐时期，莫高窟流行的壁画布局是西方净土与东方净土相对画出，即在洞窟中的左右两壁一面画观无量寿经变，一面画药师经变，如莫高窟第220窟。藏经洞出土的绢画中，可以看到较多的药师经变。目前所知有明确题记的，就是斯坦因掠走的有丙辰题记的药师经变（图9-6）。此图内容颇多，上部画药师经变，其下有文殊菩萨与普贤菩萨，最下部则画三身菩萨（包括千手千眼观音、如意轮观音、不空羂索观音）。中央保存的题记文字有些漫漶不清，但尚能看出如下内容：

> 敬画药师如来法席
>
> 一铺文殊普贤会一铺千手
>
> 千眼一躯如意轮一躯不空羂索一躯
>
> 以此功德奉为先亡□□
>
> □□□法界苍生同
>
> □共登觉路
>
> 丙辰岁九月癸卯朔十五日丁巳
>
> □□□□□建造毕

上述文字从左起纵向书写共9行，榜题下部还有横向书写的吐蕃文，这是吐蕃时期题记的特征。这则丙辰题记，据专家研究，当为吐蕃占领敦煌时期的836年所作。在一幅画中，把药师经变与文殊、普贤以及观音等组合在一起，这样的构图罕见，也反映了供养者的意愿。从药师佛旁边的胁侍菩萨的身姿中，可看出中唐时期新出现的具有波罗风格的菩萨画法，秋山光和先生还注意到了此图左上角山水画的水墨画法，中唐时期一些新的绘画特征都在这里反映了出来。

英藏的另一幅药师经变（Ch.lii003号，图9-7），是一幅高度超过2米的大幅经变画，其构图完全与莫高窟壁画一致，即中央为药师净土，两侧以条幅的形式分别画出九横死与十二大愿内容。韦驼认为这是9世纪的作品，从建筑的样式以及部分菩萨头冠的表现来看，应是中唐的作品，其中线描笔法流畅，可见盛唐余韵，但在两侧的纵向条幅九横死和十二大愿的画面背景中出现了十分成熟的水墨山水画法，显然是中唐时期典型的风格。在中央净土图上部两侧，分别画出千手千眼观音和千手千钵文殊，下部已残，但仍可看出有两组菩萨的画面，或许如前述药师经变下部那样画出了千手千眼观音、如意轮观音之类，但具体情况无法详知。

图9-6　药师经变（中唐）
大英博物馆藏

图9-7　药师经变（中唐）
大英博物馆藏
Ch.lii003号

（三）维摩诘经变

维摩诘经变在绢画中保存并不多，其中有纸本表现的两幅组合图令人关注。一件为斯坦因收集品（Ch.0054号，图9-8），表现文殊菩萨及下部的中国式帝王与大臣，韦驮先生把此件的时期定为五代。另一件则为伯希和收集品，藏于法国吉美博物馆（MA.6277号，图9-9），表现维摩诘及其下部的各国人物，可能是参考韦驮的研究，法国学者也把此件作品的时期定为五代。这两件经变画均为纸本，且大小相当（英藏部分为73.2厘米×30.7厘米，法藏部分为70厘米×33.8厘米）、风格一致，应为同一件作品。维摩诘经变这一题材在唐及五代期间莫高窟壁画中十分流行，往往画在洞窟的门两侧，因此，纸本维摩诘经变分成两纸，或许就是作为壁画的稿本。在法国吉美博物馆藏的这部分中，维摩诘下部的各国人物，吐蕃赞普排在前，而且表现得十分显赫，前有大臣引导，二人托供养品在前，赞普身后有一人为之打着伞盖，这种气派与中国式帝王形成分庭抗礼的状态。这样的构图，是吐蕃占领敦煌时期维摩诘经变的一大特色，当张议潮率众起义，推翻吐蕃统治之后，莫高窟壁画中都不再出现类似的表现。但是吐蕃时期的样式可能由于某种原因而保存下来，在五代时期仍有绘制。

与此相关的是，斯坦因掠走的一幅维摩诘经变绢画（Ch.00350号）是在一幅画中表现文殊与维摩诘对谈的场面，此图上部三分之一的位置画出城墙，表现维摩诘所在的毗耶离城，下部左侧为维摩诘，右侧为文殊菩萨。文殊菩萨下面照例有中国式帝王，维摩诘下面画出的各国人物中，吐蕃赞普领头，站在一个显要的位置上。显然，这也是吐蕃时期的样式。

（四）报恩经变

报恩经变是唐代后期较流行的经变画，在绢画中较早的大约在中唐时期，如英藏报恩经变（Ch.liv.004号，图9-10）同大部分经变画一样，采用三联式构图，中央为净土图，佛与胁侍菩萨居中，上部有复杂的殿堂、回廊等建筑，下部平台有乐舞场面。两侧的条幅分别表现须阇提本生故事和鹿母夫人、善事太子本生故事。斯坦因收集品中编号为Ch.XXXViii.004号的报恩经变，除下部稍残，保存相对比较完整，韦驮认为是9世纪前期作品，不过看供养人均着唐装，从幞头的样式来看，恐怕定为晚唐（9世纪后半叶）比较合适。此图在中央净土图的两侧连续画出须阇提本生故事，背景的山水也用水墨加彩绘而成，山中的树木画法多少也有些简化。

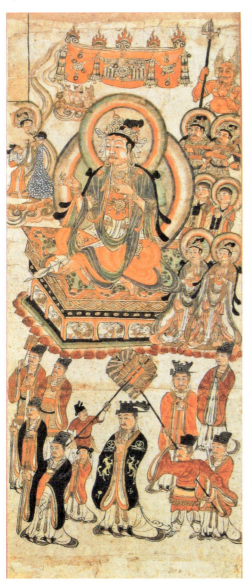

图9-8 维摩诘经变（五代）
　　　　大英博物馆藏
　　　　Ch.0054号

图9-9 维摩诘经变（五代）
　　　　法国吉美博物馆藏
　　　　MA.6277号

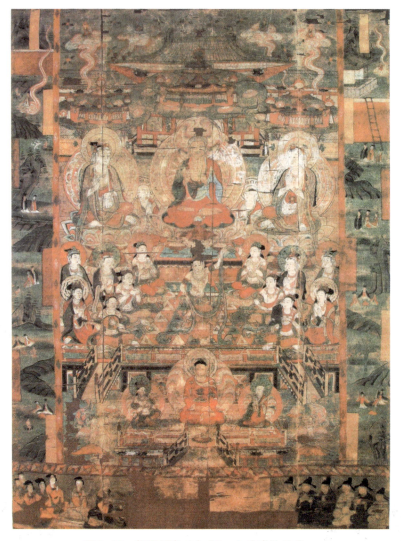

图9-10　报恩经变（中唐）　大英博物馆藏

（五）华严经变

法国吉美博物馆所藏的两幅巨大的经变画，均为华严经变。

一幅表现《华严经》所说的七处、九会内容（MG.26462号，图9-11），这也是莫高窟壁画华严经变流行的主题，经变的构图也大体一致，即主体以九组说法图形式表现九会的内容，画面下部还画出大海（香水海）中长出诸多莲花，中央最大的莲花内表现排列整齐的城市建筑，象征莲华藏世界。

另一幅表现《华严经·十地品》变相（MG.26465号，图9-12），画面高达286厘米、宽189厘米，是敦煌绢画中少有的大幅作品，此图与七处、九会相似的是画面整齐地分隔成三列四排，共十二等分。上部九个场面加最下排中央一个场面均为说法图，下部两侧分别画骑狮的文殊菩萨和乘象的普贤菩萨。据法国学者吉耶斯先生的研究，这幅画中的十个说法场面分别象征着《华严经·十地品》中的"十地"。此两幅华严经变均为五代时期的作品，不仅画幅较大，而且保存状况良好，颜色鲜丽如新。

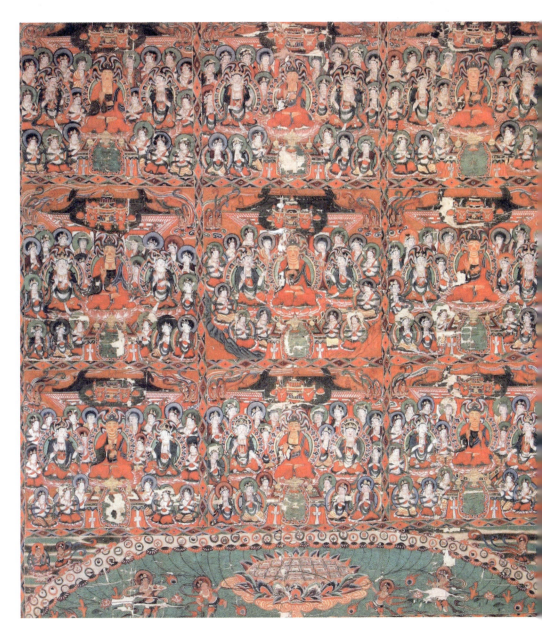

图9-11　华严经变（五代）　法国吉美博物馆藏

图9-12　《华严经·十地品》变相（五代）　法国吉美博物馆藏

降魔变本来是佛传故事的一个重要情节，但在唐代以后，由于受到经变画的影响，场面越来越丰富。法国吉美博物馆收藏的这幅降魔变（MG.17655号，图9-13），以释迦牟尼佛为中心，表现众多魔军从不同方向对着中央的佛进攻，其中各类形象（佛、魔众及怪兽等）达230多个。特别是妖魔的形象比以往同类题材绘画增加了很多，出现了不少新形象，体现出画家的奇思妙想。画面整体不仅在中央表现魔众环绕佛像的形式，而且在两侧以条幅的形式表现佛的十二种神变，在画面下面则表现转轮圣王的七宝供养，这样的结构显然是借鉴了观无量寿经变、药师经变的构图形式。类似的以三联式构图来表现的降魔变，在五代榆林窟第33窟也可看到，只是壁画中的魔众形象远远不如这幅绢画中的丰富。

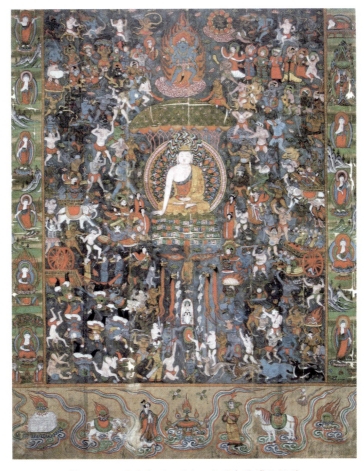

图9-13 降魔变（五代） 法国吉美博物馆藏

（六）观音经变

表现观音菩萨救苦救难的内容，源自《法华经·观世音菩萨普门品》，南北朝后期到隋唐时期，普门品往往用来单独诵读，称为《观音经》，在绘画中自然也就出现了单独描绘的观音普门品内容。如四川成都南朝画像石就有专门表现观音普门品的内容。在莫高窟壁画中，隋代已出现了单独表现观音普门品的壁画，唐代壁画中，已发展成为观音经变，如莫高窟第45窟、205窟等。绢画中大量出现观音经变，多为唐、五代及北宋的作品，通常在画面中央表现观音菩萨或坐或立，周边分别画出观音菩萨现身说法和救苦救难的场面。唐代后期直到宋代，还有千手千眼观音经变、如意轮观音、不空羂索观音、水月观音等。

英藏绢画中，千手观音的绢画时代较早者，有吐蕃时期的千手千眼观音经变（Ch.lvi.0019号），画幅高达222.5厘米，以蓝色为底色，中央为观音菩萨坐于莲台上，众多的手围成一个圆圈，在蓝底色中尤为突出，周围又有观音侍从及诸天神。像这样色彩对比强烈、绘制精细的千手千眼观音，是难得的唐代绢画精品。英藏的另一幅千手千眼观音经变（Ch.xxxiii.002号），相对较为简单，中央绘出观音菩萨千手环绕，上部两侧分别画出日天和月天，下部有二身供养人像，左侧男性供养人头戴幞头，着圆领袍，手持香炉胡跪于方形毯上。

观音经变或单独的观音像，是绢画中较多的内容，时代大体为晚唐、五代至宋代。五代及北宋期间的作品有不少保存了供养人题记，提供了年代依据。如天复七年（907年）的观音菩萨像、建隆四年（963年）的地藏菩萨像、开宝四年（971年）的观音菩萨像、太平兴国八年（983年）的观音菩萨像等。

法国吉美博物馆藏千手千眼观音经变（MG.17775号，图9-14）有天福八年（943年）题记，而且保存相当完整。画面中心画一个圆，象征着观音菩萨的背光，圆内绘出坐在莲花上的千手千眼观音，圆外周边分别画出四天王、婆薮仙、辩才天女、日藏、月藏及碧海金刚、密迹金刚、大神金刚、火头金刚等形象。画面下部中央有榜题文字，右侧画出水月观音，左侧为女供养人及侍女像。此图右下角的水月观音较为特别，观音菩萨手持杨柳枝坐于五彩岩石上，旁边有几棵竹子，下面有绿水。观音的背景画出白色的半边月亮，显得意境清幽。英藏Chi.i.009号的水月观音图为纸本绘，表现观音菩萨手持杨柳枝坐在水边的岩石上，后部有竹林，身后是波涛汹涌的大海，观音的背景则是圆圆的月亮，这一点，与法国吉美博物馆观音经变中的水月观音一致，画面下部有戴展脚幞头的供养人，左上角还画出一官人及二侍从乘云向着观音而来。

图9-14　千手千眼观音经变（五代）　法国吉美博物馆藏

　　另一幅千手千眼观音（MG.17659号）有太平兴国六年（981年）的题记，内容、构图及色彩风格与前者相似，只是观音为立姿，而画面右下角则画出地藏菩萨，左下角画出戴展脚幞头的男性供养人像，身后有侍从三人。

　　有关水月观音图，法藏绢画（EO.1136号，图9-15）中的水月观音较为知名，此图为五代之作，观音菩萨侧身坐于岩石上，双手抱左膝，右脚下垂，身姿悠闲自然。岩石上有盆花，岩下有水流，水中有水鸟，岸边有竹子、芭蕉等，画面意境深远。

图9-15　水月观音（五代）　法国吉美博物馆藏

（七）地藏菩萨

　　地藏菩萨的崇拜与观音同样流行，其表现形式也多与观音经变相似。如法国吉美博物馆藏被帽地藏菩萨①（MG.17662号，图9-16），有北宋太平兴国八年（983年）的题记。中央为地藏菩萨结跏趺坐于莲台上，右手持锡杖，背光后是一个圆形光轮。地藏菩萨前有道明和尚，下部有四位判官。两侧分别画出地狱十王的形象。主体画面下部中央有长达二十二行的邈真赞，左侧画引路菩萨，右侧画女供养人及侍从四人。

图9-16　被帽地藏菩萨（北宋）　法国吉美博物馆藏

---

　　①地藏菩萨的形象有三种：一种是佛形（表现为光头，如僧人）；一种是菩萨形（戴宝冠）；一种是戴风帽的形象，称为"被（读'披'）帽地藏菩萨"。

地藏菩萨往往与十王结合起来描绘，表现进入地狱必须经历的各种关口。法国吉美博物馆藏的十一面观音地藏十王图（EO.3644号，图9-17）就把观音像、地藏像和十王像都结合在了一起，这也是敦煌绢画中的独特现象。画面上部表现十一面观音与地藏分别坐于莲座上，菩萨前有供桌，桌下两侧一边画道明和尚，一边画狮子，再下部则画出十王的情景。全图下部则有男女供养人各三身，从供养人衣饰来看，此画当为五代时期的作品。

图9-17　十一面观音地藏十王图（五代）
法国吉美博物馆藏

（八）密教曼荼罗

中唐以后，密教图像逐渐流行，在壁画上出现了八大菩萨曼荼罗等，绢画中也同样。时代较晚者保存状况较好，如北宋时期的金刚界五佛（MG.17780号，图9-18），从供养人头戴展脚幞头等形象可知为宋代人物。此图中央为卢舍那佛坐于背屏式宝座，两侧分别表现东、南、西、北四方之佛，以颜色来象征，中尊为金色，其余：白色——东方阿閦佛、青色——南方宝生佛、粉色——西方无量寿佛、绿色——北方不空成就佛。在这五佛之间，分别穿插画出八身供养菩萨，分别为：内四供——嬉、鬘、歌、舞，外四供——香、华、灯、涂。

莲华部八尊曼荼罗（EO.1131号），源自《大日经》所述莲花部七尊，加上不空羂索观音形成八尊像。中央身体黑色者为观音菩萨，右侧三身像分别为大势至、毗俱胝、耶输陀罗，左侧三身像分别为一髻罗刹、多罗、马头，下部一身像为不空羂索观音。

图9-18　金刚界五佛（北宋）法国吉美博物馆藏

二、幡画

幡画是在藏经洞出土绢画中较多的一类，幡画内容分别为菩萨和金刚力士。因各种原因，大部分幡画头尾均失，仅存中央的幡身内容。从时代上看，现存的幡画多为唐代后期、五代及北宋之物，时间较早的有可能在盛唐。

法藏的幡画菩萨像（MG.17651号，图9-19），可能是时代较早的。菩萨站于莲台上，头部略低，头冠两侧装饰有莲花，项饰璎珞，双手叠于腹前。她衣饰华丽，头饰和项饰中的宝石闪闪发光。

尤其值得注意的是，菩萨飘带的纹样有联珠纹，这本来是隋至初唐时期最流行的纹饰，当然这里已有很大的改变。类似的菩萨幡画，还有法藏EO.1399号、MG.17650号等。

吐蕃时期的菩萨幡画中，有一些受到波罗艺术影响的密教菩萨，如英藏Ch.lvi.008号、Ch.lvi.003号，均为半裸形象，仅着短裙，头戴宝冠，身体修长。英藏的幡画菩萨像（Ch.lvi.002号，图9-20）较为特别，身体为墨绿色，如青铜一般，菩萨一手托金刚杵，一手持莲花。这种密教类型的菩萨像，大体为中唐时期所绘。

除了观音菩萨外，地藏菩萨也是较多用于幡画的主题。地藏菩萨通常以比丘的形象来表现，如英藏的两幅地藏幡画（Ch.i.003号、Ch.lxi.004号）表现地藏菩萨立于莲座上，身着田相袈裟，表情恬静。

一些特殊的幡画，或以红色绢用银泥线描绘出菩萨（如法藏EO.1418号），或在深蓝色绢上用银泥线绘出菩萨。

天王与力士也是幡画中流行的主题。天王像通常会表现东方、南方、西方、北方四天王，在英藏的敦煌幡画中，四天王的形象都可以看到，当然并不一定是同一组绘画。天王都身穿铠甲，手持兵器，与现实社会中的战将相似。除了四天王的形象外，也有着重表现毗沙门天王（北方天王）行道的画面，如英藏行道天王图（Chi.0018号，图9-21），表现毗沙门天王率领侍从威风凛凛地行进在海面上，他头戴宝冠，身着金色铠甲，右手持戟，左手冒出云气，云中有宝塔。天王前有仙女引路，后面有众多眷属，背景为波光粼粼的大海，画面色彩艳丽，气势雄伟。毗沙门天王的信仰在唐代后期于阗、吐鲁番一带十分流行，影响及于敦煌。唐后期至五代及北宋的敦煌石窟壁画中也常常有关于毗沙门天王决海等故事画，以及单独的毗沙门天王壁画。

图9-19　幡画菩萨像（盛唐）
　　　　法国吉美博物馆藏
　　　　MG.17651号

图9-20　幡画菩萨像（中唐）
　　　　大英博物馆藏
　　　　Ch.lvi.002号

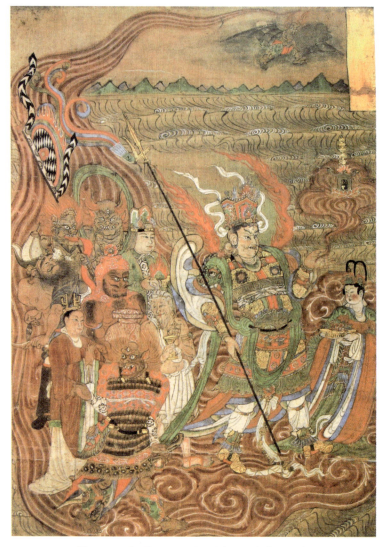

图9-21　行道天王图（五代）　大英博物馆藏

　　金刚力士也是幡画中较常出现的题材，力士往往身体半裸，上半身和双腿露出结实的肌肉。如英藏唐代绢画金刚力士（Ch.xxiv.002号，图9-22），其右手握拳上举，左手持杵，眼睛圆睁，张口怒目。画家利用线描粗细变化，配合色彩晕染，表现出力士身体肌肉突出的质感，体现出强劲的力度。

　　引路菩萨绢画，使我们知道唐代这类幡画的意义所在，供养者希望死者在菩萨的引导下进入佛国世界。画中还要绘出死者的形象，表现其随着菩萨的引导而走向天国的景象。莫高窟最早绘出类似的主题是在第205窟西壁，为盛唐时绘制。绢画中，目前所见较早的定为9世纪末（晚唐），即斯坦因收集品中的引路菩萨图（Ch.lvii.002号，图9-23）。该图表现雍容华贵的菩萨，其后跟随着一位面容姣好的妇女。另一幅引路菩萨为五代之作（Ch.lvii.003号），表现观音菩萨持幡在前引导，身后跟随一位着华丽服装的妇女，人物的表现比起前者简化了许多。法国吉美博物馆所藏引路菩萨图（MG.17657号）表现引路菩萨持幡，前有一女子持幢，后面一老者（亡者）跟随。

图9-22 金刚力士（唐）
大英博物馆藏

图9-23 引路菩萨（唐） 大英博物馆藏

　　在绢画中表现行脚僧像也是较为特别的，如法藏行脚僧图（EO.1138号，图9-24）表现一位高僧右手持念珠，左手持杖，脚着芒鞋，背负行囊艰难行走，旁边有一只老虎伴随而行。僧人行囊中可见经卷、麈尾、水壶等物，在行囊的前部还悬挂一个香炉。

　　另一幅法藏行脚僧图（EO.1141号，图9-25）表现形式相近，色彩和线条的保存状况较好，是一长眉僧人，左手持麈尾，右手执杖，背负行囊，正在匆忙赶路，旁边有一只老虎伴行。行囊的上部冒出白色气体，显得很神秘。右上部保存有题记："宝胜如来一躯，意为亡弟知球三七斋画造庆赞供养。"

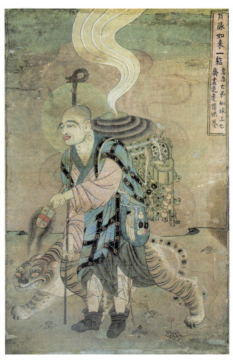

图9-24　行脚僧像（唐）
法国吉美博物馆藏
EO.1138号

图9-25　行脚僧像（唐）
法国吉美博物馆藏
EO.1141号

　　藏经洞出土的行脚僧图还有一些，也写着"宝胜如来"的字样。秋山光和先生认为，"宝胜如来"之名出现在唐代不空所译的《施饿鬼法》中，表明此图用于供养者祈求冥福之意，但《施饿鬼法》中并未讲到宝胜如来的形象特征，又因此图与传世的所谓《玄奘取经图》颇为相似，有人认为是玄奘取经图。松本荣一认为该图与西藏佛教中十八罗汉之一达磨多罗有关，直接将其命名为达磨多罗图，但传世绘画（包括西藏绘画）中，达磨多罗的形象与敦煌绢画中的行脚僧像没有相似之处。

佛传故事的部分情节也往往用作幡画，如英藏的绢画佛传故事画（Ch.lv.0012号，图9-26）就是作为幡而制作的。此图共保存的画面由上而下分别是犍陟告别、剃发、苦修。其中引人注目的是山水背景的画法，有水墨画的特点，特别是犍陟告别的画面中（图9-27），山势雄伟，左侧为高耸的山崖，右侧有缓坡，透过右侧的山坡可见远处的树木和河对岸的远山，空间层次丰富，这样的构图是盛唐时期流行的风格。综合人物、山水的特点，推测这幅作品大约完成于吐蕃占领的前期。韦驮把它定为8—9世纪初是有道理的。

三、佛经插图等绘画品

佛经插图在唐代已经流行，一种是在经文中每隔一段文字插一幅图，如P.2013号《灌顶经》中共有6幅插图，表现与佛经相关的内容。《十王经》也多采用这样的办法（如英藏卷Chi.LXXV3号、Chi.CCX3号，法藏卷P.2003号等），抄写一段文字，绘出一幅画，表现地狱十王不同的景象。还有较多的插图形式是上部绘图，下部抄写相关的经文。如法藏《观音经》插图（P.2010号，图9-28），上部绘观音经的相关内容，下部则在相对应的位置抄写经文。这类插图本佛经有时为了与图相对应，文字部分往往有很多空隙。

图9-26　佛传（唐）　大英博物馆藏

图9-27 佛传（局部）（唐）
大英博物馆藏

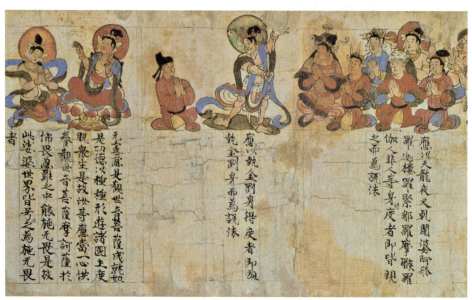

图9-28 插图本《观音经》（五代） 法国国家图书馆藏

还有一种颇有意思的插图为变文插图。如法藏彩绘劳度叉斗圣变（P.4524号，图9-29、图9-30），此卷正面绘图，背面则在相应位置写出变文内容。由于画面较多，往往与之对应的文字较少，因此，文字这一面空白就很多。经考察，此卷为俗讲时所用，讲者把画面对着观众，自己则面对文字部分，按文字内容进行讲解。严格说，这已不是文本的插图，而是以图画为主的作品，意在用绘画的形式解说变文内容，其形式又特别有操作性，是十分实用的俗讲用图。

　　本卷绘画表现佛弟子舍利弗与劳度叉形成两军对抗的场面，现存斗法场面存4项（本应有6项），分别是：劳度叉化出水牛，舍利弗化出狮子将其噉食；劳度叉化出水池，舍利弗化出六牙白象将水吸干；劳度叉化出毒龙，舍利弗化出金翅鸟打败毒龙；劳度叉化出黄头鬼，舍利弗化出天王降服黄头鬼。值得注意的是，画面中吐蕃赞普总是站在外道一边，体现出一种情感，从而可以推知作画的时间当在推翻吐蕃统治之后，即晚唐或五代。山峦的表现，有水墨技法，有皴擦笔触，也反映出晚唐五代山水画的新特点。

　　敦煌藏经洞出土的绘画作品保存了唐代至北宋期间的绢本、纸本等，内容十分丰富，艺术上也取得了极高的成就，有不少作品从佛教绘画主题内容方面可弥补同时期石窟壁画的不足。而在各阶段的艺术风格以及人物、山水等方面的绘画技法特征，可与壁画艺术互证，使我们对唐、五代、北宋时期敦煌绘画的风格和成就有了更为全面的认识。因此，研究敦煌艺术不能不研究藏经洞出土的艺术品。

图9-29　彩绘劳度叉斗圣变（正面）（晚唐）　法国国家图书馆藏

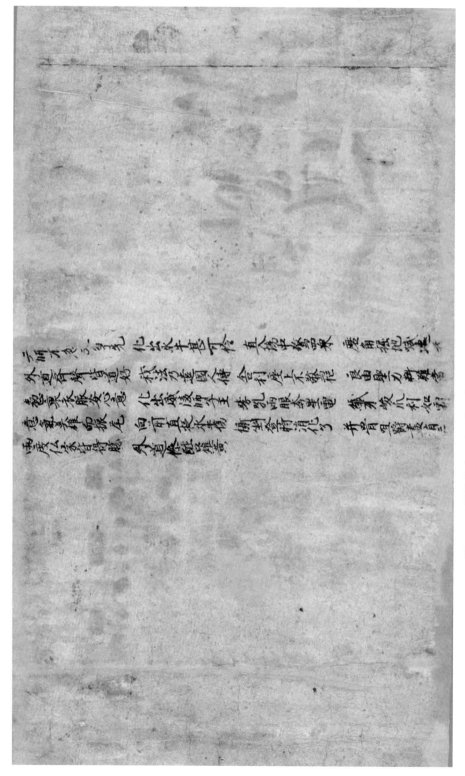

图9-30　彩绘劳度叉斗圣变（背面）（晚唐）　法国国家图书馆藏

第十章　敦煌版画艺术

　　敦煌藏经洞发现的文物中，除了大量抄本文书外，还有不少印本。在一些印本的佛经中，往往有一些插图，这类画作可以归入版画的范畴。尤其是唐代刻本《金刚经》卷首的插图，以前一直被研究者认为是中国最早的版画实物[1]。而与之相关的还有不少佛画和部分非佛教画迹，因为都是通过刻板印制的，又都出自敦煌，所以都被称为"敦煌版画"。

　　据有关统计，散见于各地的敦煌版画有200多件。从这些版画的情况看，大体有几种形式：一种是作为佛经的扉页和插图；一种是作为单独佛画，用于供养或观瞻；还有一种是捺印佛像，作为一种供养佛的方式。

　　日本学者松本荣一的《敦煌画的研究 图像篇》中就引用过几幅敦煌版画作品，但该书是研究图像学的，不论是手绘的还是刻板印制的绘画，对他来说仅仅是研究其画面所表现的佛教内容，至于作为绘画艺术的特征，并不是他所关心的。

　　① 现存最早的版画实物，据最近的研究认为，是出土于成都唐墓的《梵文陀罗尼经咒图》，推断其年代在唐至德二年至大中四年间（757—850年）（参见王伯敏主编《中国美术全集·绘画编20·版画》，上海人民美术出版社，1988）。又据宿白先生研究，在"文化大革命"以来发现的唐墓中，还有4件唐代印制的《陀罗尼咒经》，包括1967年于西安张家坡收集到的梵文《陀罗尼咒经》，"文化大革命"期间在安徽阜阳唐墓发现的半幅梵文《陀罗尼咒经》，以及1974年和1975年分别在西安征集到的梵文《陀罗尼咒经》。按宿白先生的排年，前述4件中，有3件是在成都唐墓出土的《梵文陀罗尼经咒图》之前。虽然如此，现存唐代版画作品仍稀少，况且有明确时代的也仅有《祇树给孤独园》而已，它们都是中国早期版画的代表（参见宿白著《唐宋时期的雕版印刷》，文物出版社，1999）。

　　而在此前后，中国已有学者注意到敦煌版画的问题，如郑振铎先生在1936年发表的《关于版画》一文中就提到了敦煌版画。1940年，郑振铎先生所编《中国版画史图录》中，也选入了敦煌版画数种。在20世纪50年代，郑振铎所著《中国古代木刻画史略》中，在《最早的木刻画》一节对敦煌版画有更详尽的说明，可惜由于一些历史原因，《中国古代木刻画史略》一书直到作者逝世多年后的1985年才得以面世①。1975年，日本学者菊池淳一发表了《敦煌的佛教版画——以大英博物馆藏品为中心》一文②，这可以说是专门针对敦煌版画的第一篇论文。可惜此后，作者没有再发表有关敦煌版画的论文，而日本学界也未见有关敦煌版画的研究。1981年，考古学家宿白先生发表论文《唐五代时期雕版印刷手工业的发展》③，其中也较系统地介绍了唐五代时期敦煌版画的情况。此文于1999年收入宿白著作《唐宋时期的雕版印刷》时，又做了一些资料的补充④，当然该文的主旨在于探讨印刷工业问题，对于作为美术的版画，并没有太多的阐述。1983年，台湾《美哉中华》杂志第101期发表未署名的《敦煌木刻版画》，主要发表了一批敦煌版画的图片，但说明文字较少。1988年，由王伯敏主编的《中国美术全集·绘画编20·版画》⑤中，有王伯敏《中国古代版画概观》一文，其中就谈到了敦煌版画作品，在该书的图版中，还选了5件敦煌版画作品，并有李之檀的详细解说。1998年出版的《敦煌学大辞典》⑥中，列入敦煌版画的词条有9条。以上都说明敦煌版画也已引起学术界的注意。

　　2002年，由马德先生主持的"敦煌版画研究"作为敦煌研究院院级课题，在2005年集中发表了一批研究论文，集中探讨了敦煌版画的历史背景、性质、用途等特点，是国内学者对敦煌版画最集中的一批研究成果。特别是其中邰惠莉的《敦煌版画叙录》一文，对现存各地的敦煌版画进行了全面的普查和记录，共记录敦煌版画为235件、109种，大大超出了前人的认识（菊池淳一论文中记录的版画只有138件），这对敦煌版画研究来说，打下了较好的基础。不

　　① 郑振铎：《中国古代木刻画史略》，载《中国古代木刻画选集》第九册，上海人民美术出版社，1982。另，本书单行本于2010年7月由上海书店出版发行。

　　② 菊池淳一：《敦煌の仏教版画——大英博物館とパリ国立図書館の収蔵品を中心として》，《仏教芸術》1975年第101期，第3-35页。

　　③ 宿白：《唐五代时期雕版印刷手工业的发展》，《文物》1981年第5期，第65-68页。

　　④ 宿白：《唐宋时期的雕版印刷》，文物出版社，1999。

　　⑤ 王伯敏主编《中国美术全集·绘画编20·版画》，上海人民美术出版社，1988。

　　⑥ 季羡林主编《敦煌学大辞典》，上海辞书出版社，1998。

过该文统计的俄藏敦煌版画部分，有一些实际上是俄国探险队从黑水城掠走的文物。荣新江在《俄藏敦煌文献中的黑水城文献》①一文中对俄藏敦煌文献中的黑水城文献做了鉴别。对比荣新江的论文所举黑水城文献，郜惠莉统计的版画中至少有18件属黑水城出土。此外，在敦煌莫高窟北区考古发掘中也发现了一些版画作品，包括B53窟出土的《华严经》引首版画②，B159窟出土的捺印佛塔与佛像，第464窟出土的菩萨像、比丘像，第194窟出土的莲花图案残片，以及B157窟出土的版画碎片③。

敦煌版画表现的主要是佛教内容，此前的研究对于敦煌版画的主题内容以及历史文化背景做了不少研究，当然这是必须探讨的问题，但敦煌版画作为一种美术作品，在晚唐至北宋时期，对中国版画史的研究具有怎样的意义，在中国美术史上具有怎样的作用，这些都是有待于深入研究的。

第一节　佛经卷首版画

敦煌版画中时代最早者，就是著名的唐代咸通年间的《金刚经》卷首，这件印本《金刚经》的卷末有题记："咸通九年四月十五日王玠为二亲敬造普施。"该题记表明了此佛经刊刻的时间为咸通九年（868年）。这件印本佛经的卷首为佛说法形式的版画，佛在中央结跏趺坐，右手伸出作说法印，佛座两侧各有一只狮子。佛身后有弟子九人及菩萨、天王等众，画面左下角有一佛弟子合十跪在佛前，身后有榜题"长老须菩提"，表现的是须菩提向佛请教问题。

这正是《金刚经》中佛为众人说法的缘起。右下部则画出世俗的国王听法。佛头上部有华盖，华盖两侧各有一飞天散花。画面左上侧有一则题记"祇树给孤独园"，说明了此图的主题。这件版画的表现手法来自唐代的经变画形式，唐代经变画的一般格局就是以佛说法场面为中心，在某些局部内容上画出标志着某部佛经的情节。

① 荣新江：《俄藏敦煌文献中的黑水城文献》，载荣新江著《辨伪与存真敦煌学论集》，上海古籍出版社，2010。

② 彭金章、王建军、敦煌研究院编《敦煌莫高窟北区石窟》（第一卷）彩版一六，文物出版社，2000。

③ 以上数项分别见于彭金章、王建军、敦煌研究院编《敦煌莫高窟北区石窟》（第三卷）图版一三-5、图版二-2、图版六八-1、图版六八-2、图版一四八-1，文物出版社，2004。

但在敦煌壁画中，由于画面较大，可以表现更丰富的内容和情节，往往在中央说法图上，场面大体一致，而在其周围描绘更细致的故事情节；而到了中唐以后，又往往在说法场面的两侧以条屏形式或在下部以屏风画形式表现佛经的具体故事。但这件版画由于画幅不大，仅作为一部佛经的扉页，其构图就要求更加紧凑，人物更加简练，画面上除了佛与十大弟子及二菩萨、二天王、二飞天、四个听法的俗人外，没有更多人物。需要注意的是，通常经变画中表现佛说法，都是表现佛的正面形象，而在这幅版画里，佛及弟子、菩萨众人均为半侧面的形象，与画面左侧的须菩提相对，形成一种强烈的方向性，就是由右向左的一个趋向。

这一点改变，无疑是具有开创性的，是对寺院和石窟中大型经变画的一个改革，这种改革是针对手卷或册页的视觉效果而进行的。显然，那种气势宏大的正面形象表现的说法场面，画在寺院的墙壁上，适合于信众的观瞻礼拜，但当我们面对一幅小不盈尺的画面时，观者的心情与寺院中那种观瞻的气氛完全不同，这里只有一种观赏心态；而且作为一部佛经的卷首，观者的目的还在于由此进入佛经的正文。于是，版画的方向性就有了重要的意义，观者由右向左，便进入了佛经正文，这也是中国古代手卷绘画的一个传统方法，所以这幅《祇树给孤独园》版画（图10-1），反映了当时的版画艺术家对复杂经变画形式的改造。

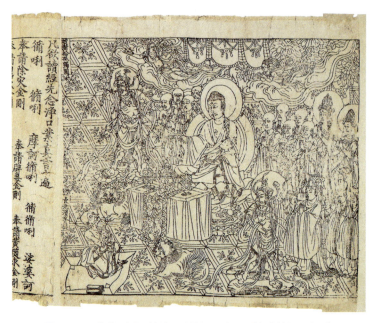

图10-1　唐代《金刚经》引首插图版画《祇树给孤独园》

在这个改造中，艺术家充分考虑到了版画作为单色印制的特点，在画面中舍弃了壁画经变中常见的建筑或山水背景，而以地砖的图案为背景铺满全图。这样的表现，虽也可以在莫高窟第71窟经变画中看到，但在盛唐以后的壁画中已经不再出现。这是因为壁画有更适合、更丰富的表现手法，而晚唐版画采用这样的地砖背景，正是考虑到版画单色的效果，背景不宜过于复杂，但又要保持较满、较均衡的装饰效果，而且斜向排列的地砖与全画面由右向左的倾向性十分协调。

总之，晚唐版画《祇树给孤独园》作为一部佛经的引首，虽然在一定程度上继承了唐代经变画构成的特点，但它仅仅是作为引首，版画制作者进行了适合于佛典的插图形式，也适合于版画表现的改造，因此，还不能把它称为"金刚经变"①，因为它仅仅是再现了佛经开始的一个场面，目的还是引导读者进入后面的正文。

2016年5月，由敦煌研究院与美国盖蒂研究所共同举办的"敦煌展"在洛杉矶盖蒂中心举行，其中就有英国国家图书馆所藏的敦煌雕版印刷品《金刚经》。

《金刚经》引首的一幅画与后来的文字部分并不是连在一起的，而是分开的两纸，且两纸的纸张有些差异。尤其值得注意的是，版画边框的上下高度与文字部分边框的高度不同，应该出自不同的雕版。版画中仅出现两处文字，是作为题记的文字，一是"祇树给孤独园"，一是"长老须菩提"，仅有的两处文字的书法特点与后面金刚经文字的书法特点也不一致。特别是须菩提的"须"字，右侧不写作"页"而写作"负"，这样的写法在后面的《金刚经》全文中都没有出现过，可以断定的是这幅引首插图版画与《金刚经》全文的雕版并非同一人雕刻，至于是否同一时间完成，尚无更多依据。但从画面中体现的形象特点，如金刚、飞天等形象看，似乎应晚于唐代。但要明确其时代，尚需进一步研究，在此不作定论。

类似的佛经引首或插图，我们在法藏的说法图中也可以看出（P.4096号，图10-2），从画面的大小及形式来看，显然这也是一件经折装的残页，应是佛经的卷首。现仅剩右侧的画面，原作应该是两页合成的。残存的这半页可看出佛说法的场景，佛也是面向左侧，呈半侧面。佛后面是弟子、菩萨，且布局均

---

① 《敦煌画稿研究》一书中认为"此图完全可以命名为'金刚经变'"（参见沙武田著《敦煌画稿研究》，中央编译出版社，2007，第448-449页），这应该是没有考虑到《祇树给孤独园》与壁画中经变画的差异和作为佛典插图的特性。

衡。这件说法图是白描画出，虽非版画，但在构图的形式上与《祇树给孤独园》有共通之处，作为佛经卷首装饰的这一形式影响了后来很长时期内的佛经印刷本。

图10-2　《说法图》

例如，宋庆元年间《大字妙法莲华经》卷首[①]、金皇统至大定年间的《金藏》卷首[②]（图10-3），宋（或元）本《碛砂藏大藏经》卷首图[③]，乃至明清时期的多种佛经卷首或插图。

――――――――――

① 王伯敏主编《中国美术全集·绘画编20·版画》图版九，上海人民美术出版社，1988。

② 王伯敏主编《中国美术全集·绘画编20·版画》图版十六，上海人民美术出版社，1988。

③ 王伯敏主编《中国美术全集·绘画编20·版画》图版十八，上海人民美术出版社，1988。

图10-3　金《金藏》卷首版画

　　《祇树给孤独园》是在敦煌制作的版画还是在内地如长安一带制作的版画，在现存的资料中还找不到确切依据，但从唐代雕版印刷业的发展来看，当时主要有长安和四川两个制作中心①。唐代以来，以拓本的形式保存碑刻资料，如柳公权书《金刚经》（824年）就流传到了敦煌，柳公权书《金刚经》有"强演邵建和刻"的题记，邵建和也参与了柳公权另一名帖《玄秘塔碑》的镌刻。由此说明，敦煌本柳书《金刚经》无疑是从长安一带传入敦煌的，那么，包括《祇树给孤独园》的《金刚经》刻本从中原长安一带传入的可能性极大，况且除此件以外，敦煌版画中再没有唐代作品，而较多地集中于五代至北宋曹氏归义军时期。

　　如前所述，宋代以后的雕版佛经往往卷首有图，文中有插图。敦煌研究院藏有西夏文观音经，其卷首就是一幅《水月观音图》（图10-4）。观音菩萨坐在一个圆光中，这是象征月亮的圆形，周围是滚滚波涛，画面上部有一飞天在云中向着观音。画面左下部有一人双手持贡品做供养状，下部表现近处的山石，画面构成十分完美，背景是波浪。为了突出观音菩萨，而将菩萨布置在圆形的月亮之中，反映了西夏时代版画的新成就。这件佛经是上图下文，按佛经内容，依次表现观音救苦救难及现身说法的场面。

①　宿白：《唐宋时期的雕版印刷》，文物出版社，1999，第4页。

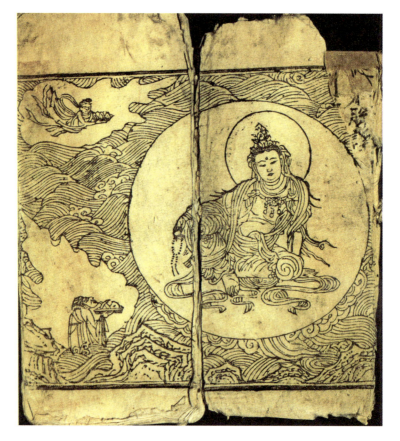

图10-4　版画《水月观音图》（西夏）　敦煌研究院藏

　　这样上图下文的插图本佛经，在唐代已经出现，但作为版画的表现形式，则与绘画有诸多不同。早期的版画多按绘画的形式来表现，尽可能地描摹绘画的线条特征，而在这件西夏文《观音经》版画插图中，我们看到版画制作者主要按木刻版画的特色来表现，更注重刀法，利用木板刻出的刀味来代替描摹绘画的线法。

　　例如，刻经第10页表现众商人脱离怨贼之难后向前赶路的样子（图10-5、图10-6），前面一人拄杖，中间一人担着行囊，后面一人打着伞，三人匆匆而行的神态表现得十分生动。同时，雨伞及人物的服装，都以简练的刀法表现出来。又如表现观音现身说法的场面中，往往以黑白相间：如左侧人物以阴刻法，衣服多黑，而右侧人物以阳刻法；或者左侧人物以阳刻法，右侧人物以阴刻法。人物特征分明，也显示出木刻版画在表现小画面时的高超技巧。

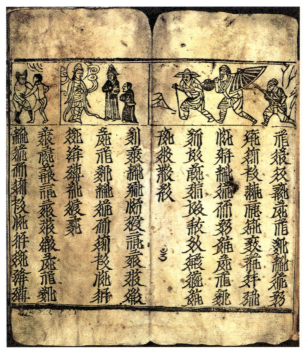

图10-5　西夏刻本《观音经》插图

图10-6　西夏刻本《观音经》插图（局部）

　　当然，西夏文《观音经》插图版画，其技法也是源于两宋发达的版画技法①。比较北宋时期的《大佛顶陀罗尼经》卷首图，即可看出二者的关联。两幅画中观音的坐姿以及背景的波涛都比较相似，而后者在背景上部表现的是天空的云气，并画出凤鸟，更拓展了画面的空间。

---

　　① 刘玉权：《本所藏图解本西夏文观音经版画初探》，《敦煌研究》1985年第3期，第45-48页。

在莫高窟北区石窟考古清理中①，也发现了一些印本佛经，包括汉文和西夏文佛经，其中在B53窟出土的《华严经》残页，就包含一件版画引首，可惜画面不全，残存部分还可看出中央一戴宝冠的佛像端坐于莲座上，其上有榜题"教主大毗卢遮那佛"，旁边有菩萨双手合十。据榜题可知为普贤菩萨，下面有善财童子和请法菩萨等众（图10-7）。据竺沙雅章研究②，此《华严经》印本属于金代的《金藏》版本，可知其时代为金代。

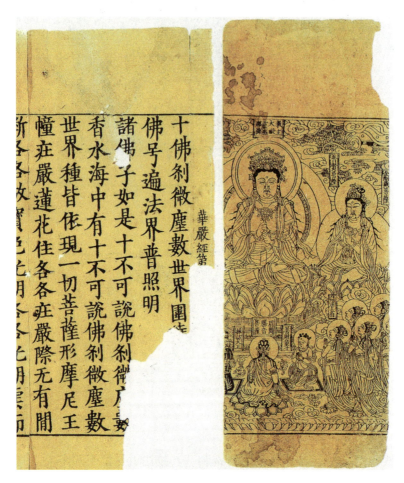

图10-7　莫高窟北区出土金代版画《华严经》卷首

---

① 彭金章、王建军、敦煌研究院编《敦煌莫高窟北区石窟》（第1卷至第3卷），文物出版社，2000—2004。

② 竺沙雅章：《莫高窟北区石窟出土的版刻汉文大藏经本》，徐冲译，载刘进宝、高田时雄主编《转型期的敦煌学》，上海古籍出版社，2007。

第二节　单页的佛画

　　这类版画是比较多的一类，印成小型的佛像（包括菩萨、天王等），以供随身携带与供养。通常上半部分为菩萨或天王，下半部分有文字，刻出发愿文及时代与刻工姓名。

　　如五代时期的《大圣毗沙门天王像》（S.P.245号，图10-8）中，上部天王着盔甲站立，一手托塔，一手持戟，两侧有侍从数人。左上部有榜题"大圣毗沙门天王"，下部有文字14行：

北方大圣毗沙门天王

主领天下一切杂类鬼

神若能发意求愿

悉得称心虔敬之徒

尽获福佑弟子归义

军节度使特进检校

太傅谯郡曹元忠

请匠人雕此印板

惟愿国安人泰社

稷恒昌道路和平

普天安乐

于时大晋开运四

年丁未岁七月

十五日纪

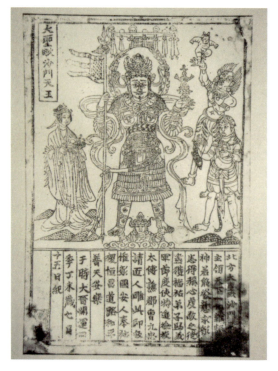

图10-8　五代版画《大圣毗沙门天王像》

与此版画同时制成的还有观音菩萨像、普贤菩萨像等。如《观音菩萨像》
(S.P.241号，图10-9)，上部表现观音菩萨站在莲台上，一手持莲花，一手持
净瓶，两侧无侍从。左侧有榜题"大慈大悲救苦观世音菩萨"，右侧有榜题
"归义军节度使检校太傅曹元忠造"，画面下部有文字13行：

弟子归义军节度使瓜
沙等州观察处置管
内营田押蕃落等使
特进检校太傅谯
郡开国侯曹元忠
雕此印板奉为城隍安
泰阖郡康宁东西之道
路开通南北之凶渠顺
化疠疾消散刀斗藏
音随喜见闻俱霑福

佑于时大晋开运四

年丁未岁七月十五

日纪　匠人雷延美

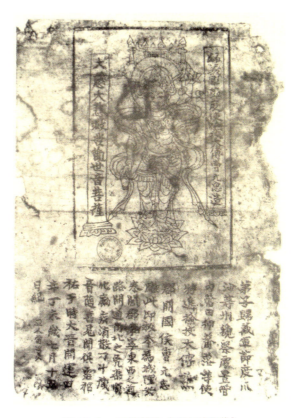

图10-9　五代版画《观音菩萨像》

　　题记中明确记载了该版画是在五代后晋开运四年（947年）刻板印制的。施主曹元忠是当时统治敦煌一带的归义军节度使，在曹元忠统治时代的敦煌，差不多可以说是全民信仰佛教，曹元忠不仅在莫高窟营建了一批大型洞窟，并对前代洞窟进行修缮，还开始雕刻佛经，雕版印制佛画，这是一个佛教艺术繁荣的时代①。这里值得注意的是，出现了雕刻匠人雷延美的名字。在前述佛像刻出不久，曹氏统治者还印刷了刻本《金刚经》（P.4515号），在《金刚经》卷末题记中也有雷延美的落款"雕板②押衙雷延美"。押衙是当时政府部门的官

①荣新江：《敦煌的曹元忠时代》，《敦煌研究》2006年6期，第92-96页。
②现应为"雕版"。

吏，题记表明雷延美应是当时敦煌地方政府所雇的管理雕版印刷的人①。

还有一种《大圣普贤菩萨》版画，上半部分刻出普贤菩萨骑象行进在云端，左侧表现菩萨前有一人合十礼拜，右侧有牵象的昆仑奴。画面右侧的榜题是"大圣普贤菩萨"，左侧也有榜题"普劝至心供养"，下部刻出发愿文11行：

> 弟子归义军节度押衙
>
> 杨洞芊敬发诚志雕此真
>
> 容三十二相俱全八十之仪
>
> 显赫伏愿三边无事四塞
>
> 一家高烽常保于平安海内
>
> 咸称于无事
>
> 府主太保延龄鹤　谐
>
> 不死之神丹　推阳关
>
> 育长生之鹰凤缁徒
>
> 兴盛　佛日昭彰社稷
>
> 恒昌万人乐业是芊心愿也

看来在曹元忠统治敦煌的时代，官府有了专门的雕版印刷机构，可以大量印制佛经和佛画。而负责刻板印刷工作的人，封以"押衙"之职。这一时期的版画如阿弥陀佛像、地藏菩萨像、观音菩萨像、普贤菩萨像、文殊菩萨像及毗沙门天王像等，大体形成一定的结构，上部为图，下部有文字。此时版画的构成较简明，突出主题，不加背景，如阿弥陀佛像和地藏菩萨像等，仅刻佛或菩萨坐于莲台上，没有胁侍和背景。文殊菩萨和普贤菩萨分别骑狮和象，各有二侍从。

如《大圣文殊师利菩萨像》（S.P.237号，图10-10）中，文殊菩萨乘狮子行进在云朵之上，左侧有善财童子，右侧有于阗国王牵狮，除了表现圆形的火焰背光与头光外，还以放射状线条表现文殊发出的光芒。这样的表现与莫高窟第220窟通道五代画的新样文殊菩萨一致，显然也可以称为"新样文殊"②，这是五代时期流行的文殊菩萨新样式。曹元忠时代文殊菩萨信仰流行，在莫高窟（第61窟）营建了文殊堂，还画出规模宏大的五台山图，版画《大圣文殊师利菩萨像》也体现出那个时代的新特征。

---

① 宿白：《唐五代时期雕版印刷手工业的发展》，载宿白著《唐宋时期的雕版印刷》，文物出版社，1999，第5页。

② 沙武田：《敦煌画稿研究》，中央编译出版社，2007，第159-162页。

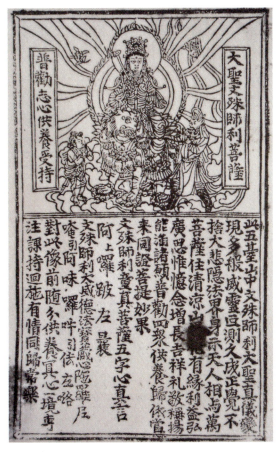

图10-10　五代版画《大圣文殊师利菩萨像》

　　敦煌从五代直到北宋时期，尤其是在曹元忠时代，印制了大量的单页佛像版画，是现存敦煌版画中保存最多的。除上述毗沙门天王及观音、普贤、文殊等像外，还有《四十八愿阿弥陀佛像》（图10-11）、《大圣地藏菩萨像》等，都是上图下文，构图和大小大体一致。其中有一些版画佛像还填了彩，是古代十分珍贵的彩绘版画。如《大慈大悲救苦观世音菩萨像》（P.4514.9号），画面为一纵长方形，上下部有装饰图案，观音为半侧面，站在高高的莲台上，一手持杨柳枝，一手持净瓶；此图没有在下部刻文字，而仅在画面右侧刻一行字"大慈大悲救苦观世音菩萨"，其下有两行小字"清净心每早""奉念一千口"。P.4514.9（13）号《观音菩萨像》则是把同版的观音印出两件并列（图10-12），在右侧还存有手书"上报四恩三友及法界众生"，表达了供养者的一种心愿。

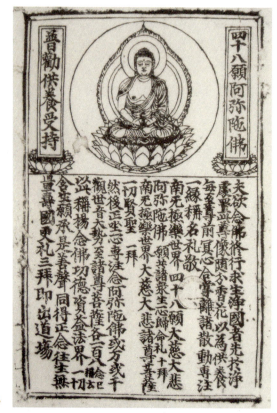

图 10-11　五代版画
　　　　《四十八愿阿弥陀佛像》

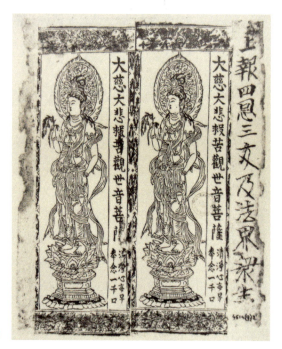

图 10-12　五代版画
　　　　《观音菩萨像》

这种构成与曹元忠时代流行的版画佛像不同，更注重绘画的装饰特征，上下左右都以图案装饰。由于多为黑白印刷品，未能看到其中的彩色，据菊池淳一的考察，这件版画的观音，有的在观音的头光部分以淡黄色染出，有的在杨柳枝上用淡绿色染出，有的则是在上部图案中以淡绿或淡黄色染出。从画面中人物形象的表现等特征来看，似乎时代会晚一点。

还有不少版画，在黑白印制出来之后，又加彩绘。如上海博物馆藏的一幅《圣观自在菩萨像》（上博007号），在观音菩萨的莲座及身光头光等处都加了重彩，体现出另一种风格。版画加彩反映了当时一部分人仍习惯于彩绘的佛教画，有对彩色佛画的要求，但这种彩绘版画与后来的彩色套印版画有着本质的不同，因为它并不是通过版画的形式来表现的彩色，而是在印制完成后补绘的彩色，并不像有的学者认为的是"彩色版画的源头"①，更与其后数百年的明清时代流行的桃花坞、杨柳青等套色版画没有关系。

单页佛画中还有一种称为"陀罗尼"的，这是把梵文经咒与菩萨、法器等形象组合在一起的版画。画面的布局形式完全按密教的要求来安排，这样的佛画用于信众奉持念诵供养。从当时佛教发展的情况看，这些陀罗尼经咒需求量很大，流传也较广，在内地就有不少地方发现这样的版画，在敦煌也有很多，往往是由梵文组成的图案形式，其中又按一定的布局排列有佛、菩萨像和法器等。

最具代表性的有大英博物馆藏《大随求陀罗尼》（S.P.249号，图10-13），这幅版画有北宋太平兴国五年（980年）题记，高41.7厘米、宽30.3厘米，画面中央为圆形，外侧为方形，圆形中央为八臂观音菩萨，中间两臂作说法印，两侧六臂各持法器。环绕菩萨像的是梵文经咒，按圆形排列，圆形的最外层为卷草装饰，形成一个较大的圆轮，圆轮的下部有莲花形装饰。在这个圆轮以外是长方形，表现圆轮下面有二金刚力士分别站在两侧托着圆轮，中央则是长达21行的发愿文。圆轮下部背景表现水波，上部则表现云气，在长方形的四角各装饰一朵莲花。在圆轮的右侧上部刻有榜题"施主李知顺"，在左侧相对的榜题刻有"王文沼雕板②"。长方形外层的装饰带则在上下各有五个圆轮，左右各有三个圆轮，圆轮中分别以莲花和天人相间表现，而圆轮之间饰以法器。这件陀罗尼版画结构复杂，雕刻精美，反映了当时版画的极高成就，而最珍贵的是

---

① 谢生保、谢静：《敦煌版画对雕版印刷业的影响》，《敦煌研究》2005年2期，第46-51页。

② 现应为"雕版"。

还保留了雕版者的名字，成为中国版画史上的重要资料。类似的陀罗尼版画还有法国吉美博物馆藏《大随求陀罗尼轮曼荼罗》（MG.17688号），其画面中央为佛像，周围的装饰也大同小异。此外，还有如《无量寿陀罗尼轮》（S.P.247号）、《圣观自在菩萨千转灭罪罗尼轮》（S.P.248号）等陀罗尼版画，这些是佛教密宗流行以后，用于修持、供养的佛画。

图10-13　宋代版画　《大随求陀罗尼》

第三节　捺印佛像等小型版画

在敦煌版画流行的时代，还有一种捺印佛像十分流行，大约是以印章的形式刻出佛像或菩萨像，印在纸上，四方连续，一纸之上可以印数十个乃至上百个。这种形式最初可能源于千佛的信仰，在纸上连续印出小像，主要是作为对佛的一种供养。

比起前述单页的佛像来，捺印佛像一般较小，表现一身结跏趺坐于莲花上的佛像，除了佛的背光头光外，旁边点缀两朵小花。这样一纸之中印出若干，整齐排列，具有千佛的效果（图10-14）。大多数印模高5～6厘米，也有高约9.5厘米的。除了单独的佛坐像外，还有以一佛二菩萨组成的三尊像形式（图10-15）。

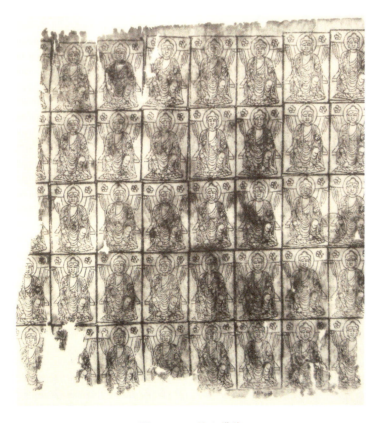

图10-14　捺印佛像

图10-15　捺印三尊像

　　菩萨像，也是捺印小像中较多的，菩萨的坐姿多为半跏坐，身体略呈"S"形，一手持莲花（图10-16）。由于画面相对较小，版画除了以简练的线条表现菩萨的形象，还在一定程度上表现出菩萨的精神气度，背景往往表现简单的花朵。

　　令人瞩目的还有一种净土变版画（P.3024号，图10-17）。高约12.8厘米、宽约10.5厘米。中央是阿弥陀佛坐在莲台上，两侧对称地表现以观世音、大势至菩萨为首的众听法菩萨，佛前有净水池，池中长出莲花和化生。佛与菩萨的后面是殿堂楼阁，画面上部两侧表现文殊菩萨和普贤菩萨分别乘狮与象而来，画面上部中央表现天空中飞动的乐器，即所谓"不鼓自鸣"乐。画面内容丰富，构图细腻，可以说是唐代以来成熟的净土经变的缩小版。

　　捺印像除了排列印出外，还往往在一些经典当中印出，似乎表明一种供养的意味。从艺术的角度看，在方寸之间表现佛或菩萨的体态神情，体现出版画作者的精巧构思。

图 10-16
捺印菩萨像

图 10-17
捺印净土变

第十一章｜敦煌写本书法艺术

　　敦煌文书的发现，对于研究佛学、历史学、语言学、文学，甚至古代科学技术等方面都产生了重大影响。敦煌学百年来的发展，有大量的成果就是基于这数万卷的古代文献资料。从书法的角度看，这些数量庞大的写本（也称"写卷"），也是中国书法史的珍贵资料，可以说构成了古代书法艺术的宝库，这不仅可以大大拓展我们认识中国古代书法的视野，而且对于今天书法艺术的继承和创新也有着重要价值。

　　敦煌文书的外形，大部分都是手卷形式，用纸或绢从右至左抄写，然后粘接成长卷，最长的达十几米，所以也叫"敦煌卷子"或"敦煌写卷"。通常在尾部有木轴，使全卷可以卷起来存放，较考究的还加以裱褙，但也有不少没有轴的。有少部分为蝴蝶装，即在两面书写，然后装订成册，还有一些散页。这些古代文书绝大部分是用毛笔抄写的，时代上自东晋，下迄宋初，成为保存了五百多年的古代书法墨迹。

　　敦煌卷子的内容，90%以上是佛经。对于佛教来说，写经流传是一项十分重要的事，抄写佛经对于信佛的人来说是一种功德。因此，古代的善男信女们要抄写很多佛经送到寺院里，那些文化水平低或不善于书写的人，就只好请人代为抄写。于是，一种专门抄经的职业就兴起了，这就是"写经手"，也叫"写经生"。南北朝时期，寺院写经有一定规范，除了书写者要署名外，还要注明用纸多少张，还有校阅者署名等。由于佛教的发展，需要大量的佛经以供各地僧人学习，在印刷技术尚未发明的时代，只能是用手书写。有的地方官府也雇用一些抄经的人，称为"官经生"。如北魏时期出自敦煌的一些写经，在卷末出现写经生（官经生）、典经师、校经道人等名字，说明在当时的敦煌官府，写经已形成了一定规范。

唐代一度出现了宫廷写经的形式，在武则天的支持下，开展了宫廷写经的工作。其规范是：先由写经生抄写；写完之后由装潢手进行装潢；然后由专门校勘的人员进行校对，校对分初校、再校、三校；三校之后，还要经过一些著名的高僧大德进行审查，称为"详阅"；最后由朝廷官员监制完成。经过严格的校对和审查，就成为标准的范本，由朝廷颁布到全国的一些大州。沙州（敦煌）在当时也是一个较重要的州，因此，保存下了数量颇多的宫廷写经。

写经生是以抄写为职业的，在书法艺术上必须达到一定水准，另外，还必须满足人们的审美。大多数写经反映出那个时代的审美精神，对于我们认识书法艺术发展的历史具有重要意义。写经生受雇于人，不仅抄写佛经，道经、儒家经典以及文学作品也可以抄写。另外，敦煌文书中也有一些儒家经典及文学作品，系读书人所写，风格与写经生的书法不一样。总的来说，敦煌写卷大都是名不见经传的书手所写，书法不像书法名家那样富于创造性；但各时代的写本具有各自不同的时代风格，不同地区的写本也体现出不同的地方特色，可以说，数万件敦煌写本构成了一部完整的中古民间书法艺术史。此外，敦煌写本中还有相当数量的名碑、名帖作品，与传世本又有所不同，也是探讨书法史上那些名家书风的珍贵资料。下面，按时代顺序简要谈谈敦煌写卷书法的特点。

第一节　魏晋南北朝时期的敦煌写本书法

魏晋南北朝时期的敦煌写本书法，大体有三个发展阶段[①]。

一、第一阶段

第一阶段是隶书楷化的初期。这时的写本继承了汉简书法的许多特征，但又不是完全的隶书体，出现了一些新的因素，表现出一种不规范的特征。如写

---

① 关于敦煌北朝的写本，藤枝晃先生从纸张的质地等方面做了时代分期（见藤枝晃《中国北朝遗书的三个分期》，白文译，《敦煌研究》1990年第2期），但此处是从书法史的角度做分期，与藤枝晃先生的观点有所不同。

于十六国西凉建初元年（405年）的《十诵比丘戒本》（S.797号①，图11-1），字形呈纵向结构，笔法多为汉隶风范，用墨较浓，起笔较轻，收笔很重，特别是捺笔重顿，成为一字的重心所在。《十诵比丘戒本》是和尚们日常诵读的戒本，从卷末的题记中我们知道这个写卷是比丘德佑所写。西凉是汉族人李暠建立的政权（400—421年），势力仅在敦煌、酒泉一带。当时北方大部分地区为少数民族政权，李暠在敦煌以儒家思想治国，并兴办教育文化事业，该王朝虽然短暂，却留下了不少文化遗产，为史家称道。这件写经无疑也是西凉时代留下的珍贵书法作品。

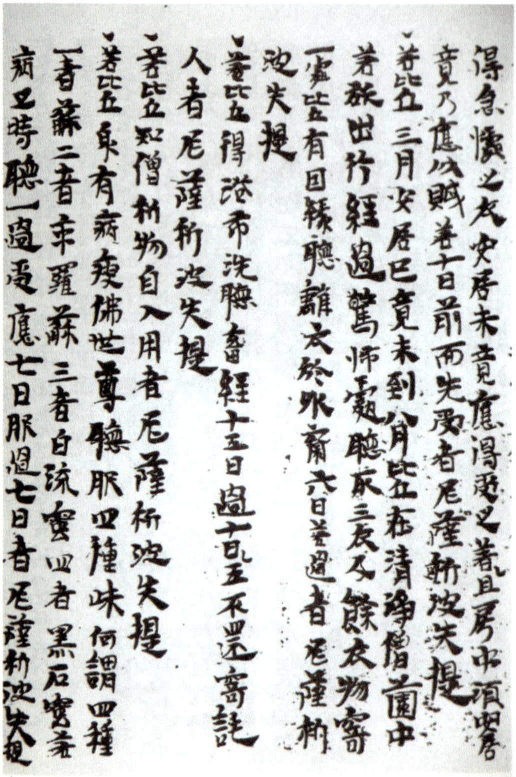

图11-1　西凉写本《十诵比丘戒本》

① 本章涉及敦煌文献的编号，大体有如下几种：英国国家图书馆所藏敦煌文献，按斯坦因编号，以字母S为首，例：S.797号。法国国家图书馆藏敦煌文献，按伯希和编号，以字母P为首，例：P.2013号。敦煌研究院编号，以"敦研"为首，例：敦研020号。甘肃省博物馆编号，以"甘博"为首，例：甘博001号。

书风类似的写卷，还有敦煌研究院藏《三国志·步陟传》写本①，可能早到东晋时期。新疆吐鲁番出土的《三国志·吴志》写本，其书写时代与前者相差不会太远，它们与南方的《爨宝子碑》的笔法具有异曲同工之妙，代表着从隶书向楷书转化初期的书法特色。

甘肃省博物馆藏001号东晋写本《法句经》（图11-2）②及敦煌研究院藏《大般涅槃经》（敦研019号、020号）等，与这个类型相近，但写法较为规整，字形结构也趋向于扁形，更富有隶书的特点。它较多地吸收了汉简的写法，起笔多露尖锋，收笔略作停顿，笔画纤细而流利，由于书写速度快，时见连笔，显得意态开张、灵活潇洒，是这一时期最流行的写法。

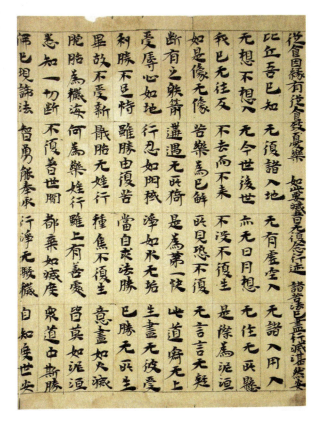

图11-2　东晋写本《法句经》

---

① 刘忠贵：《敦煌写本〈三国志·步陟传〉残卷考释》，《敦煌学辑刊》，1984年第1期，第45-50页。

② 刊于徐祖番选编《敦煌遗书书法选》，甘肃人民出版社，1985；也见于甘肃敦煌文献编委会编《甘肃藏敦煌文献精粹》，甘肃人民出版社，1999。

敦煌研究院藏《大慈如来告疏》（敦研007号，图11-3），写于北魏兴安三年（454年），仅一纸，是当时传抄用于张贴的宗教宣传品。字写得较随意，字体较方，左侧较低，右部偏高，形成倾斜之势，结构紧凑，间距疏朗，笔致朴拙。

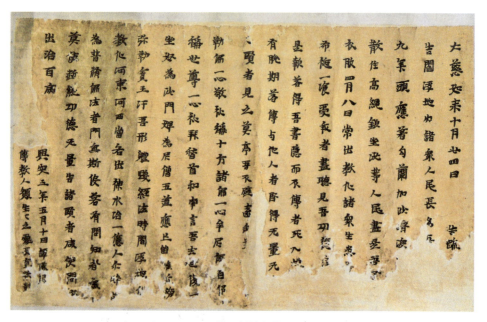

图11-3　北魏写本《大慈如来告疏》

P.2570号《毛诗》与《大慈如来告疏》的书风属同一类型，大约书写者是读书人，所写的内容又是儒家经典，所以相比之下写得更为严谨工整。这件《毛诗》写本首尾均残，写法上具有隶书遗风，从中可以看出汉碑《衡方碑》的气度，但笔法的刚健和妍美流畅处则又过之。

二、第二阶段

第二阶段是北魏后期至东魏、西魏时期。这个时期，由于孝文帝改革，学习南方的文化，自然也吸取了南方的书法艺术，所以南方的写经也传入了北方以及敦煌。这时，南方已出现了较为规整的楷书字体，较突出的作品就是南朝写本《大般涅槃经》（S.081号，图11-4）。这个写卷前部已残，卷末有题记"天监五年七月廿五日，佛弟子谯良颙奉为亡父于荆州竹林寺敬造大般涅槃经一部……"天监是南朝梁武帝的年号，那时的荆州位于今湖北省沙市附近，是南朝的重要都城，说明这个写卷是写于南方，其后则不知什么时代传入敦煌的。

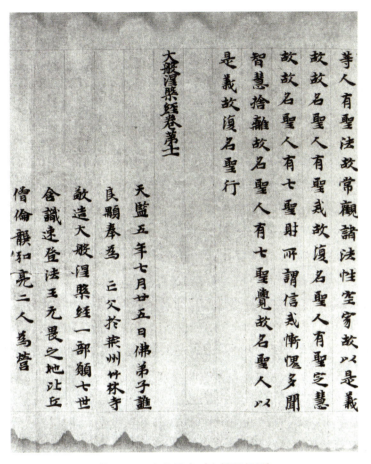

图11-4　南朝写本《大般涅槃经》

　　这件佛经抄写极为工整，结体均衡，布局平正，横画的起笔略轻，收笔略重，以适应快速书写的需要；但通篇的写法体现出严谨的楷书作风，没有隶书的笔意，可以与南方出土的《刘岱墓志》（永明五年，487年）、《吕超静墓志》（永明十一年，493年）以及《王慕韶墓志》（天监十三年，514年）等碑刻书法相媲美，都具有新型楷书的特色，在结构严谨、风神典雅等方面具有异曲同工之妙。具有相同风格的写本，还有天监十八年（519年）书写的《出家人受菩萨戒法卷第一》（P.2196号）等。

　　这一时期，北方仍普遍存在着早期那种浓厚的隶意的写经，但在南方楷书风气的影响下，中原一带也出现了新的时代气息，主要是以龙门石刻为代表的"魏碑体"书法的兴起，并逐步影响到整个北方的书法。魏碑实际上就是隶书向楷书转型的产物，既不是汉隶的样式，也不是标准的楷书，这样的特征也大量出现在写经中。《金光明经》（P.4506 号）是写在绢上的佛经，由于时代久远，长期反复展开，绢的纹理变斜，字行都变成了弧形。从题记中可知，它是北魏皇兴五年（471 年）写于定州（今河北正定一带）的，书法保留一定的隶书特点，结体呈方形，墨色浓重，行笔劲健，富于变化，明显地具有《杨大眼造像》等魏碑书法的特点。

相比之下，地处西北的敦煌地区，写经书法在某种程度上仍保留着东晋时期的遗风。《成实论》（S.1427 号，图 11-5）是一个有代表性的写卷，其字体趋向于方形，笔法更加规范了，形体仍向左倾斜，在撇、捺及转折处可以看出魏碑体的影响，用墨较浓，笔迹流利洒脱，丰圆玉润，气势一贯，既严谨工细，又不失生动活泼的韵味，是写经中的上品。本卷卷首已残，卷末有十分完整的题记："成实论卷第十四。经生曹法寿所写，用纸廿五张。永平四年岁次辛卯七月廿五日，敦煌镇官经生曹法寿所写论成讫。典经帅令狐崇哲，校经道人惠显。"这则题记表明这个写卷是由官府所雇的官经生所写。"典经帅①"这个职务，应是在抄经行业中较权威的人物，负责组织抄经工作、审定抄经内容等。令狐崇哲是北魏时期敦煌的职业典经师，在敦煌有题记的写本中，我们发现在永平四年至延昌三年间（511—514 年），署有典经师令狐崇哲名字的写卷竟达 15 卷，其中有 3 卷就是令狐崇哲自己所写②。从这些写卷中，我们看出书写风格都非常一致，也许这就是令狐氏的书法风格吧！那时的敦煌，大约有一个专门写经的机构，令狐崇哲就是作为"典经师"来监督和指导佛经抄写工作的，由此形成了书法上的统一风格，也就是敦煌本土写经的风格。

三、第三阶段

第三阶段为南北朝后期。此时，南北方文化已得到广泛的交流，一种统一的趋势正在形成。风格纷呈、品种繁多是这一时期的特点。《大般涅槃经》（S.1945 号，图 11-6）写于北周保定五年（565 年），写卷全篇为工整的楷书，结构严谨而平正，时露险劲之势，行笔刚健，波磔提按，一丝不苟，锋芒外露，有魏碑特点，笔法不是那么圆润，而使人有一种"生""涩"之感，但在结体上已是楷书风范。撇画常往回勾，露出一丝隶书的遗风。从其结体紧凑、

---

① 应为"师"。

② 写卷数目依据池田温《中国古代写本识语集录》（东京大学东洋文化研究所，1990）统计。

笔法奇崛处，我们不难看出与后来欧阳询的楷书的风格相通之处。它的磔笔（丶）和擢势（丿）等写法，又可以看出颜真卿《多宝塔碑》的特色，这说明在北朝晚期，北方楷书渐渐形成，虽然不如南方成熟，没有那种遒媚的风格，却对唐代刚劲、雄浑一路的楷书风格产生了重大影响。

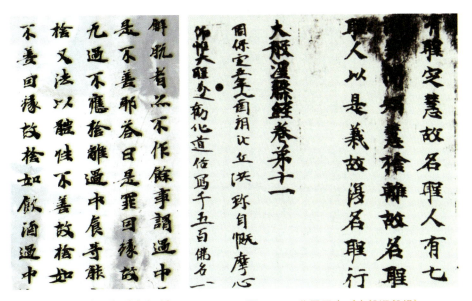

图11-5　北魏写本《成实论》　　　　　图11-6　北周写本《大般涅槃经》

　　写于陈太建八年（576年）的《佛说生经》（P.2965号，图11-7）是一件成熟的楷书作品，结构平正，但不刻板，起笔极轻，收笔稍作停顿，却不露痕迹，与北魏写本那种锋芒外露、剑拔弩张的风格迥然不同，体现出平和而温润、浑厚而含蓄的特点。从字体结构到一笔一画的笔致，都充满了娴熟而典雅的美。从这件写本书法中，我们可以看到钟繇、王羲之等书法家们所开创的那种书法艺术境界，应是南北朝时期楷书中较高水平的作品。初唐书法家虞世南的《孔子庙堂碑》等作品中，也正体现出这种平正、宽缓的风格。有研究者认为，虞世南的书法正是与这件写经书法一路的风格。虞世南师从王羲之七世孙智永，从虞书中我们可以看到二王（王羲之、王献之）书法的某些特征，那么，时代早于虞世南的敦煌写本《佛说生经》，对于研究王羲之一派的书法特征同样具有重要意义。

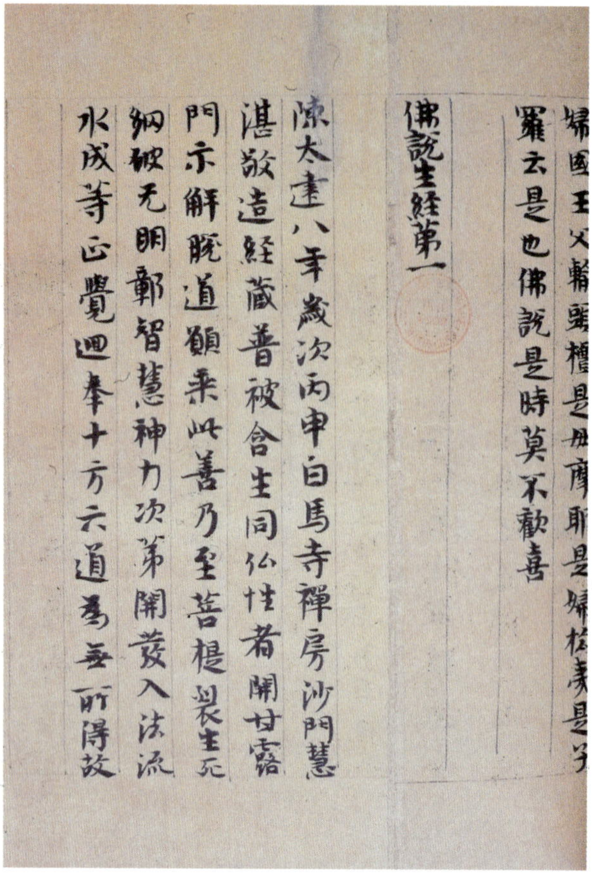

图 11-7   南朝写本《佛说生经》

汉末至魏晋南北朝时期，是中国书法一个剧烈变革的时代，书法开始从以写隶书为主逐渐变为以写楷书为主，这时产生了像钟繇、王羲之、王献之等一些对书法史具有重大影响的书法大师。在他们的影响下，以建康为中心的南方，书法艺术得到空前发展；而北方的书法则在一定程度上保存着汉代书法传统，又在不断地接受南方新的书风影响，体现出一种过渡时期的纷繁局面。以龙门石刻为代表的碑刻书法，即反映了北方书法的特色。由于北碑书法大多是名不见经传的民间书手所写，一直未受到书法界的重视。直到清代"碑学"兴起，阮元、包世臣乃至康有为等人大力倡导碑学，挖掘出大量的碑版书法，使人们大开眼界，才认识到在魏晋南北朝时期，除了二王等书家之外，尚有大量由民间书法家创作的具有较高书法价值的作品。当然，在碑学兴起的同时，也有不少学者提出疑问，其中有两个问题较为引人瞩目。

一是碑刻毕竟是通过雕刻家加工而成的，终究不能代替亲笔书写的作品，刻工水平的高低必然会影响到书法效果，那么，有些魏碑的书法特点应是雕刻的效果还是书写的效果？二是在同一时代，南方二王的书法已经达到那样的成就，而从出土的碑刻中所见的书法与二王的书法差距却是如此巨大，以致不少人对传世的二王作品真伪产生怀疑，20世纪五六十年代对《兰亭集序》进行的争论便是证明①。由于当时条件所限，学者们对敦煌写本书法缺乏足够的了解，未能利用大量的敦煌写本进行参照研究，仅仅通过出土的一些碑刻进行简单的比较，很多观点最终不免流于空谈。但是当时的许多学者已经看到，要对王羲之的书法真伪做出令人信服的判断，不能仅靠有限的碑刻文字，还应当利用当时的手写墨迹加以判定。因此，传世的敦煌早期文书，便成为研究当时书法的珍贵资料，因为这些文书都是毛笔所写，而且有相当部分的写卷都有明确的年代题记，不仅对于鉴别现存的王羲之等书法大师作品的真伪具有重要意义，而且大大拓宽了中国书法研究的领域，其价值是不言而喻的。

第二节　隋代的敦煌写本书法

隋代统一中国后，结束了南北分裂的局面，在文化艺术上也形成了统一格局。隋代两位皇帝都崇信佛教，大兴寺院，广度僧尼，据有关文献记载，隋代抄写的佛经达十万多卷。这样大规模的抄经，对于写经书法无疑有很大的促进作用。寺院中的一些著名高僧，对于隋代书法也有着重要影响。如王羲之的七世孙智永，便是吴兴永顾寺的和尚，他写《真草千字文》800余本，布施江东诸寺各一本。《真草千字文》是临摹王羲之的字汇集而成的，在当时是作为书法的范本供僧人学习的，《真草千字文》的流行，推进了楷书、草书向标准化发展。这一时期还有一位善书的僧人叫智果，他著有书法理论《心成颂》，总结了书法结体的18种方法，对楷书的笔画、结构等方面做了阐述。这些僧人的书法活动，必然对当时的寺院写经书法产生重大影响，促进了隋代书法艺术的繁荣发展。

就目前调查所知，隋代敦煌写卷有90多件，有的是敦煌本地的写经，有的是传自内地，有的是官府写经，有的是寺院写经，较全面地反映了隋代写经书法的面貌。从书法的角度看，这些写经大体有三种类型。

---

①《兰亭论辩》，文物出版社，1977。另，参见毛万宝：《1965年以来兰亭论辩之透视》，《美术史论》，1991年第1期，第92—96页。

一、沿北朝写经路子发展起来

这类写经数量较大，风格也不完全一致。写于开皇三年（583年）的《大集经卷第十八》（S.3935号，图11-8），在结体方面保持了魏体书法的特色，质朴而又大方，起笔多方，却非常含蓄，锋芒不露，充分体现出毛笔书写柔韧、丰润的长处。虽有乌丝栏，但绝不刻板。笔画上，不像魏体书法那样过分强调起笔、收笔的轻重变化，而显得气势雄浑豪放，笔力遒劲，毫不做作。布局上，字距疏朗，章法自然，毫无拘谨之态，是一卷成熟的书法作品。

图11-8　隋写本《大集经卷第十八》

写于大业四年（608年）的《大般涅槃经》（P.2117号），题记表明是敦煌郡大黄府王海所写，这件楷书写经，结构平正严谨，起笔轻，收笔略重，捺、画拖得较长，这些都是早期写经的习气，特别是"外"字、"一"字、"男"字等，可看到北朝晚期敦煌书法风范。然而，那种刚挺而锋芒外露的笔法已经削弱，显得柔和细腻，已体现出隋唐楷书的新气象。

二、取法于南朝传统

这类写经具有结构平正、笔致温润、字体娟秀等特点。写于开皇十三年（593年）的《大智论》（S.5130号，图11-9），卷末有题记："大智论卷第卅七。开皇十三年岁次癸丑四月八日，弟子李思贤敬写供养。"通篇为规整的楷书，结构谨严端庄，起笔有时稍加停顿，不像早期书法那样直接落笔而形成尖锐的笔触，与南朝写卷《佛说生经》等书法笔致柔和、墨色丰润方面是一致的，反映了从南北朝向隋唐书法过渡的特色。

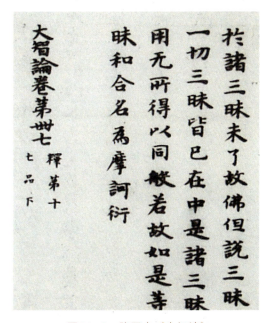

图11-9　隋写本《大智论》

三、融合了南北书风特点

这类写经既平正娟秀，又不失浑厚刚劲，可以说是趋于规范化的楷书。写于大业九年（613年）的《胜鬘义记》（P.2091号）是隋代楷书的代表，通篇书写工整，结体方正凝重，起笔露锋，收笔重顿，略呈条长，仍存魏书的一些特点，紧凑之处时见险峻之姿，骨气奇崛，颇有欧阳询楷书之风。这类书法与《董美人墓志》等作品都体现了隋代流行的书风，且欧、虞之体多从中而出。

隋代的行书作品不多，写于仁寿元年（601年）的《摄论章》（S.2048号，图11-10），卷末有题记："摄论章卷第一。仁寿元年八月廿八日瓜州崇教寺沙弥善藏在京辩才寺写摄论疏流通末代。"这段文字写明了本卷是瓜州崇教寺的沙弥善藏所书。隋代至唐初的瓜州即现在的敦煌，隋代的京都为长安，那么，本卷即善藏于长安抄写后带回敦煌的，说明当时敦煌与长安之间写经的流通是很频繁的。本卷行书，通篇气势连贯，笔致流畅，又富于节奏和变化。迅疾处，时露章草之气，顿挫时，又可见魏书之遗格，但已基本改变了北魏以来的笔法。

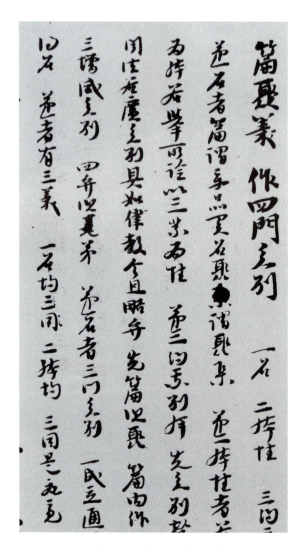

图11-10　隋写本《摄论章》

总的来说，隋代的楷书在继承南北朝书法的基础上趋向统一，北魏那种粗犷豪放之气减弱了，而代之以含蓄沉着的风格。

第三节　唐代的敦煌写本书法

　　唐代书法众体兼备，初唐有欧、虞、褚、薛四家，继承了南北朝以来的书法艺术成果，他们大多出自二王，又都注意学习北朝的书法，形成了一代新风。过去，人们通常认为欧阳询等书家从北碑中吸取了很多成分，而从敦煌写经中也反映了北朝书法的影响。从敦煌隋代写卷中就可以看出有类似于欧阳询、褚遂良等名家的书体，时代却早于这些名家，反映了隋代及初唐书法艺术的基本审美趋向。从唐代写经中可以看出，欧、虞、褚、薛四家的影响极为广泛。盛唐以后，书法开始崇尚丰肥，以颜真卿为代表的雄健、浑厚的书风流行开来，即便是写经体的小楷，也有写得丰厚凝重者。总之，有唐一代，写经书法艺术呈现风格多样的局面，体现出一种博大恢宏的气象。

　　敦煌写本中的唐代书法材料十分丰富，唐代写经的重大发展体现在朝廷直接参与指导佛教写经上，形成了所谓"宫廷写经"的制度。敦煌保存了部分唐代的宫廷写经，由当时的写经高手抄写，经高僧大德校阅，朝廷监制而成。我们从写经题记中就可以看出这些写经的独特之处。

　　如写于咸亨三年（672年）（P.4556号）的《妙法莲华经》卷二末的题记：

> 妙法莲华经卷第二
> 咸亨三年二月廿五日经生王思谦写
> 用纸　二十张
> 装潢手　解集
> 初校　经生　王思谦
> 再校　经行寺　僧　仁敬
> 三校　经行寺　僧　思忠
> 详阅　太原寺大德　嘉尚
> 详阅　太原寺大德　神符
> 详阅　太原寺主　慧立
> 详阅　太原寺上座　道成
> 判官少府监掌冶署令向义感
> 使太中大夫守工部侍郎永兴县开国公虞昶　监

　　类似的题记，在唐代写经中还有很多，在卷末罗列这么多人物，有的学者把他们称为"校经列位"①。从他们的品级就可以看出这样的写经是经过了寺院大德、上座乃至朝廷官员监制的。这样的写经当然是由那些专职抄经的写经生来写，而佛经是经过众多的专家校对无误，要颁布于全国的，具有标准意义。虞昶为唐初大书法家虞世南之子，在两唐书中还提到虞昶"官至工部侍郎"，与敦煌写经题记一致。虞昶这样的人物监理抄经事业，可知唐代对写经的重视。

　　另外，从敦煌保存下来的一些临摹名家的作品以及一些重要碑帖，也可以看出当时敦煌一地书法的发展状况，并且对于我们认识唐代及之前的书法名作具有重要的参考价值。

　　唐人临王羲之《十七帖》残叶，共有3件，巴黎藏1件，为《旃罽帖》（P.4642号，图11-11），伦敦藏有《瞻近》《龙保》（S.3753号）二帖。二者书写风格一致，应出于同一人手笔。唐太宗崇尚王羲之的书法，收集了王羲之的一些字帖共28种，并翻刻流传于世，因第一帖首行有"十七"二字，故称"十七帖"。唐以来，《十七帖》对于人们认识和学习王羲之的书法具有重大的影响，因而此帖历代翻刻极多，现传世的主要是《淳化阁帖》本。敦煌《十七帖》残卷为唐人临本墨迹，字形结构等方面与《淳化阁帖》本稍有差异，而用笔浑圆流利，比起刻本更神采生动。与传世的刻本相对照，便能够更全面地理解书法大师王羲之的真实面貌。

　　《蒋善进临真草千字文》（P.3561号），为贞观十五年（641年）所书。隋代智永禅师深得王羲之的真传，隋唐之际，人们学书法往往以他的《真草千字文》作为临习的范本。他的书法在当时流传很广，但到了唐代，就很难见到真迹了。流传至今的《真草千字文》有两种：一种是日本所藏的唐临本，另一种是北宋和南宋刻本。敦煌写卷中的蒋善进临本又为我们提供了一种唐临本。本卷藏法国巴黎，前部从"帷房纨扇"开始至结束，正文共34行，真草各170字。尾存题记："贞观十五年七月临出此本，蒋善进记。"该经书写结构谨严、刚柔相济，与现行的北宋刻本比较，草书更显浑厚、雄健。

　　唐太宗所书《温泉铭》（P.4508号，图11-12），为唐拓唐裱剪装本，现藏巴黎。温泉，是指长安附近的骊山温泉，贞观十八年（644年），唐太宗把北魏的温泉宫改建为豪华的离宫，又增建了不少宫殿。贞观二十二年（648年），唐太宗自撰《温汤碑文》（即《温泉铭》），并刻碑保存，原碑早已失去，宋代以

---

① 池田温：《中国古代写本识语集录》，东京大学东洋文化研究所，1990。

后，人们只知道文献记载，无法见到原件，直到藏经洞的发现，这件作品才公之于世。这件拓本存后半部分，计50行字，尾附墨书"永徽四年八月三十一日圉谷府果毅"，下缺。永徽四年（653年）距立碑后仅5年，是最可靠的拓本。唐太宗喜爱右军书，在书法上也颇著功夫，还著有《笔法诀》《论书》等理论著作，他的《晋祠铭》《温泉铭》刻碑传世，对于碑刻来说是一大创举，因为碑刻的字体向来是以庄重的隶书和楷书为主，此前没有行草书刻碑的。自唐太宗以后，行书勒碑之风也纷纷兴起。在《温泉铭》中，我们不难看出王羲之书法的深刻影响，其笔迹圆劲流利，遒媚中不乏机敏，秀丽中见出恢宏之气，是行书上品。

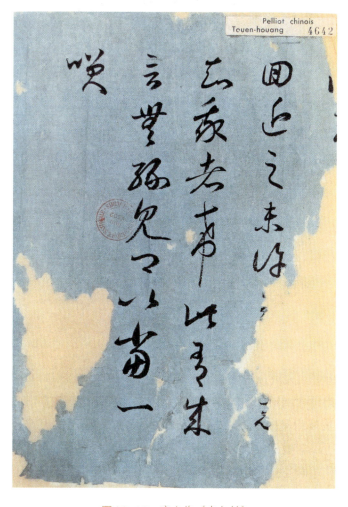

图 11-11　唐人临《十七帖》

图 11-12　唐拓本《温泉铭》

　　唐拓欧阳询《化度寺塔铭》（P.4510号、S.5791号，图11-13）全称为《化度寺故僧邕禅师舍利塔铭》，为唐李百药撰文，欧阳询书，贞观五年（631年）立石，历来被认为是欧体书法中的优秀之作，原石早已佚失，传世有多种本子，大多经历代翻刻，未免失真，只有敦煌本为唐代拓本，最接近原作。此件拓本现存英、法两处，前两页存法国，为 P.4510号，后十页存英国，为 S.5791号，每页4行，每行5字，风格古朴，锋颖如新，从中我们可以看出欧阳询清逸、劲秀而又奇崛的书风。

图 11-13　唐拓欧阳询《化度寺塔铭》

　　唐拓柳公权《金刚经》（P.4503 号），笔力瘦硬，字体端严。柳公权楷书卓然自成一家，素有"颜筋柳骨"之誉，为时人所重，他曾于西明寺书《金刚经》，有多家摹刻本。据《金石录》记载，有会昌四年（844 年）刻本、大中十三年（859 年）刻本。敦煌本《金刚经》拓本首尾俱全，卷末注明为长庆四年（824 年）刻，此本未见著录，而时间又比前两种刻本都早，愈显珍贵，从中可以体会到柳体书法注重骨法、笔力刚健的风格。

　　以上碑帖大多是唐代流传至敦煌的法帖，反映了中原最新流行的书法艺术对敦煌本地的影响。

第四节　其他写本书法

大量的写本书法，可以从两个方面来介绍。

一、佛经、道经

（一）佛经

以前人们认识唐人小楷，多推重钟绍京的《灵飞经》，而比较敦煌写卷中大量的小楷，不啻是滴水比大海。敦煌研究院藏《佛说大药善巧方便经》（敦研 0336 号）写卷，前残，卷末有后人书上元初的题记，若从高宗上元年算起，至迟在公元 762 年以前本卷已经写成。另外，此卷与法国所藏 P.3791 号为同一写卷，被人为地分成了两段。这个写卷用硬黄纸书写，有极细的乌丝栏，楷则纯熟，章法严谨，笔法刚劲。

《唯识二十论序》（P.2155 号，图 11-14）。其卷首题："唯识二十论序，沙门靖迈制。"为唐玄奘所译，靖迈是活动于贞观年间的著名高僧。这个写卷，楷书间有行笔，笔致瘦劲，结体疏朗，颇有薛稷《信行禅师碑》的风格。

《三藏圣教序》（P.3831 号）。据《佛祖统记》记载，武则天曾于久视元年（700 年）诏义净于东都译《金光明最胜王经》，并作《圣教序》。这个写本就是武则天时期的写本，前残，存 22 行，尾全，所存的这部分与《全唐文》所录《圣教序》没有大的差别，书法则含蓄流畅，作风和穆，具有褚遂良一路的书风。

《金藏论》（P.2163 号）。该内容为《诸经要集·金藏论》，卷末有题记："金藏论。维开元廿有三载于幽州写之。"说明是写于幽州（今河北省北部地区）的写本，文中避"世"字、"民"字讳，该卷是一个行书写卷，书法与颜体接近，笔力遒劲，洒脱自然。

《御注金刚经》（P.2173 号）。据《册府元龟》记载，开元二十三年（735年），唐玄宗亲自注《金刚经》，本卷即玄宗皇帝御注《金刚经》，卷首题记："御注金刚般若波罗蜜经宣演卷上，敕随驾讲论沙门道氤集。"道氤是唯识宗的大师，因于开元二十三年（735 年）于青龙寺宣讲御注《金刚经》，特别有名望，被称为"青龙大师"。本卷书法具有欧体书法结构紧凑、笔力刚健的风致，又具有墨色浓重、字形饱满、神采飞扬的特点。

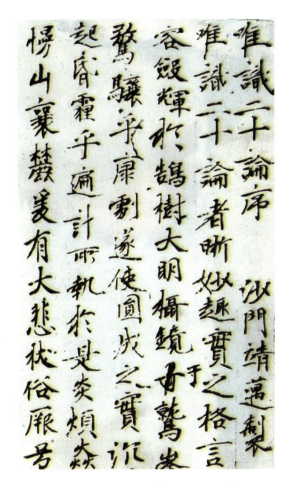

图11-14　唐写本《唯识二十论序》

（二）道经

唐代的道经写卷也具有很高的书法价值，唐代皇帝认为老子是李家的祖先，所以格外崇奉道教，因而道经也广为传抄流播，敦煌写本中的道经书法水平都很高。

《阅紫绿仪》（P.2457号，图11-15）写于开元二十三年（735年），卷末有完整的题记：

阅紫绿仪三年一说

开元廿三年太岁乙亥九月丙辰朔十七日丁巳于河南府大弘道观

敕随　驾修祈禳保护功德院奉为开元神武皇帝写一切经　用斯福力保国宁民

经生许子　写
修功德院法师蔡茂宗初校
京景龙观上座李崇一再校
使京景龙观大德丁政观三校

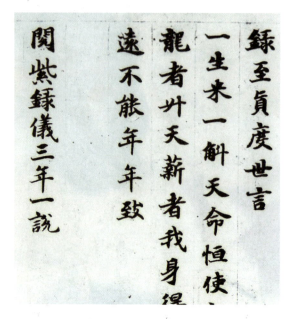

图11-15　唐写本《阅紫绿仪》

　　题记中说明是为皇帝抄写的，并经法师、上座、大德校对，规格极高，可见书手也非等闲之辈。本卷书法淳厚流畅，雍容和穆。

　　《太玄真一本际经》（P.2170号）。敦煌道经中《太玄真一本际经》保存很多，达100余件，本卷末题记："太玄真一本际经圣行品。女官赵妙虚敬写。"可知是一位女道士所写，书法笔力刚劲，结体稳重大方，体现了唐楷端严细腻的风范。在道经中署名女官的还有女官郭金象、女官唐真戒、女官阴志清等。

　　《无上秘要》（P.2602号）。该秘要成书于北周时期的道教类书，本卷尾题："无上秘要卷第廿九，开元六年二月八日沙州敦煌县神泉观道士马处幽并侄马抱一……"神泉观是当时敦煌著名的道观，现存的敦煌写本中尚有马处幽、马抱一抄写的道经多件。他们的书法笔致丰腴、结构端庄，是优秀的楷书写本。从这件写本中我们看到，唐代的敦煌在书法艺术上与内地并没有多大差距。

二、儒生的写本

儒家经典在敦煌文献中所占的比例很小，但大多是文人所书，其中自有一种"书卷气"。此外，还有一些文学作品，看起来也是读书人所写，与寺院的写经迥然不同。

《春秋左传集解》（P.2540号、P.2562号，图11-16）。敦煌所出《春秋左传》写本，杜预集解本达26卷，其中有不少与传世本《春秋左传集解》文有出入，可互相校勘，具有文献价值。《春秋左传集解》的写本大多书写工整，P.2540号和P.2562号写卷是较优秀的。这两个写本书法和畅，刚柔相济，结体严谨，气度雍容。P.2562号写卷中"世"字避讳，有的专家认为是初唐所写，从书法风格来看，两件都有唐前期的风范。

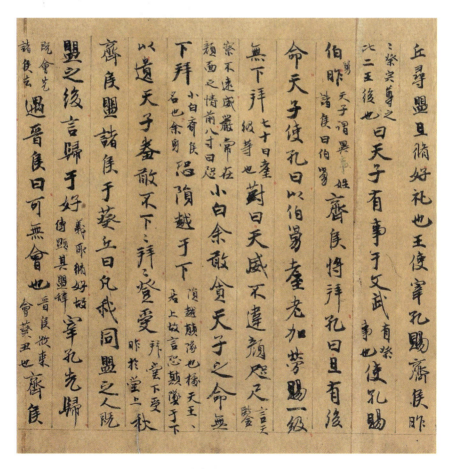

图11-16　唐写本《春秋左传集解》

《周易经典释文》（P.2617号，图11-17）写于唐开元二十六年（738年），结体开朗雍容，笔法刚劲浑厚，具有颜真卿《勤礼碑》之风，而颜真卿此时还不到20岁，《勤礼碑》的完成，更比此卷晚了40年，说明一个时代的书法家总是从民间吸取很多有益成分来丰富自己。

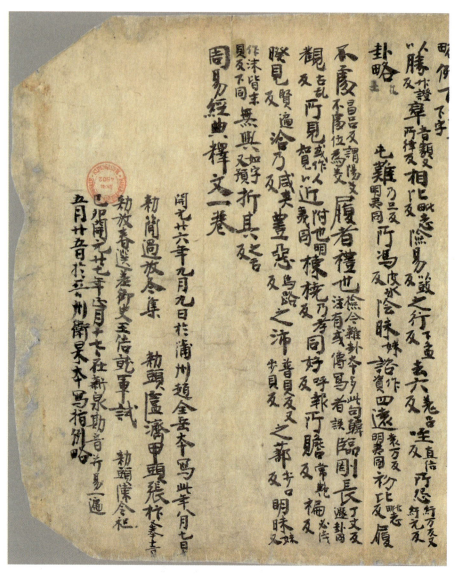

图11-17　唐写本《周易经典释文》

《文选·运命论》（敦研0356号，图11-18）。敦煌研究院藏《文选·运命论》仅存一纸，共22行。据研究，法藏P.2645卷《文选·运命论》，正好与本卷相接。法藏卷存34行，为前半部分；这件《文选·运命论》写本笔法劲健而娴熟，间距疏朗，虽为小楷但气势开张，颇有褚遂良书法的风致。有的论者认为是隋代的写本，而从其字体结构的成熟、楷法的谨严等方面看，恐怕应是初唐的写卷。

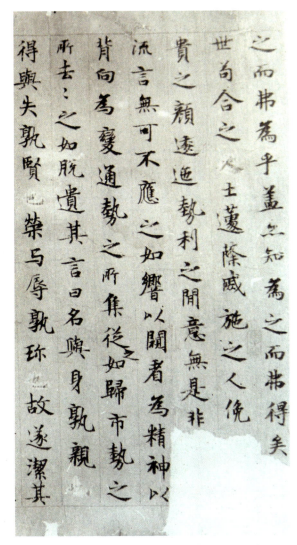

图11-18 唐写本《文选·运命论》

《高适诗》（P.3862号）。本写本为残卷，共存高适诗30多首。高适是唐代著名的边塞诗人，曾在河西节度使幕府任职，他的诗流传西域，深受西北地区人民的喜爱。这件写本墨色丰润，笔致含蓄，章法自然。

《因明入正理论后疏》（P.2063号）。唐代还出现了大量草书写卷，《因明入正理论后疏》就是一篇不可多得的优秀草书作品。贞观二十一年（647年）玄奘译出《因明入正理论》，许多高僧为之做注，并掀起了学习研究因明学的热潮，当时著名的有窥基、净眼等十余家注本。本卷题下有"慈因寺沙门净眼续撰"，查《大正藏》，净眼所撰的后疏不见著录，敦煌写本是存世的孤本。该写本为章草，字与字间笔画不连，但通篇气势雄浑，而又灵动流畅、珠圆玉润。

《妙法莲花经玄赞》（P.2176号，图11-19）。唐玄奘的大弟子窥基曾著《法华玄赞》，这是唯识宗的重要理论之作。这个写卷全用草书写成，笔势流转，生动自然。

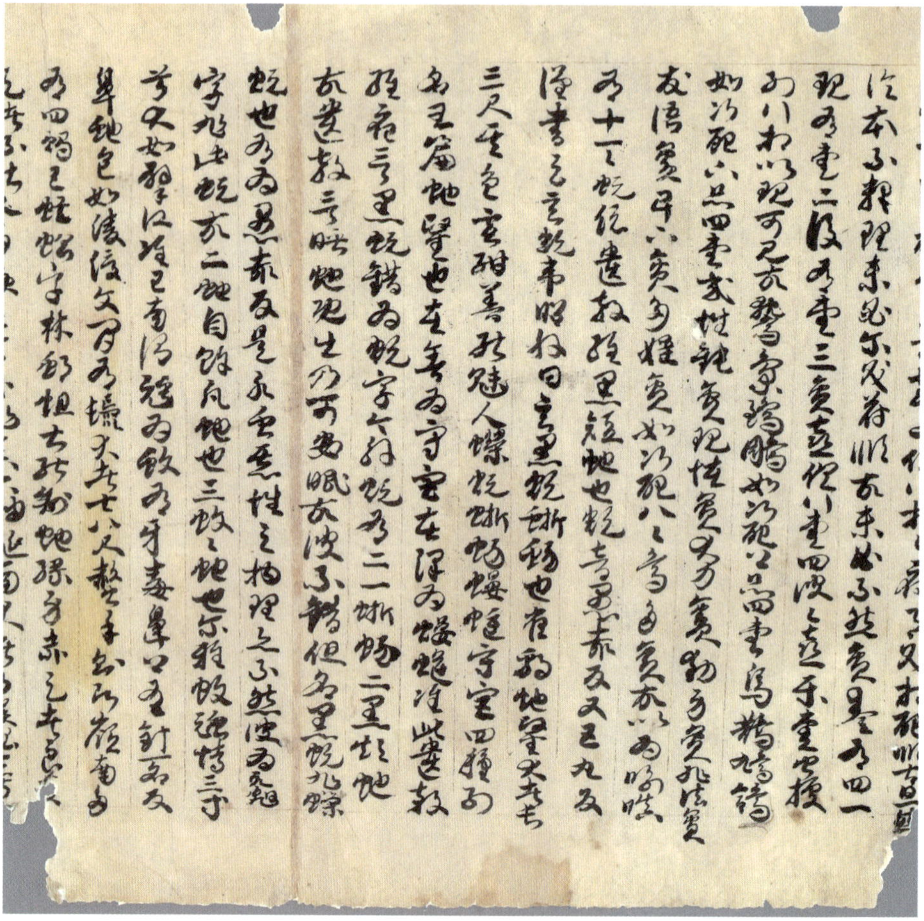

图11-15　唐写本《阅紫绿仪》

《文心雕龙》（S.5478 号）。此写卷为草书写卷，行笔流利，气势畅达，跌宕变化，多有奇趣。

唐代的敦煌写卷书法风格纷呈，丰富多彩，可以说是中国书法史上十分辉煌的一页。

唐代以后，五代、宋代的写本仍保存不少，但从书法艺术上看已走向了衰落，书法缺少唐代那种旺盛的创造力和严谨细腻的精神，除了一些官府文件还保持一定的水平，其余不论写经还是世俗文书写本，在书法艺术上可以称道的较少。

由于敦煌文书的数量庞大，其中所体现的各时期写本书法艺术，对于我们全面认识中国书法史具有不可替代的作用。多年来，很多学者和书法爱好者也曾对敦煌书法进行了多方面的探讨，但目前的研究仍然十分有限，最主要的问题是缺乏从书法史角度进行系统的调查和整理。从敦煌文献的整理来说，目前已有不少学者团队进行过全面的调查整理，并有大量的出版物，但主要还是从历史文献内容方面进行的调查，对于历史学、语言学、文学等学科的发展产生了很大的影响。近年来，已有不少编选敦煌书法的选本出版，这对于研究敦煌书法无疑是有很大帮助的，但敦煌书法艺术仍有待于深入而系统的研究。

书法史的研究需要对各时期作品做深入的调查分析，从而找到其中能够代表每个时期风格特色的作品。过去由于条件所限，特别是国外所藏的大量敦煌文献真迹难以看到，很多研究者仅仅根据印刷品或照片进行研究，其中的局限不言而喻。特别是 20 世纪 80 年代以来，大部分研究者是根据缩微胶卷研究敦煌文献，而缩微胶卷也是经过多次拷贝，质量已很差。根据那些本来就不清楚的照片分析书法笔迹，往往是南辕北辙，其结论可想而知。今天，英、法、俄等国所藏以及国内各图书馆、博物馆所藏的敦煌文献大都有较清晰的图册出版，为敦煌书法的研究带来极大便利，但要真正深入了解各时期的写本书法，仍需要艰苦的调查研究，最起码是要大量调查原作，未见过原作而妄谈研究，可能也只是隔靴搔痒。书法的研究并非轻而易举的事，这里既需要有书法的眼光，又要有艺术史的思路，同时还要有考察原作的精神。总之，敦煌书法领域宽广，仍有待于全面和深入的研究。

参考文献

一、古籍类

司马迁.史记[M].北京：中华书局，1975.

范晔.后汉书[M].北京：中华书局，1965.

房玄龄，等.晋书[M].北京：中华书局，1974.

魏收.魏书[M].北京：中华书局，1974.

令狐德棻，等.周书[M].北京：中华书局，1971.

魏征，令狐德棻.隋书[M].北京：中华书局，1973.

刘昫，等.旧唐书[M].北京：中华书局，1975.

王溥.唐会要[M].北京：中华书局，1955.

司马光，胡三省.资治通鉴[M].北京：中华书局，1956.

高楠顺次郎，等.大正新修大藏经[M].东京：大正一切经刊行会，1924.

释慧皎，汤用彤，汤一玄.高僧传[M].北京：中华书局，1992.

张彦远.历代名画记[M].北京：人民美术出版社，1963.

杨衒之，范祥雍.洛阳伽蓝记校注[M].上海：上海古籍出版社，1958.

董浩，等.全唐文[M].北京：中华书局，1983.

王嘉，萧绮，齐治平.拾遗记[M].北京：中华书局，1981.

段成式.酉阳杂俎[M].北京：中华书局，1981.

刘餗，张鷟，等.隋唐嘉话　朝野佥载[M].北京：中华书局，1979.

二、专著类

伯希和.伯希和敦煌石窟笔记[M].耿昇，唐健宾，译.兰州：甘肃人民出版社，1993.

陈传席.六朝画家史料[M].北京：文物出版社，1990.

陈高华.隋唐画家史料[M].北京：文物出版社，1987.

丹尼 A H，马松 V M.中亚文明史：第一卷[M].北京：中国对外翻译出版公司，2002.

敦煌文物研究所.中国石窟·敦煌莫高窟（第1—5卷）[M].北京：文物出版社，1981—1987.

敦煌文物研究所.敦煌莫高窟内容总录[M].北京：文物出版社，1982.

敦煌研究院.敦煌莫高窟供养人题记[M].北京：文物出版社，1986.

敦煌研究院.敦煌书法库（第1—4辑）[M].兰州：甘肃人民美术出版社，1994—1996.

敦煌研究院.敦煌石窟全集（全26卷）[M].香港：商务印书馆，1999—2005.

敦煌研究院.常书鸿文集[M].兰州：甘肃民族出版社，2004.

敦煌研究院，甘肃省博物馆.武威天梯山石窟[M].北京：文物出版社，2000.

敦煌研究院，甘肃省文物局.甘肃石窟志[M].兰州：甘肃教育出版社，2011.

敦煌研究院.敦煌石窟全集：第一卷·莫高窟第266～275窟考古报告[M].北京：文物出版社，2011.

敦煌研究院.敦煌艺术大辞典[M].上海：上海辞书出版社，2019.

敦煌研究院.樊锦诗文集（上、下册）[M].北京：文物出版社，2023.

段文杰.敦煌石窟艺术研究[M].兰州：甘肃人民出版社，2007.

樊锦诗.敦煌与隋唐城市文明[M].上海：上海教育出版社，2010.

方闻.中国艺术史九讲[M].上海：上海书画出版社，2016

福歇 A.佛教艺术的早期阶段[M].王平先，魏文捷，译.兰州：甘肃人民出版社，2008.

甘肃省文物队，甘肃省博物馆，嘉峪关市文物管理所.嘉峪关壁画墓发掘报告[M].北京：文物出版社，1985.

甘肃省文物考古研究所.河西石窟[M].北京：文物出版社，1987.

甘肃省文物考古研究所.敦煌佛爷庙湾西晋画像砖墓[M].北京：文物出版社，1998.

宫治昭，敦煌研究院.涅槃和弥勒的图像学[M].李萍，张清涛，译.北京：文物出版社，2009年.

广东美术馆.抗战中的文化责任：西北艺术文物考察团六十周年纪念图集·叙述文版[M].广州：岭南美术出版社，2005.

贺世哲.敦煌石窟论稿[M].兰州：甘肃民族出版社，2004.

贺世哲.敦煌图像研究·十六国北朝卷[M].兰州：甘肃教育出版社，2006.

霍旭初.龟兹艺术研究[M].乌鲁木齐：新疆人民出版社，1994.

季羡林.敦煌学大辞典[M].上海：上海辞书出版社，1998.

姜伯勤.敦煌艺术宗教与礼乐文明[M].北京：中国社会科学出版社，1996.

姜伯勤.中国祆教艺术史研究[M].北京：生活·读书·新知三联书店，2004.

金维诺.中国古代佛雕：佛造像样式与风格[M].北京：文物出版社，2002.

赖鹏举.敦煌石窟造像思想研究[M].北京：文物出版社，2009.

李特文斯基 Ｂ Ａ.中亚文明史:第三卷[M].北京：中国对外翻译出版公司，2003.

李霖灿.中国美术史稿[M].台北：雄狮图书股份有限公司，1987.

李其琼.敦煌艺缘：李其琼论文选[M].兰州：甘肃人民美术出版社，2014.

李裕群.北朝晚期石窟寺研究[M].北京：文物出版社，2003.

林树中.六朝艺术[M].南京：南京出版社，2004.

吕澎.20世纪中国艺术史[M].北京：北京大学出版社，2006.

马德.敦煌莫高窟史研究[M].兰州：甘肃教育出版社，1996.

马歇尔 Ｊ.塔克西拉（第1—3册）[M].秦立彦，译.昆明：云南人民出版社，2002.

彭金章，王建军.敦煌莫高窟北区石窟（第1—3卷）[M].北京：文物出版社，2000—2004.

荣新江.敦煌学十八讲[M].北京：北京大学出版社，2001.

荣新江，张志清.从撒马尔干到长安——从撒马尔干到长安：粟特人在中国的文化遗迹[M].北京：北京图书馆出版社，2004.

荣新江.辨伪与存真：敦煌学论集[M].上海：上海古籍出版社，2010.

荣新江，朱丽双.于阗与敦煌[M].兰州：甘肃教育出版社，2013.

荣新江.丝绸之路与东西文化交流[M].北京：北京大学出版社，2015.

荣新江.从张骞到马可·波罗：丝绸之路十八讲[M].南昌：江西人民出版社，2022.

上海博物馆.千年丹青：细读中日藏唐宋元绘画珍品[M].北京：北京大学出版社，2010.

上海博物馆.翰墨荟萃：细读美国藏中国五代宋元书画珍品[M].北京：北京大学出版社，2012.

施萍婷.敦煌习学集[M].兰州：甘肃民族出版社，2004.

施萍婷，贺世哲.敦煌石窟艺术：莫高窟第四二八窟[M].南京：江苏美术出版社，1998.

史苇湘.敦煌历史与莫高窟艺术研究[M].兰州：甘肃教育出版社，2002.

石守谦.风格与世变：中国绘画十论[M].北京：北京大学出版社，2008.

宿白.中国石窟寺研究[M].北京：文物出版社，1996.

孙儒僩.敦煌石窟保护与建筑[M].兰州：甘肃人民出版社，2007.

松本荣一.敦煌画研究[M].林保尧，赵声良，李梅，译.杭州：浙江大学出版社，2019.

谭中，耿引曾.印度与中国——两大文明的交往和激荡[M].北京：商务印书馆，2006.

汤用彤.魏晋南北朝佛教史[M].北京：中华书局，1983.

王惠民.敦煌佛教与石窟营建[M].兰州：甘肃教育出版社，2013.

王惠民.敦煌佛教图像研究[M].杭州：浙江大学出版社，2016.

王惠民.敦煌历史与佛教文化[M].兰州：甘肃文化出版社，2020.

王镛.印度美术[M].北京：中国人民大学出版社，2004.

巫鸿.礼仪中的美术：巫鸿中国古代美术史文编[M].北京：生活·读书·新知三联书店，2005.

向达.唐代长安与西域文明[M].北京：三联书店，1957.

萧默.敦煌建筑研究[M].北京：文物出版社，1989.

谢弗 E.唐代的外来文明[M].吴玉贵，译.西安：陕西师范大学出版社，2005.

哈尔马塔.中亚文明史:第二卷[M].北京：中国对外翻译出版公司，2002.

阎文儒.中国石窟艺术总论[M].天津：天津古籍出版社，1987.

殷光明.北凉石塔研究[M].新竹：觉风佛教艺术文化基金会，2000.

湛如.净法与佛塔：印度早期佛教史研究[M].北京：中华书局，2006.

张小刚.敦煌佛教感通画研究[M].兰州：甘肃教育出版社，2015.

张元林.北朝—隋时期敦煌法华图像研究[M].兰州：甘肃教育出版社，2017.

赵声良.敦煌壁画风景研究[M].北京：中华书局，2005.

赵声良.敦煌艺术十讲[M].上海：上海古籍出版社，2007.

赵声良.敦煌石窟美术史：十六国北朝（上、下卷）[M].北京：高等教育出版社，2014.

赵声良.敦煌石窟艺术简史[M].北京：中国青年出版社，2015.

赵声良.敦煌谈艺录[M].北京：文物出版社，2020.

赵声良.敦煌山水画史[M].北京：中华书局，2022.

小寺武久.古代インド建築史紀行:神と民の織りなす世界[M].东京：彰国社，1997.

八木春生.雲岡石窟文様論[M].東京：法藏館，2000.

八木春生.中国仏教美術と漢民族化——北魏時代後期を中心として[M].東京:法藏馆，2004.

长广敏雄.飞天の艺术[M].東京：朝日新聞社，1949.

村田治郎.中国建築史叢考[M].東京：中央公論美術出版，1988.

東山健吾.敦煌三大石窟[M].東京：講談社，1996.

東京芸術大学.敦煌石窟学術調査（第1次）報告書[R].東京：東京芸術大学，1985.

宮治昭.仏教美術のイコノロジー：インドから日本まで[M].東京：吉川弘文館，1999.

ジャック・ジエス，等.西域美术：ギメ美術館ペリオ・コレクション（第1—2卷）[M].東京：講談社，1994—1995.

久野美樹.唐代龍門石窟の研究[M].東京：中央公論美術出版，2011.

立田洋司.唐草文様：世界を駆けめぐる意匠[M].東京：講談社，1997.

鈴木敬.中國繪畫史[M].東京：吉川弘文館，1986.

ロデリック・ウィットフィールド.西域美術：大英博物館スタイン・コレクション（第1—3册）[M].東京：講談社，1982—1984.

栗田功.ガンダーラ美術：仏伝[M].東京：二玄社，1988.

山本智教.インド美術史大観[M].東京：毎日新聞社，1990.

樋口隆康.バーミヤーン：京都大学中央アジア学術調査報告（第1巻）[M].東京：同朋舎，1984.

中村元，久野健.仏教美術事典[M].东京：東京書籍，2002.

佐藤宗太郎.インド石窟寺院[M].东京：東京書籍，1985.